洪震宇

2021.7.12.

洪震宇——著

風土創業學

地方創生的
25堂商業模式課

目次

第二部　基礎篇——轉型時代，培養SMART風土創新力

第三部　進階篇——創造SBC三贏的風土商業模式

第四部　應用篇——12堂個案故事與商業模式分析課

序

兼具理性思維與感性訴求的實踐者

顏漏有（ＡＡＭＡ台北搖籃計畫校長）

一場新冠疫情改變了全球的工作及生活方式，台灣因為防疫有成，島內解封，更多的國人在國內旅遊，實際體驗各地風土人文。之前我花較多時間在國外旅行，但是過去這一年多，我有機會參加自行車環島騎行、百岳登山、郊山健行、山海圳健走、台東／花蓮／馬祖的深度體驗旅遊，讓我對台灣的多元風土人文有更進一步的認識，體驗這片土地的美好。

二〇一二年我從中國大陸回到台灣，與幾位好友創辦「ＡＡＭＡ台北搖籃計畫」並擔任校長。這是一群成功的創業家與專業經理人，探索透過連結跨世代的經驗及資源，協助改變台灣年輕創業者的計畫。也因此，我有機會接觸到不同的創業者，特別是以本地市場為主的新創企業，包括旅遊、餐飲、文創、教育、設計、美妝等生活產業，更了解到他們面臨的機會與挑戰。特別是如何找出對目標客戶的獨特價值主張，並建立可持續發展的商業模式。

我與震宇是認識二十多年的好友，他是一個兼具理性思維與感性訴求的人。雖然因為我在中國大陸工作，有一陣子失去聯絡，返國後我們在「薰衣草森林好好台中店」開幕時再度重逢。非常佩服他長期推動風土節氣飲食、在地旅行與社區組織運作，並致力於鏈結及整合各項資源。尤其他總是願意有系統的整理自己實踐的經驗，與大家分享。

震宇的《風土經濟學》著重在如何從生活文化與地方風土找到商機的源頭，並提出風土設計的方法論，這本《風土創業學》則著重實際經營的方法論。他在書中強調創新大師克里斯汀生提出的創新的流程能力，標舉「SMART創新五力」，以強化對內整合及對外溝通的基礎能力；也提出風土經濟學的商業模式四要素，包括價值主張、顧客定位、獨特優勢與獲利方式。生活產業創業者可藉以檢視風土生活環境，盤點自己的現狀與優勢，思考如何找出目標客戶，提出獨特的價值主張，並整合關鍵資源及流程，以建立可持續發展的獲利方式。

最後的應用篇，震宇以曾參與的實際案例，包括區域經營、小鎮聚落、餐飲民宿及產業創新等，說明如何應用書中提出的方法論，包括SMART創新五力以及商業模式金三角，探索未來發展的可能性。其中幾個案例我亦有機會實際參與，更感受到他的用心與投入。他不但是一個創作者，更是一個實踐者。

《風土創業學》是一本對地方創生或生活產業創業者非常實用的風土創業實戰手冊，也是一本值得政府地方創生官員研讀的好書。書中建議政府的角色應該從協助硬實力到軟實力、從事件思維到流程能力的觀點都直指地方創生問題的核心；對於地方社區組織及有興趣參與地方創生的企業也提出具體建議。

這更是一本關於生活產業／地方創生創業非常實用的書，我非常樂意推薦此書給創業者朋友，不管你已經創業多年、正準備創業，或者你是扮演協助年輕創業者的角色。期待台灣風土創業者能以創新能力及創業精神，活用台灣多樣化的風土資源，找出獨特的定位，並提供對客戶有意義的內容及服務，共同創造台灣獨特的風土產業。

風土設計師的另類自傳

劉維公（東吳大學社會系副教授）

「找尋一輩子價值的內在徽章，才是最重要的使命與動力。」是震宇在前一本著作《風土經濟學》中的一句話。我相信，認識震宇的人，都知道這正是他的人格特質。震宇很喜歡教書、寫書，在講堂中與書本裡，完全無藏私地與他人分享自己的專業。追求一輩子的價值，驅動震宇對工作志業與生命情懷，一直保持令人佩服的充沛能量。他用熱情，感染許多人加入他所倡議的風土經濟。

何謂風土經濟？基本上，它是以地方的風俗民情、地理景觀、原料物產、生活樣貌等風土題材為價值訴求所形成的商業活動，經營者提供的商品可以是產品，也可以是服務。由於其商業活動緊緊鑲嵌在各自的生活土地上，風土經濟的產品與服務擁有其各自獨特的魅力價值，不同生活風土會醞釀出不同風土商品。在地生產製作是風土商品維持其品牌地位的必要製程，而親臨現場消費更是風土商品不可或缺的價值鏈環節。

土產，是我們最熟悉的傳統風土經濟商品。如今，台灣的風土經濟商品種類繁多，越來越多有想法、有作法的人，紛紛投入包括餐飲、旅宿、工藝品、農作物、傳統市場、文化慶典等領域的創業。在新書《風土創業學》應用篇章節中，震宇運用他擅長的說故事本領，向讀者生動的介紹每個代表性的案例——這些讓台灣更為美好的經濟力量。

從《風土經濟學》到新書《風土創業學》，震宇建構完成一套有系統的風土經濟論述。在《風土經濟學》，震宇從他十五年以上寶貴的田野實務經驗中，領悟出「風土設計師」實作方法論，提出「旅人的思維」、「編劇的洞察」、以及「導演的實踐」三項深具醍醐灌頂功力的主張。在《風土創業學》，震宇以如何達成「商業、社會與創造力三贏的模式」為命題，旁徵博引相關的學理觀念以及經典案例，發展出層次分明的「風土創新五力」學說，亦即故事力、市場感受力、美學力、再生力以及風土設計力。

對震宇而言，風土經濟不僅僅是一套啟發思維的論述系統，更是他身體力行的實踐工作。在大大小小的計畫裡，以及從外島到偏鄉，做為一位風土設計師，都可以看到震宇近似傳教士的身影。不同於一般學術象牙塔的著作，往往只在乎學界同儕的評論，震宇重視自己專業知識對台灣社會發展的實質影響力。他寫道：「我最在意的，不是被讀懂，而是被具體應用，能與讀者深刻對話、甚至思維上的搏鬥。」震宇的書，可以滿足讀者同時想要吸收抽象理論書與實務工具書的需求。

《風土經濟學》與《風土創業學》，可以看作是震宇的另類自傳。兩本書中信手捻來寫到的故事，之所以栩栩如生，能夠講述第一手珍貴的內容，因為它們都是來自於作者親自從事風土設計師的體會。這些自傳式的生命故事，讓震宇的書讀起來，一直很有畫面、也充滿文案力。

風土經濟，是值得台灣積極發展的前瞻性總體產業項目。它的時代趨勢意涵，遠遠超過現今政府推動的地方創生政策。面對後疫情的挑戰，大家都在思索人類社會的何去何從？風土經濟，絕對是人們應該追求的一大方向。

來自知識與田野的力量

汪浩（逢甲大學社會事業經營管理中心主任）

自從我數年前投入地方創生，就一直落入知識不足的窘境。看過震宇的書《風土經濟學》，很有啟發，也知道田野研究是充實內容的基本功。畢竟德國哲學家康德（Immanuel Kant）的警示依然擲地有聲：「沒有內容的思想是空洞的。」這位西方泰斗更隨即點出實踐的關鍵：「沒有概念的直觀是盲目的。」然而，就地方創生來說，這需要建構一套完整且適地適時、適性權變的方法，發展概念創新來引導社區創生。震宇這一本《風土創業學》及時地出現，讀後令人振奮！

在我的母校科隆大學經濟社會學院裡，嚴格的人類學田野訓練常常讓我痛苦不堪。震宇和我系出同源——政治大學社會系也有人類學傳統，他卻顯然比我駕輕就熟。遠望震宇的田野足跡，從文本創作、知識創造到地方創生，步步揭示社會創新的原理，人類學家的DNA無礙地在他的身上釋放一連串的力量——故事、感受、美學、再生、設計……。那是人類學家將自己投身知識與實踐的相互震盪後，從田野中反芻的故事，章章精采，捨此無他。

走在田野的路上，他的勤奮就在字裡行間，面對調侃奚落，真實的勇氣躍然紙上。深度的閱讀，嚴謹的思維，還要融入庶民生活風格，跟上並對焦聯合國永續發展目標。最終，我終於明白我的指導教授，社會學家弗瑞德里希（Juergen Friedrichs）提醒我的：人類社群要能永續傳承，關鍵在建立一套共同信奉的知識系統。創新始終於概念，不僅是科技、流程或模式。據此，書中的創業九宮格，成了層層疊代，化繁為簡，御術為用的概念，展現驚人的影響力。

我在研究所教紮根理論（Grounded Theory），那是質性研究的基礎方法論，它將事實編碼為概念，透過歷史脈絡的梳理，洞見地方的問題與價值，機會與風險。然而這一切還需要來自田野的力量，才能再現生命力。田野決定了知識的信度與效度。但是等等，在這之前要融入風土，我們卻注定是個局外人：如何理解地方，擺脫「陌生人魔咒」與「客人效應」，從邊緣進入核心，成為地方人，以地方思考？離開時，客觀優雅地倡議資源整合與行動策略？本書優美的文本只是震宇的一小步，創造的知識才是他的一大步！

震宇寫在馬祖西莒工作日誌裡的，那碗岩岸邊上的家常麵線，海風中拌著鹹甜滋味，令人感動莫名。好似康德已然甦醒，為他代言：「讓思維的概念成為感性的，使直觀的對象變成可以理解的。」這兩種能力不能互換，只有結合才能產生知識。這是本書對地方創生的詮釋與提案，也是它之所以迷人的地方。

推薦

扎根「風」與「土」，找出屬於自己的創業學

林志遠（里山生態有限公司總經理）

自研究所畢業後，我就扎根於恆春半島，帶領著團隊以社區營造的方式，投入生態旅遊的發展工作。歷經數年，地方工作磨損了大家的能量，為了突破瓶頸，我們團隊到各地旅行，觀察、聆聽、感受和思考，參考其他地方的概念和經驗，帶回來應用在半島的場域中。

無奈的是，儘管台灣不乏美好的風景與人，還有許多不同的動人故事可以分享，但大多數民眾願意花費數倍的時間與金錢出國旅遊，卻不一定想在國內參與旅遊活動，甚至在性質相近的產品選擇上，還有種「應該要免費或是更便宜」的想法。「外國的月亮比較圓」的思維根深蒂固，讓人感到無力。如洪震宇老師在前言中所提及，我開始思考，如何以創新能力與創業精神，將產品的意義與價值呈現在大眾面前。這些都是身為地方工作者，必須痛定思痛，更深沉地去思考的重要議題。

我們長期蹲點且深入地方，要處理和面對的問題與狀況不勝枚舉，如何找出共識，與地方

共同成長與突破，導引適當的專業，以期在各界關注與資源投入下，社區達成自主營運，邁向永續發展。其中最重要的關鍵，也是最大的挑戰，就是如何有效的商業化。尤其地方經營工作，非同都市環境，難以立即找尋到適任人才，讓各項對應工作可以精確到位。雖然每年投入大量的人力與資源，所帶來的收益與成果讓人喜悅。但是地方工作者在長期的人情脈絡網絡下，心力時常耗費於繁雜瑣碎的事務中，難免有疲憊無助的時候。

有幸提前閱讀洪震宇老師的新作《風土創業學》，書中的ＳＭＡＲＴ五力，可提供地方工作者反思現前遭遇的問題，做出正確的解決方式。也讓我從領導者的角度，試著以完整的思維去創造和思考，帶領地方夥伴，完成各階段的目標，穩定走向地方永續發展的道路上。ＳＭＡＲＴ這五力提供了具體的實踐方向，就像是一艘船的船舵，精確地控制方向，讓船隻在大海中得以順利前行。

每個地方工作者，都有己身所追尋的價值、意義，想改變、突破的社會問題，期許台灣各地的團隊夥伴，突破現有的障礙與困境，找到屬於自己的風土創業學

看見習以為常、不以為意的非常

曹雅評（馬祖青年發展協會創會理事長）

洪震宇老師不僅是作家，也是人類學家，更是一位社會實踐者。他完成《風土經濟學》後，不是將書擺著，而是運用理論跳到第一線，協助地方看見問題，找到方法，且不斷滾動、持續實踐。

二〇二〇年與老師共同籌辦「馬祖風土經濟培訓工作坊」，一路討論地方問題及拜訪業者，透過工作坊，整合青年力量，形成團隊，發揮了集體共好的影響力。老師身體力行「旅人思維」，帶領我們看見馬祖「習以為常、不以為意的非常」，並透過「編劇的洞察」、「導演的實踐」，一步步將這些「非常」設計呈現在旅人面前。

與老師一起工作的過程，突破了過往僵化侷限的地方特色框架，使我對於地方特色風土的想像，不再只是戰地、閩東、藍眼淚。而是那些我們生活周遭的人事物——像是我的婆婆，原來是市場達人，做起料理是這麼有魅力；原來馬祖的空心菜等物產有與眾不同的滋味；原來外來種咖啡，也可以透過咖啡師、地理氣候，以及與物產的結合，展現出地方特色。

老師風土經濟工作坊的實踐，讓我們有自信的再次回看地方；而《風土創業學》的出版，則是將工作坊的歷程再次聚焦、理論化。因此，非常適合上過老師工作坊的夥伴們藉以回顧思索。老師像是勤勞的蜜蜂，將一場場台灣風土工作坊，匯集於這本書中，引領著我們參照各地經驗，定位出自己的島嶼座標，不再彼此比較、模仿。

從大概的經驗談，變成有系統的方法論

蔡昇達（梯田山民宿主人）

當我們走進地方，往往需要透過大量的時間去接觸、參與、付出行動，才能將經驗化成一門具地方性的知識系統，且這套系統很難加以複製。因為在地深耕的工作者，通常沒有機會與時間進入另一個場域，去驗證自己的「知道」。每次被問起「你到底在做什麼啊？」「你怎麼論述你的獨特性呢？」「你要怎麼把這些價值傳遞出去？」時，總是吞吞吐吐，不知道該如何說清楚。對地方風土資源，就是一個「大概大概」的感覺。

《風土創業學》便在這樣的條件下誕生，對於想從地方出發、前往世界的我們，顯得如此獨特且重要。洪震宇老師透過紮實的人類學背景、豐富的記者與編輯經驗，加上他自身也是地方旅行的開發先驅，把我們地方工作者自身都說不清楚的經驗內容，集結成一套風土創業方法論，並加以驗證。讀完後，我們不禁驚呼：「啊，我就是這樣思考的啊！」

無論你正準備投入地方，或已經身在其中，這真是一本超級無敵霹靂需要熟讀的、應用風土資源創業的方法論啊！

前言

飛翔吧，未來的風土創業家

永遠別懷疑，一小群深思熟慮、用心執著的人就足以改變世界。事實上，向來都是如此。

——人類學家瑪格麗特・米德（Margaret Mead）

我們經常小看這座島嶼。

因為疫情的關係，喜愛出國的台灣人無法出國了。為了延續出國的感受，突然出現各種奇特的國內旅遊名詞，例如「偽出國」，或是十大像國外風景的圖片與祕境。許多人也從社群媒體看到知名品味達人的分享，發現台灣風景很美，透過露營所看到的清晨美景，比出國花大錢住頂級 Villa 還划算。

總要跟國外比較，台灣人似乎才刷得到「有品味」的存在感。

其實不只是住在大都市的居民，不少文化與風格品味的菁英，對台灣的認識也很有限，即使到台北以外的地方，也是集體去一樣的餐廳或地點，參與類似的活動，才能突顯共同的品味。甚至有些原本從事國外旅遊的旅行社業者，現在得開發國內旅遊，卻直言台灣沒有太多特色，缺乏異國情調，很難包裝成獨特行程。

就連許多在地人、業者也很難清楚描述自己的家鄉特色。我去各地訪談、開工作坊時，大家的共同問題，都是不知道要如何對旅人介紹自己的家鄉特色，或是哪裡好玩。

也許距離太近了、太熟悉與理所當然，反而忽視台灣的存在。

台灣宛如海上的喜馬拉雅山

然而，台灣可不能被小看。這座三萬六千平方公里的島嶼，能從海平面快速爬升到三千公尺的高山，展現地形的劇烈起伏與氣候瞬間變化，加上兩百多座三千公尺的高山縱橫，南北走向的中央山脈挺立，在東北季風、西南氣流的交替影響下，以及北回歸線的橫貫，區隔出台灣七個氣候區（植物地理學者蘇鴻傑根據溫度、雨量變化與季節分布規劃出七個氣候區）。在複雜地形與微型氣候交織下，呈現多樣化的地貌、生態與人文風景。

台灣也是一個人文與生態的交會點。各種族群在此安身立命，融合出相異又相同的內涵，從語言、飲食、風俗、技藝與生活方式，都有獨特風格。台灣本身也是東亞島弧（包括千島群島、日本群島、琉球群島、菲律賓群島）南北高山植物傳播的中繼驛站，數百萬年來，這些植物南來北往、遷移扎根在台灣這座島嶼上，發展獨特的演化之路，成為台灣特有種。

日本博物學家鹿野忠雄在他一九四一年的著作《山、雲與蕃人：臺灣高山紀行》寫著：「實際上是一個高山島的台灣，可以說是喜馬拉雅山系的雛型。我不禁感嘆，造化之神竟然在南海之上，創造一個喜馬拉雅山系的縮影。」

台灣，這座海上的喜馬拉雅山，藉由古老森林的涵養，由南向北湧動不息的黑潮洋流，九降風的定期降臨，加上西南氣流的濕潤水氣，大自然始終滋養著這座島嶼。

何其有幸。台灣很小，卻小得夠深、夠寬闊，即使是一花一葉，背後都有風土、文化與歷史的潤澤，就算用盡我們每個人的青春，都走不完、看不盡。

身在其中的我們，也是台灣孕育的特有種，只是總要歷經幾番曲折，才能看到自己的盛放。就像台灣電影歷經艱辛之路，近年終於開花結果，例如二〇二〇年第五十七屆的金馬獎。這一年有許多感人且多元的台灣電影，從主題、場景、主角到拍攝製作團隊，都根植於台灣本身的生活脈絡，而非模仿其他主流市場，這些貼近在地脈動、卻不譁眾取寵的電影，引發國人的共鳴，締造好票房。

台灣風土文化創造的內容與品質，就跟電影一樣，既然不想被小看，那就要好看、有魅力，且精彩紮實。因此，需要經過現實的淬鍊，才能以務實的態度、創新的風格，贏得國人的認同與喜愛，並建立完整的經濟產業鏈，累積厚實的獨特性；才能夠走向國際，創造更大的影響力。

大部分的國人可能不知道，相對於大多位處熱帶地區的農業國，或是溫帶的歐洲與日本，台灣兼具熱帶與溫帶的風土特質，在全球是少數（也可能是唯一）同時能生產葡萄酒、咖啡、茶與可可的國家（日本有茶與葡萄酒），不只是農業生產國，且更有能力運用職人技藝製造產品的獨特風味。

但有這些獨特性又如何？不少國人既然小看自己，又怎麼能讓外人另眼相看？

用第三地的視角看待家鄉

我們需要以創新能力與創業精神，活用台灣多樣化的風土資源、風味製作技術與生活品味能力，設計好產品、好內容，對本土市場進行溝通與推廣，對內重新定義自己的風土、風味與風格，對外才可能打出自己的品牌特色。

因此，我們需要練習換個角度看待自己的家鄉，把台灣當成住家與工作場域之外的第三地，用陌生人的客觀視角，重新探索台灣，在這裡可以療癒、紓壓、充電、探索、感受、學習，創作，甚至是創業。只要透過創新與創業的力量，深入萃取地方知識，塑造風土美學，激發感官情感，展現台灣的豐美生活，就有機會創造更多影響力。

比方琴酒釀酒師鄭哲宇，因為重新認識台灣、發掘台灣的獨特風味之後，決定以琴酒當載體，推動「台灣百味計劃」，想讓更多人一起認識台灣。第一款琴酒就是運用台東二十四種物產，例如鹿野蜜香紅茶與紅烏龍茶、長濱白柚、刺蔥、野生蜂蜜與糯米酒，以及在地的迷迭香、薄荷、芳香萬壽菊等香料植物。一瓶酒就蘊含這麼多微型風土，必定充滿人物故事與地方風景的想像，創造獨特的台東風味與釀酒人的風格。

疫情與世界經濟的變動，讓未來更加不確定。當我們一直張望未來，未來卻在我們身後的來時路。這是我們賴以安身立命的風土特質，也是迎向未來的基礎。

創造商業、社會、創造力三贏的經濟模式

這本書的構思早於《風土經濟學：地方創生的21堂風土設計課》。一開始我思索出「風土經濟學」的想法，但創造社會（Society）、商業（Business）與創造力（Creativity）三贏的經濟模式是什麼？有沒有具體方法與流程？能實際帶來什麼改變？我還需要時間釐清。

由於我熟悉最前端的風土設計方法論，因此先撰寫出版《風土經濟學》，希望透過這套具有人類學思維的方法論，能夠運用詮釋與設計的創新能力，有效整合資源，讓看似老舊平凡的

地方風土文化，能重新活化、展現新魅力。

但是要如何解決商業經營的問題，又能創造社會、商業與創造力（SBC）的三贏，這個問題太複雜了，《風土經濟學》並沒有給予更深入的解答。

因此，這趟探索風土經濟學之旅，一直沒有停止。我投入三年的探索，到台灣各地、各個產業進行田野調查與大量訪談，再加上工作坊的互動討論，帶地方團隊實際操練的過程，更了解問題與需求。這些實戰過程也幫助我調整修正本書的方法論，才確認這是可行且實用的思維架構。

這段期間，遇到新冠肺炎對全球經濟的大衝擊，迫使各個產業需要思考疫情之後的轉型，台灣在地業者也身處這個轉折點，同樣面臨重大考驗。

除了疫情影響，我們原本就處於大轉型的時刻。日本商業作家山口周在《成為新人類：24個明日菁英的嶄新定義》指出，我們活在一個「產品過剩、意義稀少的時代」，「產品」因過剩而喪失價值，「意義」因稀少而具有價值，過去「價值創造」的源頭，來自「解決問題、製造產品的能力」，如今這個源頭正在移轉至「發現問題、創造意義的能力」。

呼應山口周強調的「發現問題、創造意義的能力」，台灣無法走大規模經濟、製造代工的模式，需要發展具獨特性且能創造意義的經濟產業。我認為，結合風土資源與職人技藝的風土經濟產業，會是重要產業之一。

正如同《甜甜圈經濟學：破除成長迷思的7個經濟新思考》重新思考「人類該如何過著繁盛生活」，強調著重經濟成長並不等於經濟繁榮，需要考量如何創造均衡的繁榮。

然而什麼是均衡的繁榮？二〇二〇年初剛過世的管理學者克雷頓．克里斯汀生（Clayton M. Christensen）提出一個很好的指引方向。他在《繁榮的悖論：如何從零消費、看似不存在的市場，突破創新界限、找到新商機》強調，任何持久性的創新，不能只靠外來者的指導，希望透過單一事件的活動或善意來創造地方的繁榮，而是要提高在地人的參與能力。他將「繁榮」定義為：「一個地區越來越多人用來改善其經濟、社會、政治福祉的流程。」

他反對由外而內、從上而下的給資源、辦活動與捐款的推力方式，重視在地本身由內而外建立的創業與創新能力，有目標與動機，才能有效活化資源，建立自己的顧客群與市場。「創造繁榮在於先促成創業者的事業蓬勃，接著也帶起地區的蓬勃。」克里斯汀生主張。

從流程角度來看，如何讓更多在地人被拉進創新與創業的流程之中，而非只有少數人分配資源、多數人聽命行事，如此才能建立在地事業，達到真正的繁榮。

對習慣從上而下給資源、給指導建議的政府來說，克里斯汀生的觀念都是違反直覺的作為。比方政府借用日本的概念、正大力提倡的地方創生，目的雖是要消弭、降低地方在經濟、自信、社會與文化上的落差，但態度上屬於消極面，缺少創造力，容易陷入表象的頭痛醫頭、腳痛醫腳的狀態。

站在克里斯汀生這位思想巨人的肩膀上，這本《風土創業學》新書就扣緊他重視的創新流程能力。《風土創業學》具有更積極的創業思維，這是站在地方創業者、社區組織工作者的角度，協助他們建立有自身脈絡文化的創新思維與能力。目的是創造市場，吸引不同分眾的消費者，讓整體風土經濟、生活領域的相關業者串聯成一個產業鏈，除了突顯台灣的生活價值，帶動商機，更能帶動更多的在地就業機會。

期與三種讀者溝通

這本書的讀者有三個面向。首先是寫給關心地方創生、從事地方創生相關產業的地方組織、各級政府公務人員、輔導顧問與行銷公司、策展團隊與大學創新中心。讓讀者們運用書中提出的系統性架構，逐一聚焦與檢視自己的想法與計畫，找出需要強化與修正的能力，並活用這套思維架構，協助地方組織與業者提升創業與創新能力。

第二個讀者面向是對想返鄉創業、正在創業的在地青年，以及在各鄉鎮發展的餐飲、民宿、飯店業者、獨立書店與風格小店的經營者，同時擴及根植風土的咖啡、可可、茶葉等相關產業，甚至包括面對轉型挑戰的旅行社。協助業者們檢視自身的經營方向，培養與強化創新能力，以及建立穩固的商業模式。

第三個讀者面向是企業。由於企業開始投入企業社會責任（Corporate Social Responsibility，簡稱CSR），或是參與地方經濟發展，加上不少基金會也在扶持地方組織（經濟面或社會福利面），要如何提振地方產業，繼而擴大就業，並結合企業本身的發展策略，甚至成為未來的長期投資對象，都是企業要思考的重點。

從這個角度來看，企業不能只是單方面給錢、給資源，而是需要共同投入參與，才能建立企業內部共識與外部的品牌形象，並找到兼具社會與商業價值雙贏的合作對象。

更重要的是，《風土創業學》不只是一個概念與主張，更具有實踐、改變現狀的方法。目前許多以地方創生或是地方創業創新為主題的報導與書籍，幾乎都停留在感人的熱血故事，卻沒有深入找出成功關鍵要素，或是指出還需要再提升努力的方向。似乎只要提到地方創生、返鄉創業，就值得鼓勵與同情。再來呢？除了感性的肯定，更需要理性的思維，否則這條路越走越窄，最後只能仰賴政府支持，這種創業只是經不起考驗的假象。

因此，我們更需要知道成功背後的關鍵因素，說明克服哪些挑戰？還需要面對哪些難題？到底有沒有為地方帶來實質改變？有沒有獲利？更關鍵的是，有沒有穩健發展的商業模式？

當我們看到成功的個案，不能只見表層的熱鬧，更要看門道。就像一支精準的機械錶，真正讓其順暢運作的，是背後隱藏的機芯與齒輪彼此鑲嵌的運作機制。只有洞察與掌握這個隱藏機制，才知道促使成功或失敗的關鍵，以及該努力、調整的方向。

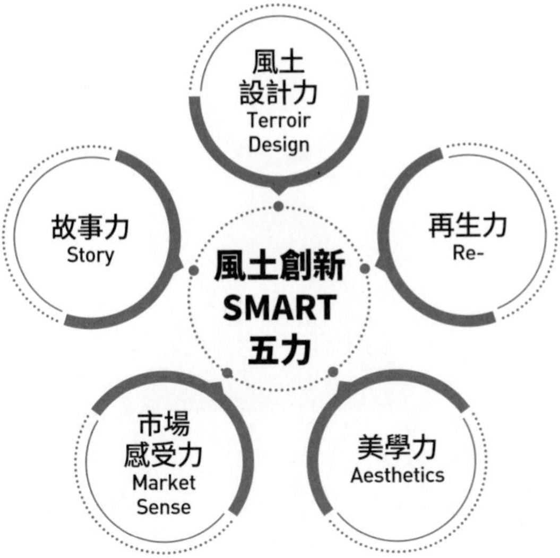

風土創新與商業模式，引導思考與實作

本書強調的風土創新SMART五力以及風土經濟學商業模式，正是這個隱藏的機制與運作系統。藉此引導業者思考商業運作最基礎的問題，找出改善或強化的方向，建立獨特優勢，才能逐步實踐創業理想。

本書分為四階段。首先說明整本書的方法論與立論基礎。

接著是第二階段基礎篇，如何建立風土創新SMART五力。包括：一、故事力：能夠說故事，有效打動消費者。二、市場感受力：能夠感受市場需求，找到自己的商機方向。三、美學力：培養自己的美學力，創造詮釋與感官體驗的效果。四、再生力：培養自己的再生創造力，有效活化資源，創造優勢。五、風

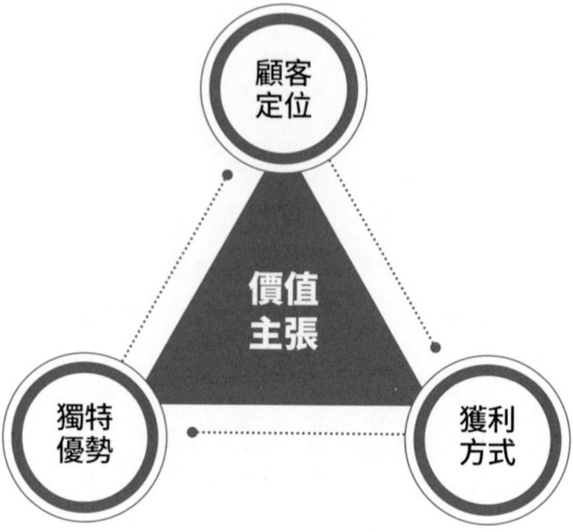

土設計力：建立自己的風土設計力，創造難忘的共鳴與感動。

第三階段是進階篇，如何建立自己的風土經濟學商業模式。包括：一、價值主張：你想傳達什麼使命理念，為地方、產業與顧客創造什麼價值。二、顧客定位：要對誰溝通，他們的需求是什麼、有什麼痛點或期待。三、獨特優勢：在風土創新的基礎上，有什麼關鍵資源可運用，要跟哪些關鍵夥伴合作，一起創造更大的經濟效益。四、獲利方式：如何訂價，顧客願意付費的原因，如何控制成本結構。

第四階段是應用篇。透過十多個個案故事與商業模式分析，幫助讀者參考應用，引發想像力，更能活用本書提出的系統架構。

特別說明的是，本書提出的商業模式跟許多商管書籍有些差異，除了更貼近地氣、簡潔實用之外，還更重視包含社會、商業與創造力（SBC）三者的價值，對在地、社會整體才更有意義。

商業價值是必要條件，但不能只追求商業獲利，如何創造地方的社會價值，包括對環境友善、地方風土文化的尊重與提升、參與工作者的權益、弱勢族群的協助、帶動更多就業機會，更是價值主張的核心。另外創造力則在於運用創新能力，活化、加值地方風土文化的無形資產，具有更多品牌價值與信任感。

風土經濟學的商業模式重心也跟傳統商業模式不同。傳統商業模式偏重顧客導向，但風土經濟學商業模式不想只滿足顧客需求，而是取得價值主張、顧客定位、獨特優勢與獲利方式四者之間的平衡。創業者必須先有對地方、風土、產業或文化的長期使命與理念，在這個價值主張上，重視小眾、分眾市場，找到可以溝通的知音，透過風土創新的獨特優勢，不僅能為顧客創造價值，也能由此獲利。

在後疫情時代，要實踐風土經濟學的商業模式，首先要提出獨特意義的價值主張。台灣要重振國民旅遊或是各種具有風土價值的產業，開創未來新深度體驗模式，帶動新的產業鏈，就必須將社會、商業與創造力（SBC）一併納入考量，提出新願景提案，才能建立自己的存在理由，吸引組織成員、在地居民、上下游合作夥伴與外部顧客的認同。

這個關鍵的轉型時刻，是挑戰，更是機會。

飛翔吧，風土創業家

這幾年我走過馬祖南竿、北竿、東莒與西莒，也到了金門、澎湖與小琉球，每個島嶼都是一個獨立風土，具有豐富的文化內涵與生活特色。我也穿梭在台灣本島、這座海上喜馬拉雅的山之巔與海之角，大量與不同社區居民、地方工作者，以及各產業的風土創業者深度交談，更加確認台灣發展風土經濟學的潛力。

二〇二〇年八月四日下午，我內心還沉浸在這本搏鬥快三年的新書中，卻意外從遠流出版公司總編輯黃靜宜口中得知《風土經濟學》拿到金鼎獎最佳非文學圖書獎的消息。當讀到評審的評語時，內心非常激動：「本書不高談理論概念、也不只羅列案例報導，而是透過清晰歸納各地的實務經驗，進而定位問題、提出方法與操演練習，循序漸進指引築夢踏實的前進道路。」

我最在意的，不是被讀懂，而是被具體應用，能與讀者深刻對話、甚至思維上的搏鬥。當我看到許多讀者在書中貼滿各色標籤，寫下密密麻麻的心得時，確信《風土經濟學》已活在讀者生命中。

定位問題、提出方法與操演練習，仍是這本《風土創業學》新書的目的與期許。希望幫助讀者長出翱翔天際的翅膀，為自己創業，也為台灣創業。

未來的風土創業家們，我陪大家一起勇敢飛翔。

第一部
方法篇

活用 5W1H 方法論

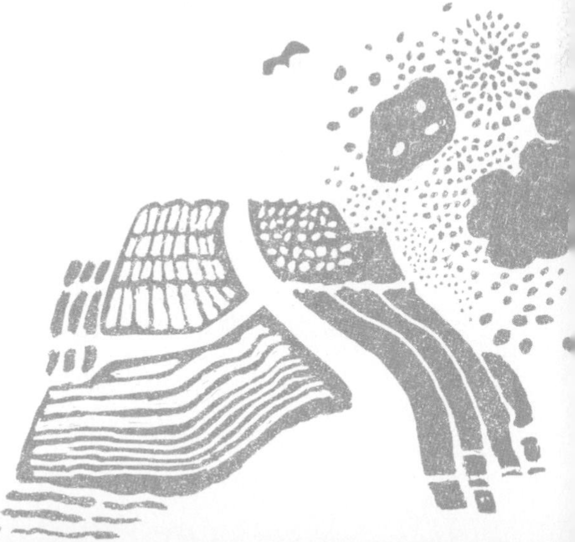

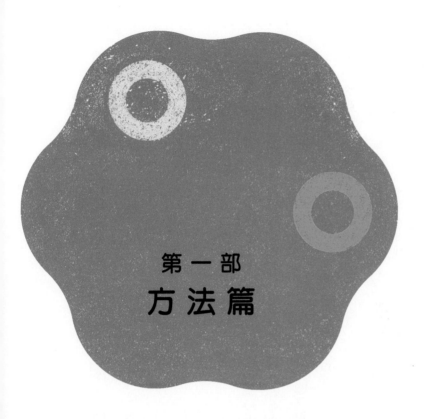

第1課 地方創生不是地方寄生，風土創業的關鍵時刻

這是一個重新創造台灣經濟特色的新時代。

當我們鼓勵青年創新與創業，不能褊狹的以為創新與創業只是高科技的事，台灣的風土特色也是創業的重要資產。因為這是我們生活的環境，產業可以外移，但是透過生活、生產與生態資源交織累積的風土環境，卻無法移動，而且隨著時間累積深化，內容會更加厚實豐富。

風土環境可以轉化成資產，也可能折舊惡化變負債。關鍵在於如何運用創新能力，活化、重整，達到永續經營的目的，甚至能運用風土資產進行創業，讓我們的生活方式變成可以輸出、與世界分享的風土經濟產業，為台灣創造新的經濟亮點。

因此，我們需要台灣各地的風土創業者，不論是青年返鄉或是中年創業，都能透過創新能力改善城鄉發展落差、提升生活品質，達到地方創生的目標，更創造台灣的風土經濟學。

風土創業的三個重要趨勢

有三個重要趨勢為風土創業奠定基礎。分別是個人感官能力的復甦、具風土特色的體驗經濟風行，以及新冠肺炎對經濟與生活型態的衝擊與轉型，這些變化為風土創業帶來發展機會。

個人感官能力的復甦

第一個趨勢是針對規模化經濟的反思，重視個人感官經驗，強調情感與意義，也帶動新的消費型態。

長期的全球化發展，讓我們開始省思：當大量商品充斥、資訊爆炸，一切都走向規模化與規格化之後，到底生活的意義與目的是什麼？我是誰？我想成為誰？誰為我生產？在何時與何地？我們彼此能否建立良好互動與連結。

「在去規模化經濟中，贏家將是那些使每個顧客感覺像身處一人市場的公司，針對每個人量身打造的產品與服務，將會贏過大眾市場型的產品與服務。」《小規模是趨勢：掌握AI和新一代新創公司如何改寫未來經濟模式》一書強調。個人的意義與價值，又與訴求永續、環保、原味與在地、社區共好的主張連結，逐漸匯聚成一股新的消費力量。

其中影響最大的是飲食素養的反思與提升。這是藉由培養個人五感（味覺、嗅覺、觸覺、聽覺與視覺），或是讓感官重新復甦的能力，能放大感受力，了解風土環境、文化習俗、農業、社區與歷史。「香味的影像會變成生活經驗裡的精緻畫像，會讓這種感受傳到大腦中、主司記憶、意識與理解區域的海馬迴，蝕刻在神經系統上。」《品嚐的科學：從地球生命的第一口，到飲食科學研究最前線》指出，「嗅覺連結過去和現在，引發記憶與感情大量湧現。」

知名的法國米其林主廚亞朗．杜卡斯（Alain Ducasse）在《吃，是一種公民行為：讓我們重新學會吃，一起用吃，改變世界！》強調，飲食牽涉範圍很廣，具有健康問題、文化問題、經濟問題與社會問題，要重新學會吃，是一種認識、學習的過程，培養對味道的敏銳感覺。

從影響最廣的飲食出發，可彰顯重視個人感官細微的體驗，傳達個人存在感的意義。例如咖啡產業從第一波商業化走向重視地方風土的第二波咖啡精品化，現在進入重視莊園產地的第三波美學化；巧克力產業也從大量生產走向風味多元的精品化。這些產業發展都是從「有」到「好」，現在進入到「精」。

這些潮流都重視物產原味，引導消費者放大五感、體會風味細節。「感官知覺不只藉大大小小各種行為使人的生命有了意義，還把現實分裂成充滿生命力的碎片，將之重組為有意義的花樣。」黛安．艾克曼（Diane Ackerman）在《感官之旅》說。

台灣多元的風土特色孕育著多樣風味的物產，從茶、咖啡、巧克力、各種食材釀造的地酒、精釀啤酒、調酒、蜂蜜，還有各種山海食材等，甚至連台灣豬都成為一種品牌，能引領消費者細細品味在地風土的美好。

具風土特色的體驗經濟風行

第二個趨勢是融入風土特色的體驗經濟。

《風土經濟學》一書已經清楚說明體驗經濟的重要性，在此不做太多贅述。體驗經濟的目的是創造消費者難忘的感動與回憶，幾乎任何商業活動都需要透過體驗來創造價值。

風土經濟也是體驗經濟趨勢下的新經濟型態。消費者能夠直接到當地從事深度體驗，比方到葡萄酒莊園、咖啡園與茶莊，以及各個社區村落的工藝文化，感受從產地到餐桌、融合風土文化的「地方感」。這種消費行為不再只是購買物品，而是花時間將自己的五感融入地方，去交流體會不同的生活價值。

另一種結合風土體驗經濟的是都市職人創業者。這是在都市內運用風土物產與個人手作工藝能力，創造個人的體驗經濟。比方美國各大城市現在興起手作工藝的趨勢，這些職人包括啤酒精釀師、咖啡烘焙師、酒吧調酒師，這是結合過去小規模生產的「工匠經濟」與文化展演能力，包括重視在地食材、展演個人技術與文化知識、創造顧客難忘體驗的能力。

找回失落已久、重視工作品質細節、手腦並用的精神靈魂，才會讓人感動與珍惜。「他們將心智與體力勞動、手與腦、文化品味與物質技術融於一爐。」社會學家理查・歐塞霍（

Richard E. Ocejo）在《職人新經濟：手工精神的文藝復興，品味與消費文化的再造》寫著：「這些勞動者透過這種方式，為這類工作注入了一套新的意義與價值，支撐自己所從事的工作。」

雖然職人新經濟是以都會城市為主，台灣的職人新經濟卻能兼具城市與地方特色。由於台灣交通發達，從城市到產地的距離非常近，不論是都會或地方，各地都有優秀的風土創業者，能運用自己的技藝與故事，並扣連風土特色，創造台灣本土的職人新經濟。

新冠肺炎帶來的轉型機會

第三個趨勢是新冠肺炎帶來的轉型與機會。

新冠肺炎讓全球產業遭到嚴重破壞，全球觀光旅遊業也步入黑暗期。台灣因守護邊境得以遏制疫情蔓延，也讓國旅市場大爆發，各個觀光景點擠爆遊客。許多業者都說二〇二〇年下半年的生意業績比前一年還要好。比如在新北市金山區銷售地瓜薯條與地瓜體驗的「汪汪地瓜園」，二〇二〇年上半年業績比前年同期下跌六成，但是下半年業績則逆勢創歷史新高。「因為國人都出不去了，就轉向在國內消費。」汪汪地瓜園創辦人賴家華說。

這幾年是台灣國民旅遊業的黃金時期，也是轉型關鍵點。

第一，要建立優質的內需旅遊市場。由於台灣人無法出國觀光，外國人暫時無法來台灣，我們要爭取時間，先透過提升國旅內需市場的深度體驗品質，持續爭取國人留在台灣旅行消費，以壯大與強化風土經濟的產業鏈。

第二，要創造台灣品牌的風土經濟。由於台灣的防疫成功，具有安全與友善的形象，未來國門開放後，可以運用這個品牌形象建立旅遊特色，吸引重視品質的外國人來台體驗深具風土特色的行程，進一步擴大台灣風土經濟的能量。

結合個人感官能力的復甦、風土特色的體驗經濟，以及新冠肺炎帶來的轉型機會，讓我們有機會運用創新能力，將台灣風土孕育的獨特生活方式，轉換成更多的體驗內容與產品，製造更多創業與就業機會，建立台灣特有的風土經濟學。

迎向風土創業的三大挑戰

我們有機會透過風土創業的力量，建立風土經濟新產業，但是我們也站在一個迎向空前挑戰的關鍵轉折點。

第一，我們是否有能力擴大國內的消費市場，並提升消費品質；第二，業者本身是否擁有足夠的創新與創業能力，來滿足消費者的需求；第三，政府與相關地方創生輔導單位，能否有效統籌資源，協助業者提升能力，建立國內的風土經濟產業鏈與生態鏈？

首先是消費者能否成為支持風土經濟產業鏈的基礎力量。國內觀光一直被詬病是淺碟式的消費行為，從二〇二〇年暑假台灣各地觀光景點人滿為患、破壞旅遊品質的狀況來看，台灣真的仍處於淺碟型狀態。

顧客的消費行為是一面鏡子，什麼情境就會反應與引導出什麼行為。難道大家真的喜歡人擠人、交通塞車、接受劣質的旅遊品質嗎？我們不應該責怪消費者，他們只是沒有更好的選擇，才不得已去習以為常、熟知的熱門景點；因為沒有好的替代方案，人們才會接受現狀。

不要把消費者當傻瓜，他們的眼睛也是雪亮的。疫情發生之後，許多特色不足、內容千篇一律的地點，例如士林夜市、淡水老街、九份老街，都出現人潮驟減的問題，許多店面張貼出租啟示，這是過去從未有過的現象。這些景點與店家都以吸引追求新奇的外國觀光客為主，服務與內容品質有待提升，當市場只剩下國內重視品質的消費者之後，原本的缺點就無法掩蔽。

我們要用負面角度看半滿的水，還是正面角度看待這是值得開發的未來市場？管理學者克里斯汀生在《創新者的修練：對未來的預測，決定我們的策略選擇》的第一章，以「變化跡象：機會在哪裡？」為主題，說明市場機會來自三類的顧客群：尚未消費者、尚不滿足的顧客、過度滿足的顧客。

這三類顧客各有不同的需求，只要能掌握需求，就有機會創造獨特商機。

尚未消費的顧客，可能過去都是以國外旅遊為主，喜歡異國文化、不喜歡國內的旅遊品質，或是不認為台灣有太多他們不知道的風土特色，這類型比較偏向旅行體驗的高階市場。比方「AAMA台北搖籃計畫」（協助年輕創業家的學習平台）創辦人，也是創業者共創平台基金會董事長的顏漏有，一年帶家人出國的旅費占生活費用很高的比重，他也有一群經常結伴出遊的企業家朋友。他們不是不願意在國內旅遊，只因過去對國旅的不良印象，擔心旅遊品質，更不想人擠人，也不知道哪裡好玩。

對於既有的國旅產業來說，他們是一群潛力高消費族群、但尚未消費的顧客。如何吸引他們的注意，了解他們的需求與痛點，就是一個市場商機。

其次是服務尚不滿足的顧客。他們是一群會在國內旅行、重視品質的顧客，但是目前的旅遊品質還不夠精緻，無法讓他們願意花更多的時間與費用從事國內旅遊。我有多位在企業擔任中階主管的朋友，他們喜歡跟社團朋友、高中、大學同學結伴，在國內旅行兩三天，他們喜歡故事、美食與體驗，共創彼此美好的回憶，也期待更認識台灣，但苦於沒有好的資訊與行程安排，常常只能住在飯店，或是到一些社區走走，參訪時間都很短。

因此，如何提升既有旅人的旅遊品質，滿足小團體希望得到感動回憶的期待，也是龐大的潛在市場。

另一種是低階市場，目前是過度滿足的顧客。這個意思是目前的服務與體驗已超過他們的需求與期待，他們可能是年輕背包客，或是只需要便宜、不想花費的客人，應該不是未來的顧客，既有的國旅內容已經足夠。

但是，我們有辦法爭取尚未消費者與尚不滿足的顧客嗎？

我們有創造市場的創新能力嗎？

這就牽涉到第二個挑戰，我們的業者有沒有創新與創業能力，提出更好的產品、更有特色的體驗內容，去創造市場、滿足這群潛在的優質客人？

二〇二〇年十月我受邀到屏東小琉球演講。週一晚上的《風土經濟學》講座，來了快三十位聽眾，大部分都是在地業者，包括潛水、書店、餐飲與民宿。他們告訴我，十年前小琉球只有一百家民宿，現在已經暴增到一千家。業者生意很好，甚至打趣說「躺著就能賺錢」。業者觀察，許多人潮都是從墾丁轉移過來的，因為墾丁已經逐漸失去新鮮感。

然而競爭過度情況下，多數民宿屬於中低價位，大家只能拚命接單賺錢，因為不知道何時這股觀光客熱潮會消失。

我問他們，既然很忙很賺錢，為什麼還想來聽演講？他們回答，因為忙得沒時間思考未來，也不知道該如何提升能力，雖然賺了錢，卻沒有太多成就感，他們想從演講得到啟發，思考小琉球未來發展的可能性。

一位年輕的民宿管家說，旅客都是騎機車在島上亂逛，或是去潮間帶看生態，但到處都是人，連餐廳都擠滿人。「一遇到下雨天，不能外出時，大家都會問我還可以去哪裡？小琉球有什麼故事？我卻說不上來。」

我好奇的問，小琉球是一個船長故鄉，充滿海洋文化的地方，難道大家沒有去拜訪長輩，挖掘故事，整理轉化成為體驗行程嗎？大家搖搖頭，一個原因是長輩都在幫忙顧店，而年輕人做生意也沒時間，甚至旅客也沒有興趣了解。

演講結束後，我們一群人走出演講會場。此時已是晚上九點半，但是看到一大群騎機車夜遊、呼嘯而過的旅客，還有用大聲公導覽夜間生態的業者，跟在他身後的旅客都是茫然表情、意興闌珊，沒有認真在聽。「洪老師你看，每天都是這麼吵。」一位業者不滿的說。

回程路上一個大廣場，有上百人在此烤肉，原來是一家露天烤肉店，看到這個小島上有這麼大的經營規模，實在令人吃驚。我回到傳統聚落中的民宿，周圍民宅又是如此安靜。

一個小島，兩個世界，彼此沒有太多連結。

我相信，小琉球在地居民不滿意現狀，旅人來小琉球也不滿意，因為沒有其他不同的體驗行程。雖然人潮很多、生意很好，但是還能再升級嗎？有沒有兼顧環境、文化、社會與商業價值的好內容？當大家忙著做生意，滿足現有的顧客時，誰還會有時間與精力去找出小琉球原本的文化與故事，轉換成更好的體驗行程，吸引尚未消費、以及還不滿足的顧客呢？

小琉球也是目前台灣熱門觀光景點的縮影。都以走馬看花、價格低廉的客人為主，相對排擠掉尚未消費以及還不滿足的顧客，當小琉球自然環境因為過度開發、失去原本的特色之後，這些客人就會失去新鮮感，逐漸轉移到其他熱門景點。一旦被其他觀光景點取代，小琉球目前的熱潮就可能出現危機。

目前夜市、各個老街的問題就是例證，熱門景點也有衰退的一天。如何創造新的可能性，不是蓋更多的硬體，而是增加與地方連結的豐富性，才是熱門景點需要思考之處。

除了地方、聚落、飯店、民宿之外，風土經濟產業鏈還包括旅行社產業、更多風土物產，例如茶、可可、各種食材，甚至還有台灣豬。這些產業都遭遇不同的挑戰，核心問題都在於如何挖掘內涵、重新定義特色、對消費大眾有效溝通、建立深度連結。

是地方創生，還是地方寄生？

第三個挑戰在於政府本身，以及承包地方創生業務的大學、輔導顧問公司。

從創新與創業精神角度來說，政府扮演的角色是支持與推動的力量。但由於政府習慣從上而下的指導與分配資源，導致相關的大學、顧問公司也都積極去爭取政府資源，再將資源轉包給地方或各個產業，層層交疊下，造成無法有效整合、重複浪費的問題。

例如我曾在新北市觀光旅遊局帶領企劃科的企劃力課程，同時也培訓新北市的相關業者企劃力，意外發現，新北市農業局也在做地方創生，都是同一批業者去上課、找各種顧問訪視，提供品牌設計的協助。

我在培訓過程中發現，業者最欠缺的是創新思維與自我定位，特色是什麼？如何提升創新能力以及如何串聯整合？自我問題意識不足，已經習慣仰賴政府資源，花很多時間接受輔導、上課，專家來來去去，內容重複性很高，也沒有具體改善業者本身的問題。業者的問題一直重複，導致原地踏步。我看到不少業者還是持續不斷寫計畫、爭取政府各種資源，但是對於實際開發市場、創造顧客的創新能力依然不足，業績還是沒太多起色。

管理學大師彼得．杜拉克（Peter F. Drucker）在《創新與創業精神：管理大師彼得．杜拉克談創新實務與策略》強調，創業不等於有創業精神，如果「創業」但「沒有任何創新」，只能稱為「找一個工作來餬口」。創業精神在於積極尋求突破改變，透過創新能力轉換資源，創造與滿足顧客需求。如果分配地方創生資源的各個層級與周邊組織，本身沒有創新能力與創業精神，很難帶動原本沒有創新與創業精神的業者、地方組織突破現狀，地方創生就會變成地方寄生。從政府、周邊輔導單位、大學相關單位、地方業者，都攀附其上啃噬所剩無多的血肉資源。

到最後，大家會不會只在找一個餬口的工作？

因此，杜拉克在《創新與創業精神》呼籲：「無論是社會或經濟，也無論是公共服務機構或私人企業，都需要創新與創業。」

我們正站在關鍵的轉折點。過世的英特爾執行長安迪・葛洛夫（Andrew S. Grove）在《十倍速時代》指出，策略轉折點是企業的基本構成要素即將發生變化的時候，可能是往一個新高點爬升的機會，也可能即將走向末路。

關鍵轉折點的兩端，三個優勢與三個挑戰正在彼此拉鋸拔河。能夠克服三個挑戰的核心元素是創新能力。創新能力才能讓我們得以順利運作，不斷帶動這個飛輪往前奔馳，捲動更多人、公司、地方與資源加入，擴大成為一個生態系統，建立上下游綿密整合的產業鏈。

運用SMART創新五力，建立風土商業模式

因此，這本書強調創新的流程能力，以及讓優勢產生模式的經營能力，歸納出一套奠基於風土經濟學的SMART風土創新五力，以及往上延伸的商業模式（Business Model），希望能協助風土經濟產業鏈與政府部門，有效提升創新能力，建立獨特的營運能力，才能創造整體的風土經濟學。

SMART創新五力是五種相互摺疊的創新能力組合，沒有這個基礎，談任何永續經營、創造商機的商業模式，都是空談，因為缺乏實際運作、修正與強化的過程。

這五種創新能力包括：

故事力（**Story**）**：**讓顧客、旅人能具體感受，引發感動與製造回憶的人事物內容。

市場感受力（**Market Sense**）**：**站在顧客立場、思考與感受顧客的潛在需求與渴望，才能提出讓顧客期待與滿意的內容。

美學力（**Aesthetics**）**：**感官體驗的詮釋與想像，自我投入學習與經歷，才能轉化提出讓顧客感動難忘的體驗內容。

再生力（**Re-**）**：**透過再活化、再定義與回收再利用的方式，將既有資源重組成新內容、賦予新意義。

風土設計力（**Terroir Design**）**：**將風土資源轉化設計成被旅人體驗的產品或內容。

這五種能力是對內整合、對外溝通的能力，也是轉化風土資源、地方文化歷史、達人技藝成為實際被體驗、消費的內容、行程或產品的創新能力。對地方組織、各個品牌業者來說，SMART創新五力是靠自己持續練習精進的基礎能力。

對於政府與輔導公司來說，必須將風土創新五力的技術移轉給地方業者，創新才能延續。因此，政府不是用外在「推力」一直灌輸各種資源、辦活動（例如辦市集、展覽），只想結案、完成專案與計畫，而是運用「拉力」方式，將地方組織、業者拉進這個風土創新五力流程之中，協助他們自我提升與精進。

其次是奠基風土創新五力之上的商業模式。這是一個描述一家公司如何創造價值、提供價值與獲取價值的方法與模式，也就是商業經營的獲利方式。風土經濟產業能建立自己的商業模式，就能自主經營、不需靠政府資源挹注，也能擴大強化成為健康的風土經濟產業鏈，創造社會、商業與創造力（SBC）三贏的商業模式。

例如中華文化總會與連江縣政府合作，要花一億一千萬元推動二〇二一年馬祖國際藝術季計畫。藝術季是一種吸引觀光客的新主題，如果又回到傳統推力的事件思維——花錢找藝術家在南竿與北竿島上放置藝術品，再透過幾場與在地居民交流的工作坊，是很難建立在地的流程能力，只要藝術季結束之後，人潮離開，在地人的想法與能力依然可能會回到原點。

關鍵是馬祖藝術季一億一千萬元的投資，能否有成本回收、繼而創造利潤的商業模式。需要先思考顧客是誰？馬祖藝術季有什麼獨特價值主張？為什麼顧客要到馬祖看藝術品、到馬祖旅遊？在這個主張與顧客定位下，如何打造馬祖藝術季的獨特優勢？包括馬祖在地參與團隊能否建立自己的風土創新SMART五力，並向外擴散到社區居民與相關組織。最後思考要如何獲利？藉此活化地方經濟，甚至帶動就業。藝術季結束後，馬祖團隊能否持續活化藝術作品、空間、深度旅遊的內容，不斷創造馬祖旅遊的內容？

更重要的是，馬祖目前面臨的是低價旅遊的問題。旅行社沒有太多與在地連結的行程，如果沒有好的旅行社參與藝術季的行程規劃，提出吸引人的旅遊產品，空有藝術品而沒有配套的有趣行程，就不易讓旅人前往，這都是規劃藝術季必須同時做好的流程規劃（馬祖問題與商業模式請參考第13課）。

然而，我們不能指望政府、外來的專家學者、設計與策展團隊的「善意」，源源不絕提供地方有形資源與無形技術能力。在《地方設計：萃取土地魅力、挖掘地方價值，日本頂尖設計團隊公開操作秘訣，打造全新感動經濟！》這本書中，日本知名設計師梅原真接受台灣設計師蔡奕屏訪談，他強調，日本各地仰賴政府經費發包給外在顧問公司協助輔導，已經漸漸失去自己思考的能力，地方若要自立，一定要找回自己思考的能力。「地方請自己思考！」他愛之深、責之切。

這也是我的心聲。不懂得利用外在資源，就等著被外來人利用。應該想想我們要如何「雇用」外來專家，完成我們的目標與需求。但前提是，我們的目標與需求是什麼？我們想得到什麼？什麼是不會被拿走的優勢？

這是一個思考過程，也是一個實踐與學習過程，我們才能建立自己獨特的競爭優勢，運用創造能力，發展能夠獲利、也能實踐社會價值的商業模式。

第 2 課

只有鑽石才能磨練鑽石——風土創業需要像X光機的方法論

我們帶著探照燈在迷霧中摸索前進。

由於環境變化快速，城鄉差距越來越大。鄉鎮落差的結構性困境，不能只依賴單一的政府資源與從上而下的指導，一來政府資源有限，二來公部門的指導缺乏彈性，很難回應環境變局。因此，地方鄉鎮組織、業者必須運用跨領域整合能力來突圍，找到重要的議題主張，能夠向大眾、不同對象提案，創造更多資源與機會。

因此，要創造各地獨特的風土經濟，需要先深入挖掘風土文化資源的內涵，接著運用創意角度賦予新的意義，創造新的價值，最後與市場連結，向大眾提案，帶動生意，創造雙贏的正向循環。

然而，參與風土經濟與地方創生的三個主要角色，包括地方組織（與業者）、顧問公司（與大學團隊）與政府公務人員（中央與地方），一直無法有效連結、擴大影響力，不僅容易浪費資源，也會造成在原地踏步。

政府與地方組織面臨的三個問題

我歸納出三個共同的問題。

第一是目的不清楚。由於未來願景不明確，沒有釐清為什麼而做？希望帶來什麼改變？動機不明確，很容易就隨波逐流；或是上級主管交辦，沒有自己的想法，當然也不能深入思考找到核心主張與問題，接著很難設定各個階段性目標，也就無法提出主張與解決方案。

第二個問題是根本就沒有目的，或是已經失去初衷。因為沒有目的，目標就只是為了獲得業務、經費而去爭取政府標案與資源，造成為做而做，反而將手段目的化，儘管執行力很強，卻沒有掌握核心問題。

這個問題就像法國散文名家蒙田（Michel de Montaigne）在《蒙田隨筆》寫的：「當心靈缺乏正確目標時，就會朝著虛假的目標直奔而去。」

前兩個問題都容易發生在業務嫻熟、經驗豐富的組織上。一個是上級交辦任務，很快就能制定計畫；另一個是爭取預算的地方組織因為人脈熟悉、了解遊戲規則，很容易就在政府各部門爭取到預算補助。不過，最後往往只是滿足組織本身的短期利益，卻忽略在地經營的長期目標。即使經驗豐富，但欠缺深度思考與專業能力，只是滿足既定的規定，沒有突破創新，容易造成原地踏步的問題。

這個問題也可能發生在經營較久的老店家，或是遇到二代接班經營的企業身上，在大環境變化下，到底該往哪裡走？需要重新思考新目的、建立新定位。

第三個問題是只有抽象的目的，沒有具體明確的目標。這個問題容易發生在返鄉青年、經驗不足的組織以及學術單位上。他們充滿知識熱情，但缺少深度思考與規劃能力，導致只有口號跟空洞的文字，經驗很難深入落實，遇到挑戰就容易退縮或是轉換地方，不易精進能力與累積實力，當然也無法創造自主經營的能力。

總結這三個問題的核心，都在於深度思考力不足，更難以創造吸引人的意義。我們以Google地圖比例尺打比方，老鷹的視野、執行長觀點看的是整體布局，俯瞰整個經營體質與運作架構，了解地圖上重要元素的關聯之後，接著逐步將比例尺縮小，從實際在土壤中翻滾的蚯蚓視角，執行端角度會看得更具體、細節更多。

深度思考力的特色，在於能夠根據目的調整思考地圖的比例尺，越遠越抽象，越近越具體。許多組織非常努力，但都是在近距離的瑣碎小問題中打轉，無法提升具有創造性、抽象思維的宏觀視野，長久的經驗都成為無法連結的碎片。這會導致無法整合資源、創造獨特優勢，彼此都在模仿抄襲，喪失自己的特色。

相反的，在遠距離制定計畫、提出構想的政府部門主管或學者，因為沒有太多貼近地面的實務作戰經驗，反而無法接地氣，從想法到用語都有落差，很難引導承辦人、執行者，或是顧問公司、社區組織進一步思考，讓構想具體落實。

用減法思維創造乘法效果

這是一個系統之間沒有溝通整合造成的大問題。這個系統包括政府單位之間（中央與地方各部門）、政府與民間之間、民間單位之間、各組織內部，最後再加上對整體外部市場的溝通，各單位無法彼此串聯成一個有效運作的系統。

為了解決這個系統失調的問題，政府部門不是加強地圖比例尺的深度思考力，反而採用近距離加法思維。透過不斷推出各種計畫，不斷投入資源辦活動，促使各組織持續寫計畫爭取資源，一直承辦各種活動，希望吸引媒體、人潮。

最後變成放煙火般的效應，短期熱鬧絢爛，卻沒有長期累積的效果。

管理學者克里斯汀生在《繁榮的悖論》認為，任何持久性的創新，要落實到日常的執行流程，建立在地人的參與能力，「繁榮是一個流程，不是一個事件。制度也一樣，制度不是以建築物或場所來表示，它主要是以流程來表示。」因此，地方創生的計畫是要建立地方的流程能力，不能只仰賴外部資源，沒有整合與擴大資源的流程能力，整個事業發展就是無法串聯的碎片。

建立流程能力的前提，就要從缺乏整體觀、以事件思考為導向的加法思維，轉為重視宏觀聚焦的減法思維，透過流程能力的串聯整合，才能創造乘法效果。由於系統是各領域彼此串聯互動的環環相扣關係，要先找出核心價值與問題，建立明確清晰的目標，針對關鍵顧客的重要需求，提出解決方案，建立持續落實的流程能力，才能創造系統之間跨領域的乘法效果，帶動不同產業、組織之間的合作。

因此，若要解決上述各組織遇到的三個問題，包括目的不清楚、沒有目的以及只有抽象的目的，就需要對內先縮小思考比例尺，建立組織或地方的獨特優勢與特色，對外積極了解市場趨勢，找尋顧客定位。根據短中長期目標，擬定具體執行的方法，同時將各種經驗歸納整理、萃取成為方法，就可以有系統的深耕應用，進行整合資源，建立自主營運，帶來更多正向改變。

例如本書的主題核心，強調創造地方特色的體驗經濟，才能創造風土新價值。要創造風土經濟的價值，必須提出新構想、新價值願景，運用風土創新 SMART 五力（SMART 五力也是廣義的流程能力）去創造體驗經濟的內涵，才能呈現地方特色。此外，還需要帶動業者之間、各社區與各鄉鎮之間的串聯，才能建立新的深度體驗產業鏈，帶來新商機。

扎根地方，逐步建立自己的方法論

我們需要建立一套幫助深度思考以及建立執行流程能力的方法。為什麼會提出這個主張呢？來自於我個人曾經遇到的類似問題，才逐漸透過體悟與實踐過程，找到實踐的方法。

我在離開媒體職場後，寫了《旅人的食材曆》一書，並不斷走訪各地，也擔任一些政府部門評審與輔導顧問，四處訪視、演講、分享故事與理念。後來我在三個地方落地扎根，透過邊做邊學的方式、有意識的累積經驗。包括擔任緩慢民宿的餐飲顧問，帶著主廚在金瓜石與花蓮豐濱石梯坪做田野調查，設計兩地的民宿菜單；也在台東池上擔任觀光顧問，帶領團隊與地方業者一起設計行程，還要負責對外銷售，甚至，當上旅行帶路人，陸續在各地規劃行程，一面帶領團隊（民宿管家、地方組織或顧問公司），同時對大眾溝通與行銷、並帶旅人深度體驗，了解感受與需求。

這個角色就像《風土經濟學》談到的「旅人的思維」。參與地方工作需要像一個好奇的旅人，又擁有人類學者的客觀視野，如同電影《阿凡達》的男主角傑克，穿上阿凡達的外型皮囊，與納美人一起奔跑、爬樹、睡在樹上，學習打獵、騎馬，甚至翻山越嶺，冒險征服靈鳥。但是一到晚上，他又轉換角色，記錄白天經歷的一切，身在其中，又跳脫出來旁觀一切。

累積大量的實務經驗之後，我開始向外連結。經常受邀到各地演講、帶工作坊，為了有效溝通與引導學員參與，必須把自己的經驗系統化，變成一套可以溝通訴說的流程能力，才能讓零碎經驗變成有條理的知識，以及實際行動的方法。儘管有方法，仍缺乏有系統的整理、精煉這些經驗的方法論，才能應用在不同情境脈絡，適度調整流程能力。

後來我投入教學與培訓工作，經過大量互動討論的實戰經驗，逐漸領悟到方法論基礎。我在公開班、不同專業領域的公司組織、政府部門、基金會與學校擔任培訓講師，除了要有吸引力，讓學員持續專注投入，更要有清楚的理論架構與系統化方法，幫助學員切實提升相關技能。這個教學經驗幫助我建立將複雜變簡單、洞察問題本質的減法思維。

我的經驗看似多元紛雜，包括媒體記者、寫作者、地方旅行規劃、組織運作、企業顧問與教學培訓，背後卻都有一套相同的思考架構，幫助我能跨界溝通與整合。我更深刻體認，不論是企業、個人工作者、政府部門，甚至從事地方經營、輔導，都需要一套引導思考與實踐的方法論，才能釐清目標，了解市場、掌握顧客需求，以及建立組織運作的獨特優勢與自己的特色，完成理念。

方法論像探照人體骨骼架構的X光機

為什麼方法論這麼重要？首先要釐清「方法」與「方法論」的差異。方法是能夠具體解決問題的手段，但是方法會因人而異、因情境變化而不同；方法論則是從各種具體方法提煉、萃取出更抽象的通則原理。

「方法論」是放大比例尺、簡化現象的抽象思考，更像探照人體骨骼架構的X光機，突破表象，看到實際的骨架。「方法」則是縮小比例尺的具體執行方式，能針對X光片的結果，給予細部檢查與調整。

沒有方法論，很容易落入頭痛醫頭、腳痛醫腳，或是模仿複製、無法切中要害的問題。

如果能有一套洞察事物本質、爬梳脈絡，又能掌握執行細節的方法論，等於擁有一套完整的論述與理論架構，可幫助我們構思、分析現狀，找出更好的解決方案。於是我開始認真思考，如何建立一套清楚論述與實際運作的方法論，可以幫助地方組織、業者、返鄉青年、政府部門與顧問公司，提升系統思考與解決問題的能力。

我整理消化過去參與規劃、帶路的十多個地方旅行的經驗，在《風土餐桌小旅行》（增訂版）歸納出一套「風土餐桌方法論」。這是根據時間、空間與人間三個架構，去梳理一個地方的脈絡，變成可以溝通的故事，再透過風土餐桌來呈現這些故事。接著在《風土經濟學》這本書，整合自己在文創產業、餐飲業與百貨業的顧問與培訓經驗，進一步提出風土設計方法論。從「旅人的思維」、「編劇的洞察」到「導演的實踐」的系統化步驟，希望幫助地方業者從前端的文化深掘、產品開發到體驗設計，與旅人（消費者）的溝通，創造台灣的風土經濟。

這本《風土創業學》更進一步談到商業模式的方法論。除了在企業內部帶領主管去設計公司的商業模式，我也在構思，如何創造能夠接地氣、屬於台灣的風土經濟學商業模式？為了讓地方業者有方法與架構可以依循，除了檢視、盤點自己的現狀與優勢，進一步補強能力之外，還思考如何與市場顧客溝通，才能實踐自己的理念，建立長久經營的方向。

對於實際在地方參與社區運作、經營事業的人，或是拿政府標案進行輔導的顧問公司、大學研究團隊，甚至是參與規劃、監督與執行的各層級政府公務人員，都需要掌握帶動地方轉型、創造風土經濟的方法論，有了整體觀與深度思考的能力，才能達到授人以「漁」，而非授人以「魚」的目標，更能活用政府資源。

建立方法論，鍛鍊長期的內功

台灣近年來大量引介世界各地（主要以日本為主）的地方創生、活化地方經濟的書籍與個案，卻沒有可以參考的方法論來解析這些案例。

我們缺乏有如X光機般精準洞察的方法論。這個問題造成停留在表象層次上打轉，只能傳誦一個又一個的激勵故事，只會模仿外形招式，不知隱藏的內功心法，包括背景脈絡、運作邏輯，遭遇什麼內外挑戰，以及如何與顧客溝通，建立自己的競爭優勢。

擁有自己的思考方法論，也像長期鍛鍊的內功。沒有日積月累的內力，就無法萃取駕馭各地精華；吸納太多其他門派的內力，容易變成只是看熱鬧、無法看出為己所用的門道。

台灣不少媒體報導的成功案例，也有這個問題。媒體報導的案例，很多都是特定的人物與組織，內容大同小異，缺少深入分析（其中不少是長期拿政府資源，還無法真正營運的個案，卻成為檯面上的樣板明星）。

根據我多年的走訪與觀察，台灣還有很多少為人知、更值得分享參考的個案故事。但如果沒有一個分析架構去剖析、拆解運作的成功要素，就只是一個熱血故事，很難有參考與學習的價值。

只有鑽石才能磨練鑽石。我們現在需要大量參考借鏡的個案故事，就像商學院的企業個案一樣，都是實戰淬鍊出來的珍貴鑽石，再透過如鑽石般切割精煉後的思考架構，從中解讀、推論與學習，才能豐富我們的視野，強化自己的經營能力。

因此，參與創造風土經濟的每一份子，包括在地經營的餐飲住宿、觀光休閒產業，甚至是農業、生活產業與社區組織，都需要運用一套本土化、能夠落實參考的方法論，去分析、洞察與解讀不同個案，做為借鏡學習、自我檢視與調整經營的方法。

因此，當我退一步深思與整理自己的經驗與方法，發現在思考、教學與解決問題的背後，都有一套基礎的方法架構。我再透過閱讀大量商管書籍，持續消化調整，實際運用在教學，透過在課堂上的應用、回饋與修正，並與不同業者交流討論，萃取出這套風土創業的商業模式方法論。

或許，我們過去都是帶著探照燈在迷霧中摸索前進，有了風土創業的商業模式方法論，會幫助我們先拍出經營體質的X光片，再根據目的，彈性縮放調整思考比例尺，拿著逐步放大的商業地圖與探照燈走入迷霧中，就不容易失去方向。

至於風土創業的商業模式方法論是什麼？跟時下流行、談創業經營的商業模式有什麼差異？該如何應用？下一堂課會細說清楚。

第3課 活用5W1H方法論，讓風土經濟更SMART

上一堂討論「方法論」跟「方法」的差異，在於「方法論」是從各種具體方法提煉、萃取出更抽象的通則原理，成為「方法」背後的基礎架構，能應用在不同情境中。

方法論也是一種掌握事物本質的思考力。《直擊本質的思考力：菁英如何突破盲點、抓住問題根源、做出精準決策，解決所有難題》認為，本質思考力就是透過繁雜的現象，看清事物的根本屬性，看透問題根源，看懂現象背後底層邏輯的思考能力。

底層邏輯有點抽象，需要再多加說明。數學家兼鋼琴家的鄭樂雋在《邏輯的藝術：融合理性與感性的16堂邏輯思維課》簡要說明何謂邏輯，邏輯是一種化繁為簡的方法，透過抽象化過程，了解事物本質與如何運作的過程，再透過清楚的條理規則，讓不同的人也能做出明確且一致的結論。

因此，歸納本質思考的特色，就是了解事物的根源與特性，並掌握表象事物背後的運作規則，才能進行有效的推論、溝通與執行。能了解現象本質，或是說洞察商業運作本質，就能建立一套方法論，去了解、分析與建立自己的影響力。

要如何擁有這種本質思考力呢？《直擊本質的思考力》指出，需要三個步驟：從 What（是什麼）到 Why（為什麼）再到 How（怎麼辦）。

這個 2W1H 的思維只是基礎，但不足以建立深度思考的方法論。我從長期經驗累積整理的方法論，加上拆解目前幾個管理學界重要的商業模式架構，融會貫通之後，得到比較完整的商業模式方法論基礎。

活用 5W1H 六智者

這套方法論並不新潮，而是來自過去新聞傳播學的「5W1H」，這也是基本邏輯推論的要素。這套方法源自於英國作家約瑟夫・拉雅德・吉卜林（Joawph Rudyard Kipling）在一九〇二年的《原來如此故事集》中的一首詩〈大象的孩子〉的內容：

我有六個誠實的僕人

（我所知道的都是他們教我的）；

他們的名字叫做「何事」、「為何」、「何時」、「如何」、「何地」與「何人」。

吉卜林認為是六忠僕，我則視為六智者，也是深度思考的X光機。這是最基本的說故事方法，也是新聞傳播的架構。但不只是新聞寫作與傳播溝通需要5W1H，更能廣泛應用到思考和觀察，幫助我們對各種事物的理解、摘要、歸納與詮釋，甚至是更進一步的創意、創新、管理與經營。

Who 你想溝通的對象與關係，包括自我、顧客、老師、學生、情人、家人、主管、下屬……

What 各種事物、想法、產品、內容

Why 動機、目的、需求、隱藏的情感

How 方法、流程、程度

When 時間、過程、時機

Where 空間、場所、方向

5W1H看似簡單，每個元素都是最基本的硬功夫。透過5W1H這六個元素的拆解、融合與排列組合，可以千變萬化，幫助我們進行抽象的思維、具體的溝通以及清晰的實踐。

管理界流行的各種方法架構，背後仍是5W1H的組合。例如分析企業優劣勢的SWOT分析——優勢（Strength）、劣勢（Weakness）、機會（Opportunity）與威脅（Threat），每個元素都是表象的What，各自還需要仔細挖掘其他沒有說明的4W1H。

另外企業現在很流行的專案管理PDCA（Plan-Do-Check-Act簡稱），是針對品質工作按規劃、執行、查核與行動來進行，以確保有效達標、促進品質持續改善。PDCA這四個元素的背後，還是要扣緊5W1H，逐一討論與確認，才能完成PDCA的有效循環。

我平常從事訪談、田野調查與擔任企業顧問工作，甚至帶企業、基金會與地方組織開工作坊時，都是根據主題與目的來活用5W1H這六位智者。例如說故事或問問題時，必須釐清溝通的對象、當事人是誰（Who），說明時空背景脈絡（When & Where），接著必須釐清發生什麼挑戰事件（What），面對外在挑戰時，當事人的內在想法與感受（Why），做出什麼決定與行動來因應外在挑戰（How）。把基本背景脈絡釐清之後，才能進一步了解問題核心，或是掌握故事重點，做更好的詮釋與創新。

活用5W1H這套思維工具，像是一個伸縮的望遠鏡，甚至是顯微鏡，可以開拓創意視野，又能聚焦挑戰與問題。能夠幫助我們看遠又看近，看廣又看深，衡量理想與現實，了解現狀與未來，注意使命與現實，甚至是評估價值與價格。

SMART 風土創新五力，如何運用 5W1H

以 5W1H 為基礎的方法論，可延伸到風土經濟學的創新與創業方法論。這套方法論能幫助我們活用減法與乘法思維，更能檢視現狀，找到改進與創新的切入點，規劃具體落實的方法。這套方法論也能用來了解國內外關於地方創生、在地經營與風土經濟的個案實例，有系統性的分析與觀察，看出值得借鏡學習，或是進一步提問質疑的地方。

以 SMART 風土創新五力為例。這是一種扎根在當地風土文化的流程能力，要把這五種創新技能做到厚實純熟、甚至頂尖的程度，就必須考量家鄉風土特色、創業願景、生活特色與達人技藝，同時整合地方的風土人文資源，以及了解顧客定位，才知道如何對顧客溝通。這些需求與挑戰看似是不同主題、內容多元複雜，但只要掌握 5W1H 原則，就能建立自己的獨特優勢。

Who 了解自己（以及組織、社區、地方）、在地合作的達人，以及要跟哪種類型的顧客溝通

What 找到自己的生活、生產與生態特色，以及產品、服務、經營與體驗的特色

Why 整理自己的目標與願景，了解與挖掘顧客的需求與感受

How 建立自己的獨特優勢，如何設計、規劃好內容去滿足顧客期待

When 了解自己家鄉的節氣、季節變化特色，一整天的風景變化

Where 發現整體風土特色、不同場域的特色

— 故事力 —

Who 了解溝通對象，以及地方故事的主角

What 產品、餐桌、體驗遊程、景點

Why 溝通對象的動機與需求、故事主角的想法與感受

How 故事主角的努力、行動、技藝能力，具體的內容與細節

When 地方社區的節氣、歷史、日常狀況，或創業時間

Where 地方的風土特色，或是產品發源地、家族老家、創業地點

市場感受力

- Who 了解不同的顧客定位
- What 顧客重視什麼、有何期待，最在意什麼
- Why 顧客的需求與感受，包括分辨功能、社會與情感三種任務需求
- How 顧客如何從事各種消費行為，消費的每個流程與細節
- When 顧客消費與體驗的過程，重視什麼過程
- Where 顧客消費的場域特色，重視什麼特色

美學力

- Who 自我如何看待地方與事業的美學特色，針對不同的顧客定位與期待，提供美學的感受
- What 要呈現什麼獨特體驗，才能創造顧客的感動與想像
- Why 顧客的定位與期待
- How 如何設計情境、情節，引發顧客的情感

When 美學體驗的時間與體驗長度

Where 在什麼場域來引發感動與驚喜

｜再生力｜

Who 顧客定位，或是發覺哪些在地人物特色

What 提供哪種再生價值，是產品與特色重新定義、創造新形式？還是空間、時間與人間再活化？或是運用回收再利用的方式，創造經濟價值？

Why 自我的動機與願景

How 如何規劃與進行

When 進行期間，或是活化哪些將被遺忘的時間

Where 場域特色的活化，帶來什麼改變

｜風土設計力｜

Who 顧客定位，有哪些達人、誰負責帶路

What 有哪些風土資源，生活、生產與生態，創造什麼吸引力

Why 願景與動機，以及顧客的期待

How 如何讓顧客體驗，哪些設計規劃

When 體驗的時間、節氣、季節

Where 風土特色

過去我們思考地方特色，容易只從表象看事情，以至於習慣快速模仿與跟風，沒有回到本質思考、了解自己的特色，以及該如何向內整合、對外連結。一旦掌握 5W1H，從 SMART 這五個面向來建立自己的創新能力時，比較清楚我是誰？我想跟誰溝通？建立什麼特色？創造什麼感動回憶？再來是如何執行到位？需要增強哪些能力？就能逐步建立自己的風土創新力。

商業模式的定義：創造價值、提供價值與獲取價值

5W1H 除了應用在風土創新 SMART 五力的技能上，更能運用在商業模式的思維上。

談商業模式思維之前，先拿掉「商業」二字，說明模式思維的重要性。模式思維也是一種

本質思考力，《本質思考——MIT菁英這樣找到問題根源，解決困境》認為，本質是事物現象背後的結構（模式）和因果（動力論）所構成。作者平井孝志解釋，模式就是打造出這個現象背後的結構，也就是構成事物本質關鍵要素之間的關係；動力論則是經過長時間之後，模式形成的現象結果與動態狀況。

因此，商業模式來自構成商業本質幾個重要元素的關係模式，隨著時間變化，產生獲利成果。根據第1課提到的商業模式，我綜合整理商學界對商業模式最簡潔有力的定義——就是描述一家公司如何創造價值、提供價值與獲取價值的方法與模式。

商業模式的定義簡單，即對內（員工、部門）、對外（投資者、顧客、供應商）進行溝通與對話。這家公司需要說明自己的顧客定位，創造產品或服務的價值來滿足顧客需求，以及如何運用自己的營運優勢提供這個獨特價值，最後才能透過顧客願意買單付費，獲取利潤價值，讓公司持續經營下去。

哈佛管理學者克里斯汀生在《哈佛商業評論》撰寫的〈商業模式再創新〉這篇文章，將成功的商業模式分成四個要素：顧客價值主張、關鍵資源、關鍵流程與利潤公式。

顧客價值主張：目標顧客與客戶需求。

關鍵資源：實現顧客價值主張所應用到的資源，包括人、設備、技術、通路、夥伴與品牌。

關鍵流程：重複執行的作業流程，包括設計、開發、採購、生產、訓練與行銷。

利潤公式：收入、成本與獲利。

另外，《獲利世代：自己動手，畫出你的商業模式》提出的商業模式圖，是目前最被新創科技業、商學院廣泛應用的系統化架構，也是將商業模式分成四個元素：價值主張、顧客、關鍵要素與收益／成本，接著細分為具體的九個格子，讓讀者、業者有依循參考的系統化步驟，也能一目了然、便於討論與構思自己的商業模式。

商業模式有趣的地方，在於是一種對現狀與未來的假設。透過這些假設去檢視自己的商業經營能力，包括對顧客的了解、市場趨勢的判斷、自己獨特經營能力的可能性，以及對自己的產品、服務與體驗定價，獲得合理報酬。商業模式思維，除了具有系統化思維能力，更是心智模式的調整與創新。逼使業者要跳脫自己既有的框架，站在不同角度來思考自己的商業模式定位。

然而，我經常擔任青年創業提案評審，他們提案簡報都要填寫《獲利世代》提出的商業模式圖，但是大部分的提案者都只是填滿格子，卻沒有深度思考每個格子的意義，導致什麼都寫了，商業模式思維依然不足。

商業模式思維就像檢視X光片，審視商業經營的本質與骨幹，這是一種高度的抽象思維。要學習商業模式思維，不能只是硬套架構、填好填滿就了事，而是需要清晰的思考與聚焦，並藉由一個簡潔架構來幫助深思與應用。

商業模式四元素：價值主張、顧客定位、獨特優勢與獲利方式

《航向成功企業的55種商業模式：是什麼？為什麼？誰在用？何時用？如何用？》這本書就提出了 3W1H 做為商業模式的基礎，啟發我思考 5W1H 的架構。包括 Who（顧客）、What（價值主張）、How（價值鏈）與 Why（獲利方式），藉由「神奇三角」來建立商業模式。

雖然這本書沒有把 3W1H 貫穿得很清楚，但是書上展現的「神奇三角」，卻跟我平常教企劃力課程的金字塔架構很類似。這個三角形也啟發我深思，如何用 5W1H 來重新梳理商業模式，將複雜變簡單，進而有深度，幫助讀者更容易理解與運用。

我歸納整理的商業模式，一共有四個元素來帶動商業運作：價值主張、顧客定位、獨特優勢與獲利方式。每個元素都納入 5W1H 的考量，更重視脈絡的無形影響（When & Where），否則很容易把各個元素視為孤立狀態，無法思考更深入的可能性。

這是一個比較完整的系統思考。要聚焦四個要素各自的內容，還要推敲四個要素之間的關係，也要前瞻未來，深思當下，更重視兼具理性（理性判斷顧客需求、建立自己的經營能力與獲利能力）與感性（我的願景主張、感受顧客需求）。

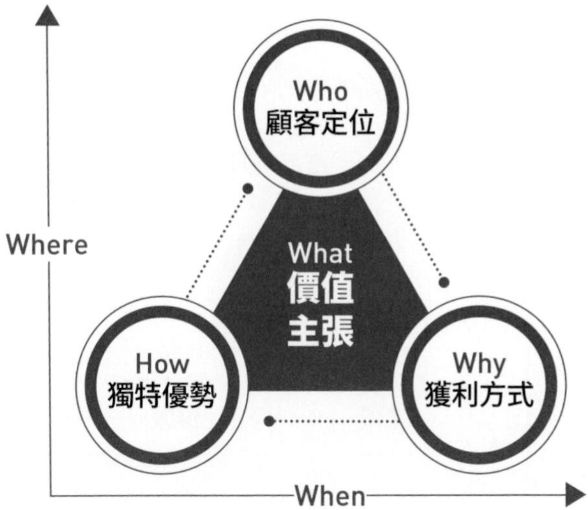

價值主張：

說明自己的主張，能為地方、產業、顧客甚至台灣提供什麼價值。最基礎簡單的商業模式，就是先勾勒說明脈絡情境（When & Where），自己的願景、創業動機與價值主張（What）。接著陳述顧客定位，你想對誰溝通（Who）、自己的獨特優勢是什麼（How），以及獲利方式、顧客為什麼願意付錢給你（Why）。

接著就要仔細展開顧客定位、獨特優勢與獲利方式這三個元素。各自說明要如何創造價值、提供價值與獲取價值。

顧客定位：

創造價值，滿足顧客需求與期待。先說明針對什麼樣的顧客進行溝通，顧客需求的脈絡情境

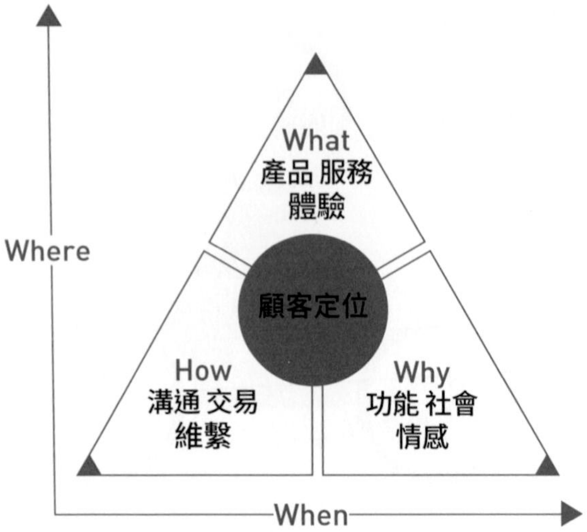

（When & Where），以及需求與期待（Why），接著要提供什麼產品、服務還是體驗來滿足顧客（What），最後要如何與顧客溝通（How, When & Where）、如何進行交易（How, When & Where）。

獨特優勢：

建立自己的獨特優勢，透過執行力來提供獨特的價值，滿足顧客需求與期待。先說明獨特優勢的脈絡情境（When & Where），有什麼重要的合作關鍵夥伴（Who），擁有什麼獨特的關鍵資源（What），例如風土文化、景點、技藝、物產，還是達人。最重要的是獨特的營運能力，才能整合資源、持續建立自己的獨特性（How），主要就是風土創新 SMART 五力。這也是我在後面課程提到的護城河能力，防止被其他地方、組織抄襲的獨特優勢。

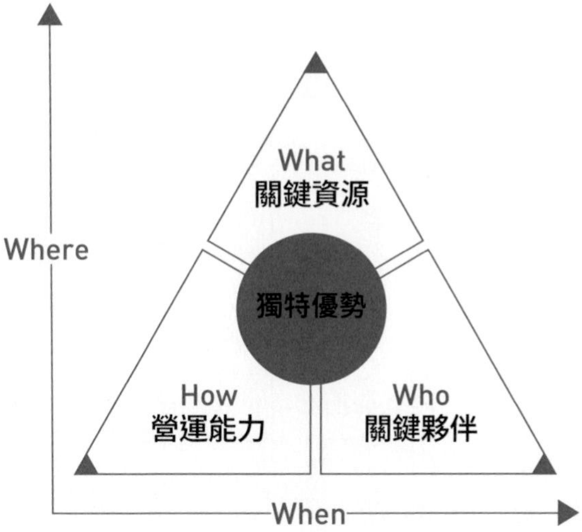
What
關鍵資源
Where
獨特優勢
How
營運能力
Who
關鍵夥伴
When

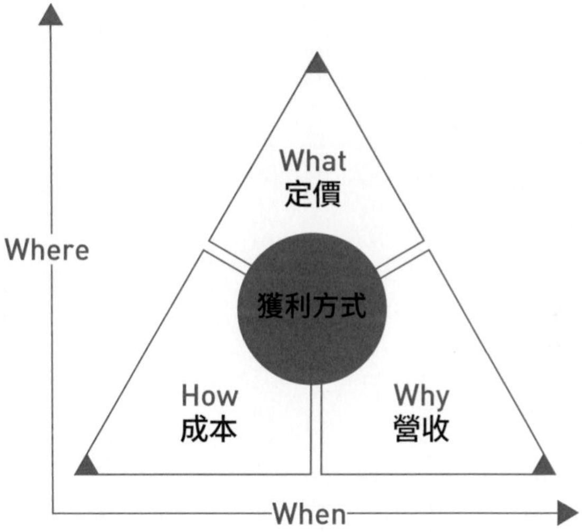
What
定價
Where
獲利方式
How
成本
Why
營收
When

獲利方式：

根據顧客定位與獨特優勢，精準訂價，來獲取價值，創造利潤來維繫營運，簡而言之，就是顧客為什麼要付錢給你。先說明獲利方式的脈絡情境（When & Where），你如何為產品、服務或體驗訂價（What），顧客為什麼會願意根據你的定價來付費（Why），但是必須釐清自己的營運成本，才能計算出自己的利潤（How）。

還記得一開場提出的三個問題嗎？目的不清楚、沒有目的、目的太抽象，導致於無法設定具體目標，以及建立紮實可行的實踐方法。這三個問題，其實都圍繞著 5W1H。我們的目的（Why），以及要對誰溝通（Who），根據目的設定出具體要達成的目標（What），接著要找出實踐目標的方法（How），同時要考量目的、目標與方法背後的脈絡情境（When & Where），才能因應脈絡情境去調整。

不論是政府部門、地方組織、業者、顧問公司，還是參與地方創生的大學，如果能掌握 5W1H 的方法論，去建立屬於自己的風土創新 SMART 五力，並深入構思商業模式，在實際執行過程中不斷修正補強，一定能逐步建立獨特的風土經濟學商業模式。

好萊塢編劇大師、長期傳授說故事技藝的羅伯特．麥基（Robert McKee），在《故事的解剖：跟好萊塢編劇教父學習說故事的技藝，打造獨一無二的內容、結構與風格！》特別強調方法論的重要性與意義，他在引言寫著：「只有精確掌握歷久彌新的原理與形式，才能說好故事。」

5W1H六智者是深度思考的基礎原型，藉此變化出不同形式，幫助我們聚焦當下、又能放遠前瞻，兼具理性與感性。不論市場趨勢怎麼變、消費者的需求與感受如何翻轉，或是商業模式如何創新，一定脫離不了5W1H的思考脈絡，這也是風土創新SMART五力與商業模式思考的基礎。

接下來，本書的旅程，都會與這六位智者同行。

第二部
基礎篇

轉型時代，
培養 SMART 風土創新力

第 4 課

故事力 Story——創造情感連結的帶路人

有一次我和紀錄片導演楊力州聊天，他剛拍完一部紀錄片，主要拍攝桃園龍潭的一個老市場，被當地兩位年輕人改造成青年創業聚落，取名為菱潭市場（龍潭古名菱潭）。我聽過這個地方，但從未去過，印象也不深刻。

我以為楊力州拍攝的主題是青年返鄉創業的熱血故事，結果不是。吸引他的不是這兩位年輕男子，而是很多位無名的女孩，她們在每間只有兩坪的店鋪尋找創業自由夢。

楊力州描述有位做金工與編織藝品的 Momo，因為重要的親人都過世了，失去生命重心的她，來到菱潭市場落腳，租下一個可以安身立命的小店面，在這裡進行創作，為每個客人編織幸運繩，彷彿能將失去的生命重新組合起來。還有一位鋼琴老師竹君，守在小店宣傳她的鋼琴教室，但不容易招收學生，為了生活得去打掃自助洗衣店，她還是懷抱著音樂教學的理想，因為這裡就是她的希望。

另外一對女同志伴侶，在這個以客家族群為主的傳統區域，開了一間獨立書店，選書都有自己的觀點，包括傳達同志權益以及強烈的政治立場。因為她們工作繁忙，照顧書店的人竟是其中一位的母親。母親不僅能簡單介紹主要書系，還能談談書店的經營概念。

有故事，會讓人印象深刻

每個店面都隱藏著一個故事。她們過去的生命可能布滿傷痕，或是曾經對人生充滿迷惘；這個空間也許無法帶來多大的收入，卻是可以做自己、接納自己的夢想空間。

楊力州講了好多故事，我都沒聽過。後來上網查詢，都只有菱潭市場的新聞訊息、短短的網路遊記，沒有她們的故事。

這些女孩的故事深深打動我。讓我重新看待這個市場聚落，原來不是只有表面上的青年創業，而是具有深刻的內涵，是個與人接觸、遮風擋雨的地方，還能透過作品呈現自己的態度與價值觀。

半個月後，我帶家人來到菱潭市場。先拜訪成立菱潭街興創基地的張智宇與蔡濟民，我們邊喝咖啡（這也是自己烘焙豆子的咖啡小店）邊聽他們分享——當時如何從一個小空間逐步改造，接著整理出一個個店面，進行招商，讓想創業的青年都可以來此圓夢。但他們也發現，如果不是楊力州深入訪談挖掘，根本不知道這些女孩子的遭遇與故事。

我一一拜訪這些小店家，在店裡聊天，觀察他們的工作，還發現一家專賣桃園在地食材的商家，逛完市場，來到附近的龍潭國小日式宿舍，這是客家文學大老鍾肇政的文學生活園區。

儘管這裡的設施與外觀很普通，在我心目中，菱潭市場因為這些創業女孩的故事而鮮活起來。加上楊力州導演的這部紀錄片《愛別離苦》，想必更加讓這裡展現不同的魅力。

沒有故事，很難記住你是誰

隔沒多久，我在一個在地品牌的品評會擔任評審，要從三十多個品牌食材，包括啤酒、餅乾、果汁、糕餅選出優質產品。除了試吃品評味道之外，還需要了解產品背景，但聆聽工作人員報告各家品牌以及翻閱資料時，經常找不到重點，沒有特別印象，還得用手機查詢店家相關資料，才能多了解產品內容。

主要問題在於沒有讓人有記憶的故事，連產地來源、產品內涵與製作動機都不清楚。因此，就連工作人員要對我們這幾位評審多做介紹時，都沒辦法清楚說明。在這麼多產品競爭中，如果沒有深刻記憶點、讓人產生印象的具體故事，就很難被列入考量。

說故事為什麼這麼重要？一個產品、一個品牌、一間民宿，甚至一個地方，需要一個對內、對外溝通，都能讓人有具體感受、印象，產生情感連結的故事，我們才可能有後續的交流與討論，建立正面好感與信任感，才有產生交易、消費的機會。

沒有故事，很難記住你是誰，就只是眾多產品的其中之一，平凡而被忽略。

我相信，每個地方、社區、聚落都有動人的故事，但是說故事的人在哪裡？誰是在地的楊力州？這也是我在《風土經濟學》強調帶路人所具備的三種能力，包括透過系統性解說、製造旅人期待的「脈絡力」，在現場協助業者聚焦、引發旅人好奇的「引導力」，以及掌握現場流程、了解旅人感受的「控場力」。

每個產品、體驗、行程都是一趟旅程，像個帶路人引領著聽眾、旅人與消費者走入跟他日常生活感受完全不同的故事世界。

故事力 5W1H元素

故事力就是由 5W1H 穿針引線而成。

—故事力—

Who 了解溝通對象，以及地方故事的主角

What 產品、餐桌、體驗遊程、景點

Why 溝通對象的動機與需求、故事主角的想法與感受

How 故事主角的努力、行動、技藝能力，具體的內容與細節

When 地方社區的節氣、歷史、日常狀況，或創業時間

Where 地方的風土特色，或是產品發源地、家族老家、創業地點

故事力有兩個層次。第一個層次是把人事時地物的脈絡交代清楚，讓消費者的腦海中有大致的藍圖，不會被一堆資訊給淹沒。

故事力第二個層次是如何傳達創新能力。創新是抽象的，必須成為具體可理解、有畫面感的內容，透過表達產品、事業與體驗內容的目標、挑戰、動機與具體作法，才會呈現你想做這件事情的目標與動機，以及遇到什麼挑戰，投入多少心血努力去克服，實現目標的過程。

能夠具體描述如何克服挑戰的過程，包括相關內容與細節，就是創新。

這些故事用在敘述創業、接班、產品規劃與製造過程，或是安排體驗行程，在一一敘述的

過程中，鋪陳出具體時間、地點、人物，就可串聯成一個有脈絡、打動人心的故事。

東邦紅茶的轉型

比方第21課提到南投埔里東邦紅茶郭瀚元的接班。讓我印象深刻之處，在於他祖父郭少三經營的東邦紅茶，是日治時期唯一的台籍紅茶廠。一九三一年郭少三去緬甸叢林找尋特有茶樹，曾水土不服而生病、甚至罹患瘧疾，在九死一生的歷險中，終於帶回具有清雅果香、不苦澀的特有茶種，回台重新研發、製成獨特風味的紅茶，也成為埔里重要的企業，曾雇用埔里三分之一的就業人口。

這是屬於創業與創新的故事，讓大家對東邦有一個不同認知——為了找到好產品而冒險，也是在日本企業環伺競爭中，唯一台灣紅茶廠的獨特印象。這個內容包括5W1H的元素，有時間、地點的脈絡，以及目標、挑戰、動機與具體作法的故事元素。

如果談青年返鄉接班或創業，如何應用創新找到事業定位，也可以參考另一個故事。

搖滾雞的吶喊

在屏東萬巒鄉的萬金村，有一個搖滾雞品牌，創辦人是一位喜愛演奏搖滾樂的青年陳健福，他結束在台北工程師的工作，返鄉接班萬金畜牧場，他不希望只是幫大企業代工養雞，只賺微薄代工費，同時想飼養更健康、讓消費者安心的雞隻。

他用工程師實事求是的方法，想打破雞農在飼料放抗生素的慣性想法，決定逐步降低投放抗生素的比例；為了讓環境更乾淨安全，並分齡管理不同的雞隻，結果讓他發現，不用抗生素也能讓雞隻健康長大。

接著他從消費者喜好角度回推，如何在飼料中添加不同營養品配方，可以增加肉質的含水量與口感；並跟不同餐廳合作，根據餐廳的需求回推如何調整雞肉口感，以及有效分切，讓餐廳更方便處理食材。

身材高大、滿頭金髮的陳健福，工作之餘，依然不能忘情搖滾樂。他在養雞場二樓有個錄音室，有空的時候會去彈吉他、作曲，跟樂團練歌。

他開始思考如何跟大眾溝通、建立品牌形象。他在屏東成立一個搖滾雞炸雞店，定期組團在戶外表演搖滾樂，讓客人邊聽音樂、邊吃炸雞，一方面認識他的雞肉，也了解他的態度與故事。

這是從代工轉型品牌的故事，故事元素在於突顯從代工變品牌過程的努力，以及養雞農也是搖滾樂手的戲劇化轉變。同樣包括 5W1H 的元素，有整體脈絡，也有目標、挑戰、動機與具體作法。

對於風土經濟學來說，故事力是溝通與存在的基礎。因為風土是個抽象感性的元素，販賣的是看不到的價值與感受，就必須要透過言語、文字、視覺各種溝通方式，讓消費者體驗、感受這些價值跟態度。

沒有故事的溫度，就只是冰冷的資訊。資訊就像生芋頭般生硬不能下嚥，必須削皮烹煮調味，才能呈現芋頭的風味，背後就是風土特色與人的技藝結合的成果，這就是故事的好滋味。

你的奮鬥、努力活化地方，改變現狀的過程，就是一個故事。你的故事是什麼？要如何說一個好故事？練習站在他人角度，反向思考與挖掘自己的 5W1H 元素，就是好溝通的第一步，你的家鄉、事業與產品，也會開始鮮活有趣起來。

第 5 課

市場感受力 Market Sense
——有意識的感受顧客需求，創造商機

屏東牡丹鄉的東源村，是牡丹水庫上游重要的水源保護區。這裡有個得天獨厚的東源森林遊樂區與哭泣湖（原名「東源湖」，因排灣族語水流聚集、湧泉不斷的發音與哭泣類似，改稱哭泣湖），還有一個水生植物聚集的濕地，每年五、六月濕地盛開野薑花，有如世外桃源。

原本部落有許多年輕人外移工作，因為濕地成為重要觀光景點，而吸引大量的觀光人潮，部落青年組成解說隊，透過收費的導覽解說方式來接待旅人。兩個半小時的導覽行程，二十五人以下收費大約二千五百元，由一位導覽解說員負責，解說員也會將收入部分比例回饋給社區。

因為觀光人潮眾多，光靠導覽費就能讓解說員養家活口，解說隊也培養了十一位全職人員。然而返鄉十年、曾擔任解說隊幹事的孫銘恆卻發現一個重要問題，因為八成的旅客都是旅行社帶來的，許多客人不了解東源村，一下車也搞不清楚狀況，不知道為什麼要來這裡，經常只把東源村當成一個休息暫留點而已。

新冠肺炎疫情發生後，旅行社生意受到很大衝擊，連帶也影響東源的客源。反而是自己開車、專程來訪的散客增加了，這種小團體是過去沒有的客群。在這個變化下，孫銘恆發現，解說隊遇到兩個新挑戰，首先是由於長期接待旅行團，導覽方式都太固定公式化，沒有彈性調整、增加內容的能力；對新出現的散客來說，現有的內容又不夠深入。

第二個挑戰是解說隊只負責解說，對於客人想待更久、體驗部落的餐點或是購買紀念品的需求，並不是他們的工作。由於部落沒有進行資源整合，能夠消費的產品有限，導致部落整體營收沒有太多成長。

東源面臨的挑戰，也是許多部落或是經營社區旅行的共同問題。主要問題是既有的市場如何深化？如何延長體驗時間？如何開拓新市場，才能增加整體收入？否則長久下來，都只是賺工錢，沒有發揮擴散效果，也無法提升整體社區收益，一旦旅人失去新鮮感，轉移到其他地方，社區經濟就會有危機。

擁有市場感受力，創新才有對象與方向

要如何改善這個問題？主要就是如何了解顧客需求、滿足顧客需求，這是風土創新五力的第二個能力——培養市場感受力的重點。市場是個抽象的概念，主要是提供價值的賣方與獲得

價值的買方之間，進行價值交換的場域。

如何讓抽象的市場具體化，需要將焦點放在顧客身上。顧客有七情六欲，有期待、痛苦、悲傷、快樂的需求與感受，市場感受力就是去關注顧客的感受，找出滿足他們需求的解決方案，就是市場商機。

我經常在工作坊詢問企業主管、甚至是各個地方的業者：「企業的目的是什麼？」大部分的答案都是不假思索地回答「獲利」。但獲利是果而非因，如果企業沒有一個更清楚的目的，只針對獲利，其實很難有真正商機。

因為企業創業目的在於看到需求或是潛在需求，透過創新能力創造、改善產品或服務，來回應與滿足顧客需求，顧客才會因此付費，讓企業獲取利潤。

管理學大師杜拉克在《管理的使命》提出一個讓人深省的角度。他認為企業的目的只有一個，就是創造顧客。他解釋，如果沒有顧客，企業想做什麼都是沒有效益的，重要的是顧客想要什麼、需要什麼，產品跟服務能為他帶來什麼價值與意義。

杜拉克繼續說明，為了要創造顧客，企業只有兩個功能——行銷與創新。行銷是站在顧客角度思考，充分了解他們的需求，推出符合需求的產品或服務。創新則是從行銷角度出發，將整體社會需求創造與轉化成更好的內容或產品。

回到這堂課的主題「市場感受力」。市場感受力在於如何感受顧客內心的需求與感受，才知道我們要提供什麼產品、服務或體驗，去回應顧客需求，甚至創造顧客的需求，也就是杜拉克所說的「創造顧客」。

擁有市場感受力，創新才有對象與方向。風土創新力的核心基礎，就在於市場感受力，甚至風土經濟學的商業模式，其中有個關鍵要素是顧客定位，也是以市場感受力為基礎。

了解顧客想要完成的任務

但是，透過市場感受力去創造顧客的說法，還是太泛泛而論，需要再聚焦。我認為，哈佛管理學者克里斯汀生的《創新的用途理論：掌握消費者選擇，創新不必碰運氣》，是目前了解顧客需求的眾多商業理論中，最簡潔實用的概念，能夠補強杜拉克的主張。

克里斯汀生在《創新的用途理論》一書說明，不談顧客需求，而是「用途」，或是「任務」。他認為，創新不只需要了解顧客的需求，更要了解：顧客選擇這個產品做什麼？顧客在什麼情境下使用這個產品的目的？或是換個方式問，顧客「雇用」這個產品要完成什麼「任務」？顧客不是為了產品本身，而是希望在生活上獲得更好的品質、更好的「進步」。

因此，克里斯汀生提出三種任務型態，包括功能型、社會型與情感型。功能型屬於實用與功能導向，另外是與他人互動的社會型，以及重視個人層面的情感型。

如果應用在風土經濟學的範疇，功能型就是滿足打發時間、走馬看花，不需要太深入，顧客的需求就是便宜，不用講究太多品質與細節。當大多數產品都屬於功能便利性時，彼此差異不大，顧客就會用價格來比價。比方很多人去小琉球的目的是放鬆遊玩，不需要太多文化與深度體驗，因此各個民宿提供的就是住宿空間與平價，不需太多設施。

第二層是社會型。重視朋友之間的互動，以及跟地方社區、品牌的連結，希望多了解內容、深入的體驗。因此，深度旅行、品酒、品咖啡或品茶的相關課程，以及品牌活動聚會，都屬於這個範圍。

第三層是個人情感型。這層更深入，有強烈的品牌忠誠度，以及情感連結，跟地方有深厚的關係，願意花更多時間投入參與，成為長期顧客。

風土經濟學訴求的顧客，是以社會與個人情感為主的體驗經濟。因為顧客在乎的是與在地的連結，包括文化、風土、人物、技藝與時間，這些比較抽象、用時間累積出來的內容，透過感受體驗會獲得具有深刻記憶與感動。

市場感受力 5W1H 元素

—市場感受力—

Who　了解不同的顧客定位
What　顧客重視什麼、有何期待，最在意什麼
Why　顧客的需求與感受，包括分辨功能、社會與情感三種任務需求
How　顧客如何從事各種消費行為，消費的每個流程與細節
When　顧客消費與體驗的過程，重視什麼過程
Where　顧客消費的場域特色，重視什麼特色

從市場感受力角度，需要先了解顧客的任務脈絡，創新才有對象與方向。當東源的孫銘恆聽到這三種任務脈絡時，他馬上發現東源導覽解說的問題，侷限在功能性。多數旅行團的客人只是到此順遊，對東源不認識、也沒有特別期待，只是旅行社安排來此地走走、殺時間。因為顧客需求不高，導致導覽解說容易停留在一般層次，沒有精進深入的壓力與提升的動機。

但是，孫銘恆又發現專程來東源的家庭客人，是上網研究過東源資料，專程預約前往，這

屬於社會性任務。因為他們希望帶給家人、親友一趟難忘的旅行，甚至有更多關於排灣族部落的文化交流，不只是逛濕地，而是能深入了解部落生活，如果沒有安排更好的內容，客人可能就會失望。

也因為客人有期待，希望帶走更多紀念品，部落就需要思考如何開發工藝產品，滿足顧客需求，甚至創造顧客需求。但東源部落之前透過職訓局安排各種編織、陶藝、染布的課程，因為族人沒有持續深化技術，也無法開發相關產品。另外，部落目前沒有民宿，只有幾家風味餐廳，行程只有兩個半小時的導覽，很難增加回頭客再次造訪的需求，也無法擴展行程內容與體驗時間。

這樣的狀態，導致東源一直停留在只滿足顧客的功能性需求，無法擴大更多族人參與，提升更多克里斯汀生強調的「流程能力」，包括解說、說故事、行程、技藝、餐飲、午茶與產品，如果都能深化與整合，讓更多人捲動參與，就能活絡擴大部落的經濟運作。

東源要能轉型，深化顧客需求，需要先培養市場感受力。這也是大部分地方組織、業者，以及地方創生相關的組織需要強化的創新能力，創新需要有對象與方向，否則為創新而創新，只是浪費資源，自我感覺良好；沒有在乎想溝通的對象，更偏離創業精神。最後，地方創生就真的變成地方寄生，眾人只是找一個餬口的工作而已。

最簡單的方式，就是第一線直接面對顧客。透過解說產品、回答顧客問題，知道顧客的需求以及關心什麼，哪些內容會讓顧客好奇，甚至願意消費？哪些內容顧客不感興趣，要如何精進調整？這些都是培養市場感受力最快速有效的方式，能從中判斷，他們是屬於哪種類型的顧客，是功能型、社會型或情感型？需求跟任務是什麼？

焦點再回到東源部落。第一線面對顧客的解說員，就是市場感受力最好的接受者，大家不能一直只是導覽解說，過度專注完成功能性任務，而是要能放大視角，透過深入互動，了解顧客的背景與需求。接著將情報與觀察帶回解說隊或是社區，透過會議交流意見、集思廣益。地方組織負責人、相關幹部，能從這些情報線索找尋創新方向，開發更好的體驗內容，以及能突顯部落的特色商品。

三種型態的顧客任務可以同時並存

其實功能型、社會型與情感型的顧客任務，可以同時並存，根據產品、服務或體驗內容，以及溝通的對象，有不同的價格、內容與品質。

例如上一課提到的萬金畜牧場、搖滾雞創辦人陳健福，他在屏東進修一些創業課程時，遇到創辦早午餐連鎖店「漫時光」的負責人徐皖台，兩人相遇之後，共同解決彼此的經營挑戰。

徐皖台原本是廚師，開辦早午餐連鎖店時，遇到一個瓶頸——他雖主推手作料理，但已有太多競爭者；花很多時間製作醬料，卻沒有明顯個人特色。於是，他不斷調整自己的產品定位，不能只是傳統早午餐與手作料理而已。

他四處觀察早午餐的客人都以女性居多，希望優雅的用餐，不論是自己獨處或是與他人互動，一次用餐時間大約九十分鐘，這是他想溝通的客人。

當他認識陳健福時，發現那道靈感之光。品牌要突顯更鮮明的特色，就是運用在地食材，否則同質性太高，最後導致低價競爭。他思考如何跟陳健福合作，決定推出兩種雞肉料理，一個是大賣場採購的雞腿，比較便宜；另外是陳健福的搖滾雞，價格比前者多四十元，但是菜單上會寫出陳健福的故事與雞肉特色。

然而陳健福必須幫徐皖台解決口感需求與料理上的問題。就是飼養上能呈現雞肉的彈性與水分飽滿的口感，另外分切的部位尺寸大小要一致，方便廚師煎雞肉時可以控制火候、受熱均勻，視覺上也比較好看。雙方在料理上磨合很久，才達到徐皖台要求的品質。徐皖台也發現，顧客點購搖滾雞的比例較高，讓他更有信心，雙方也有穩定的合作關係。

有了與搖滾雞合作的成功經驗，徐皖台持續跟屏東在地農友合作，例如小黃瓜、日曬麵條、九層塔、牛奶與可可，也會根據季節提供在地農產調製的飲品，例如有機玫瑰與檸檬，這些食材都很好處理與保存，也有生產履歷，讓他在菜單上可清楚傳達品牌的故事。

由於突顯在地食材特色，有了品牌特色及掌握顧客的需求，漫時光成為九家連鎖的品牌，還跨越屏東範圍，到高雄開了兩家店。

漫時光的顧客需求是社會型與情感型。他利用屏東在地食材突顯自己的餐飲特色，提供好的用餐環境讓客人慢慢享用餐點，滿足個人情感需求。為了達成這些任務，陳健福必須完成漫時光的功能型任務，就是讓雞肉更好料理、口感更好，客人才願意付比較高的價錢，也達到農友與店家雙贏的目的。

市場感受力不只是去感受他人內心需求、找出滿足需求的能力，更是一種想像力，根據現狀去想像與判斷未來的可能性，同時也是一種實驗與務實並重的能力，願意去嘗試不同的挑戰，讓自己的想法落實，萬一不如預期就重新調整，想辦法找到解決方案。

沒有市場感受力，風土創新就少了最重要的一角。

地方業者最常告訴我的問題，就是不知道顧客在哪裡？顧客需求是什麼？要如何做行銷？這些疑問的答案，都在自己身上。記得多練習跟不同顧客互動觀察，或是去各地體驗消費，去感受不同地方、店家顧客的感受與需求，答案就會慢慢出現。

第 6 課

美學力 Aesthetics——感官體驗的詮釋力

在《風土經濟學》中我曾提到一位從大陸廣西嫁來嘉義東石、從事養蚵的長花。當時我與在地的「布袋嘴文化協會」合作推出布袋小旅行，有一站請長花帶我們去海邊挖石蚵，再到她家剖蚵與用餐。

旅人快吃完午餐時，我想請長花分享料理經驗。但長花忙得沒時間理我，她一邊觀察大家的用餐情形，一邊頻繁進出廚房，我心想「菜都上了，還要忙什麼」。等到大家吃飽，她竟捧出一大盆澆淋芒果、火龍果與洛神花果醬的刨冰，大家看到這大碗如小山般的冰，都發出「哇，好美喔」的讚嘆聲，紛紛拿出手機拍照。

原來長花忙著掌握時間，既要讓刨冰不能太早融化，又要在上桌前淋上果醬，呈現飽滿色澤，她一直在等待適當的關鍵時刻。

這是我在布袋最難忘的一刻，相信旅人們也非常難忘那碗豐盛美麗的冰品。

創造一個感動與驚訝的時刻

另一個難忘經驗在台東池上。池上便當是全台灣最知名的便當，但是池上各家推出的便當，不僅飯粒口感稍嫌乾硬，食材也不在地，看不出池上的地方特色。然而不少池上冠軍米，都是在地阿美族人栽種的，但大多數人只知道池上便當，卻不知道阿美族的文化特色。旅人來池上吃便當，只是應應景，卻無法真正認識池上的風土物產。

有位導覽解說員秋菊看到這個問題，她希望讓旅人能吃到道地的池上便當。於是她選用池上米，還有在地生產的南瓜、茄子、龍鬚菜與豆皮，以及養在山上吃玉米、鳳梨與青菜的放山雞與雞蛋，再請自助餐店以少油少鹽烹調，最後配上一顆開胃的酸梅。

我當時一面輔導在地業者、一面推動池上小旅行。旅程的第一天午餐就是跟秋菊預訂池上便當，而且提高預算，請她準備更有故事、具有池上特色的食材。當旅人來到民宿準備享用午餐時，我刻意不讓大家打開盒蓋，而是先請秋菊講解特製便當的起源，讓大家充滿期待之後，再說「開動」，旅人們急忙打開便當，看到眼前擺放的食材整齊有致，每樣都有故事，「哇！哇！」的驚訝聲此起彼落。

長花的刨冰、秋菊的便當，都創造一個感動與驚訝的讚嘆時刻，這是一種從地方草根長出來的美學體驗。

美學體驗跟一般玩樂體驗的差異，除了得到感官與情緒上的愉悅，更有知性啟發、感動與難忘的記憶。具有美學力量的體驗，是體驗經濟很重要的元素。第1課提到帶動風土經濟潮流的趨勢，主要重視的是個人感官經驗，透過細微的體驗感受，傳達個人存在感的意義，也帶動新的消費型態。

美學是感性與知性的連結

但美學是什麼？對大多數人來說這是很抽象、讓人有距離感的名詞。李歐納．科仁（Leonard Koren）在《美學的意義：關於美的十種表現與體驗》指出，美學（Aesthetics）這個詞彙起源於希臘語「Aisthetikos」，最初意義為「感官上的感受、認知」，現在美學常稱為「感覺學」，主要研究「美」的本質及意義。

科仁將美學分成十個定義，我整理歸納之後，主要分外在與內在兩方面。外在是視覺上可看到的藝術、美麗景色、事物與物品，以及可以感受辨識的風格；內在則是詮釋觀點與想法的表達能力，一種有價值評判、分辨差異的品味，以及藝文圈的溝通語言。

另外，美國哲學家暨教育家約翰．杜威（John Dewey）在《藝術即經驗》認為，美的形式能夠成功傳達人類隱微的感覺經驗，日常生活中的任何事物都可能是美的，無論是一本小說、一支舞或者一座橋。「所傳達的經驗越具有普世性，且越能與人類漫長的生存軌跡連結在一起，就越能完美的表達或創造。」哈佛教授大衛・艾德華斯（David Edwards）在《哈佛創意美學課：鍛鍊商業美學力，打造改變世界的暢銷商品》強調。

因此，美學可界定為感性與知性的連結，包括可引發五感樂趣的感性感受，以及啟發想像力的知性詮釋。對體驗經濟的美學意義來說，主要能夠將日常生活或是不同地方意涵，運用五感的感受、風格與詮釋表達，轉換成能引發參與者共鳴的內容，帶來感官上的愉悅感，更有知性上的收穫。

「企業一旦能與消費者在美學層次上互動，就可取得成功。」前奢華品牌LVMH北美區董事會主席、現任哈佛商學院教授的寶琳・布朗（Pauline Brown）在《哈佛商學院的美學課：駕馭感官的力量，讓美學成為你的個人優勢和企業策略，創造品牌價值》指出，美學的事業在於人們透過天分和技能，運用在科技無法取代的活動，包括創造藝術、創造美，透過感官體驗，提升人類精神和激發想像力，並建立深厚的人性連結，這是在經濟、社會永續經營的關鍵。

「葡萄酒專業技能來自細心觀察、清楚感受，然後為這些身體上的感覺賦予意義，一支好酒帶來的不只是生理上的歡愉，更是智識上與心靈上的感動。」《侍酒之人：那些葡萄酒宅神教我的事》作者比昂卡・波斯克（Bianca Bosker），從一個記者轉換成侍酒師的訓練，寫下深刻的心路歷程。

因此，美學的最終目的在於賦予意義，以及創造意義。寶琳・布朗也強調，企業不應該只把顧客看成追求消費之人，而是一群最終追求感受生活的人。

台灣的風土美學深具發展潛力

如果風土能從生活、生產與生態三個層面賦予美學元素，將看似平凡的生活與事物轉變成不平凡的內涵，就能創造各地獨特的風土經濟。比方長花的冰、秋菊的便當，除了表面上的吸引力，更有背後看不到的用心與在地內涵。對難得來到地方的旅人來說，這些意外的感動與驚喜，就是最難忘的回憶。

台灣的風土美學深具發展潛力。相較於目前的世界三大飲品，葡萄酒、咖啡與茶，甚至包括巧克力，都結合感性愉悅與知性內涵的美學體驗，然而台灣是全世界少數同時生產葡萄酒、咖啡、茶與可可的國家，不僅有豐富的風土條件，也有莊園體驗的優勢，更有職人美學與生活風格的特色。這些獨特優勢讓台灣人甚至外國人，在城市享受美好風味時，不用遙想遠方的風土特色，直接就能親臨現場，與農友、職人交流，獲得生活、生產與生態相連的風土美學的感動。

除了這幾種風味物產之外，台灣各地還有更多物產也能創造美學價值。例如台灣豬、海鮮、醬油、醃漬品、糕點、水果、米食，只要透過職人巧藝轉換與詮釋，將台灣的東西南北、各個小島、部落人文，整合入風土餐桌，再結合現場地景的體驗，平凡事物也能創造非凡價值，帶來風土經濟的商機。

美學是商機，也容易是負債。台灣最被人詬病的地方，就是缺乏美學。

第一個問題是抄襲模仿。台灣各地充斥跟地方特色無關、彼此抄襲模仿的彩繪村、高跟鞋教堂、天梯等硬體或外在形式。另外是大量工廠轉型成觀光工廠，卻只是提供參觀，沒有良好的行走動線，以及與工廠產品特色連結的有趣體驗。此外，社區旅行流行千篇一律的ＤＩＹ體驗，例如手工皂、烤地瓜，大量雷同的模仿美學，最後只能比低價，也沒有太多記憶點。

這個問題在於只看到外界的流行表象，就立刻截取與複製，絲毫沒考慮脈絡源頭與地方連結。

第二個問題是把美學當成速成的活動與包裝。從政府角度來看，往往認為在地本身缺乏美學能力，因此，政府在各地推動設計展，甚至是藝術季，幾乎都是以設計師菁英團隊為主，在地只是被動參與，當設計展、藝術季結束，遊客走了，團隊離開了，一切又回到原點。

這種由上而下的美學策展，往往缺乏在地的生活感。我在金門開工作坊時，就遇到不少在地人告訴我，外地菁英團隊設計的藝術展跟地方互動不多，許多裝飾都跟地方無關（例如聲稱是海邊回收的廢棄物，居民卻說那些不是當地的東西），旅客只是來拍照打卡，但是對地方的認識與連結卻很有限。

此外，一個南部的大型設計展，物產館展示的產品幾乎都不是在地的，反而來自其他縣市的廠商。例如肉包（豬肉）、和菓子（紅豆）或是檸檬蛋糕（檸檬），但這些產品當地都有品牌廠商，策展人卻用外地的產品來呈現，多位南部的設計師看完展覽，感到非常意外，「這就是台北人的觀點嗎？」

一位檸檬小農看完設計展後表示，如果設計師能多到農村走走，跟小農聊聊，一定可以得到更多訊息，「但是他們是否真的願意走進來？」

台灣近年來大量的美學策展，很容易落入「事件思維」，而非以「流程思維」為考量。如果沒有密切跟地方連結，帶動更多人參與，很難協助在地人提升美學能力。

前文歸納提出美學的定義，在於引發五感樂趣的感受，以及啟發想像力的知性詮釋，因此，目前地方遇到的美學問題，在於挖掘與思考的深度不足，導致缺乏知性的詮釋能力。「講到地方創生，國家政府沒有什麼不好，有問題的是『坐著等』的地方。」日本知名設計師梅原真在《地方設計》這本書直言：「全部交給『外面』的結果就是，地方自己一點也不會思考。」

地方的美學力，也是結合感性與知性的思考轉換力。關鍵在於如何將生活、生產與生態轉化成五感體驗的內容。

我在台灣各地參與旅行、工作坊、田野調查多年，都能發現令人感動的風土美學。例如各地的獨立書店、咖啡館、民宿、部落、小餐廳的料理人與工藝達人，我感受到他們藉由五感呈現的生活感，還有個人的獨特詮釋，如再搭配各地的人文地景，就能傳達地方的風貌。

他們是一個個耀眼的點，問題是如何捲動更多人參與，串聯成一條線，擴張成不同方位的面，才能共同提升風土美學力，長出屬於地方的特色。

美學力 5W1H 元素

從風土創新的角度來看，美學力也是創新力重要的一環。透過風土美學的呈現與體驗，可以將故事力、市場感受力、再生力與風土設計力統合起來，帶動地方共同創造風土經濟。

ー美學力ー

Who 自我如何看待地方與事業的美學特色，針對不同的顧客定位與期待，提供美學的感受

What 要呈現什麼獨特體驗，才能創造顧客的感動與想像

Why 顧客的定位與期待

How 如何設計情境、情節，引發顧客的情感

When 美學體驗的時間與體驗長度

Where 在什麼場域來引發感動與驚喜

從風土創新與創業的角度，最容易切入的是職人美學。《職人新經濟》指出，創造職人經濟的前提，在於需要勞動者具備經過充分歷練的五感覺受，包括視覺、聽覺、嗅覺、味覺與觸覺，藉此才能運用獨特的文化腳本，包括對工藝與火候的領悟，對消費者呈現獨特的技術，以及對專門文化知識的理解與溝通能力。

因此，職人美學需要透過三個方式來建立創新能力，分別是對消費者或他人的同理心、自我學習五感能力、溝通詮釋的表達能力。

同理心類似《風土經濟學》強調的「旅人的思維」。先站在旅人的主觀感受，去了解對方的需求、期待與渴望；也類似第5課「市場感受力」，從旅人的動機、需求與任務，找出可以適切回應、滿足的體驗內容。

接著才能提出《風土經濟學》提到的「編劇的洞察」。運用劇本設計為旅人帶來戲劇化的感受，包括安排具有特色氛圍的情境、設計五感體驗的情節，以及如何激發旅人的情感，建立更多深刻的對話。

提升職人美學力的第二個方式是自我學習。美學的風格與鑑賞力，可以透過方法培養與提升，就像五感的感官能力需要有系統的練習，才能更加敏銳辨識不同差異，從葡萄酒、咖啡、茶與可可的發展歷程，都可以看出教育訓練在其中的重要性，才能藉此讓人逐步懂得欣賞與品味，進而帶動整個產業成長。

培養五感的訓練，在於兩個層次，一個是找到整體脈絡，一個是拆解內部細節。

如果沒有掌握整體脈絡，了解一個事物、一道菜與食材、一個產品、一個空間場域或是風土環境發生變化的來龍去脈，就無法感受每個細節之間的關係。相反的，如果只有脈絡，沒有五感的細節，就無法感受細膩的差異與變化。《風土經濟學》提到「有脈絡才會熱絡，有細節才有感覺」，在於先把複雜變簡單，了解整體脈絡，接著再將簡單變複雜，深入感受細節亮點，才能讓顧客充分融入，而非模糊疏遠。

第三個方式是能將自己的感受以及鑽研的知識與心得，簡單明瞭的讓顧客理解，並能引導顧客做更深入的溝通交流，了解更多背後的文化內涵，而非自說自話，或是單方面說教，這是無法引發共鳴與好奇。

我在各地都遇到努力自我提升、創造獨特職人美學的工作者，他們雖然多半是一人創業的小工作室，卻能透過自我學習與提升，找到自己的發展空間。

專注選豆與烘焙能力，薛彥成找尋台灣好咖啡豆

一位在高雄甲仙、綽號四哥的薛彥成，原本是國小代理老師，他平常喝茶會睡不著，無意間喝到台灣咖啡豆，風味清香柔順，覺得跟市面上進口的重烘焙豆子，帶有苦澀焦香的風味不同，也沒有睡不著的問題，從此讓他對咖啡產生興趣。他開始整地嘗試種咖啡，研究種植與施肥，甚至練習烘焙，掌握咖啡風味。

由於四哥較難負荷耗體力的農務，於是他放棄種植，專注發揮自己的選豆與烘焙能力，找尋台灣各地好的咖啡豆，以肉眼和嗅覺，挑出發霉的壞豆，再持續實驗烘焙的火候，找出最適風味。

四哥拿出一本寫滿烘焙紀錄、文字密密麻麻的「寶典」，記載各種溫度、時間、風味與感想的技術筆記，「自己觀察缺點在哪，要很用心，每個環節都要知道狀況。」

四哥靠著自己的烘焙技術，在甲仙關山的住家與工作室旁開了「仙豆咖啡」，小院子只擺

了兩張桌子跟四張椅子，看似簡樸低調，但是他的顧客來自台灣各地，都是透過口碑而來，常常就在這裡喝咖啡交流。「我會觀察客人的反應，他的眼神會告訴你答案。」四哥也鑽研手沖咖啡與虹吸式的技術，都是從跟客人的互動交流中，了解感受與需求，去製作他們想要的風味。

四哥以烘焙咖啡的技術在鄉里創業，每天的工作就是學習如何讓台灣本土咖啡更好喝。他的太太觀察先生十多年來的改變，「他烘豆技術很純熟，但不會自滿，一直說還可以再進步，做到更好的層次。當初我嫁給他時很難想像，對自己喜歡的東西他會這麼深入專精。」

味覺工作者藍大誠，自我鍛鍊之路

另一位透過自我學習，傳達個人美學理念的是藍大誠。

父親是知名的茶學專家，藍大誠從小喝茶、也會製茶，但他卻不喜歡茶的傳統風格，過於茶藝儀式導向，以及太多高深專業術語，讓人不易親近。他反而從事紅酒業務，喜歡紅酒的溝通方式，有風土條件、不同品種與風味的系統化知識，有循序漸進的學習，也容易跟客戶溝通。

當他具備紅酒知識，逐漸累積自己的味覺能力之後，回頭來看過往熟悉的茶領域時，突然發現也能運用味覺感受與知識來理解茶。他觀察茶不容易吸引年輕消費者的原因，在於沒有好的溝通語言，引導消費者認識茶的風味特色，於是決定創業開拓茶葉新市場。

他先透過自我訓練，培養味覺美學。除了重新學習茶知識，也跨足咖啡、清酒領域，因為這些都需要敏銳的味覺，以及詮釋溝通、傳達自己感受的能力。「我需要累積自己的味覺資料庫，並進行大量的味覺訓練，就像念英文，需要學習大量詞彙與文法，最後就能運用文法與詞彙。」藍大誠說，「我把自己感官放大，體質變得非常敏感，能夠感受飲品進入自己身體的變化。」

他開始去各地找茶，希望製作屬於自己的品牌風味。他到各地拜訪茶農，現場了解種植方式與理念，願意建立雙贏合作的長期關係。

第二是掌握製作風味的能力。由於茶農給的茶葉都是生茶，他形容只是生的食材，還需要經過烘焙調整，去除水分，才能逐步製作出他想要的風味。他找老師傅重新學習焙茶，研究烘焙原理，以及如何掌控溫度、調整風味。我去台中工作室拜訪他時，每半小時就要去檢查乾燥機竹簍中的茶葉，翻攪檢視、聞聞茶葉味道。像這樣細心費工的工序，還要考慮天候溫度與濕度，每批茶都要花三個月細細的調整，才能達到他要求的標準。

因為掌握製作風味的能力，他定位自己是精品茶，可以跟客戶溝通討論想要的味道與感覺，再透過細膩的烘焙程序，量身訂做茶葉。例如客戶想送國外客戶茶葉，希望透過茶葉傳達公司理念，他就要製作客戶期待的風味。也有位客戶想要存放一款茶，當女兒長大後的成年禮，他期待女兒未來具有溫柔敦厚的個性，藍大誠就思考要製作比較厚重的風味，來傳達父親的想法。

為了推廣茶風味，他在工作室會固定舉辦課程，或是到不同企業去泡茶分享，因為長期跟不同風味專業工作者交流，包括葡萄酒的侍酒師、咖啡師與甜點師，甚至會合作設計餐點與茶飲，傳達茶飲的風味與理念。他也擴大專業領域，成為連鎖茶飲的顧問，進行教育訓練，辨識茶葉風味、如何與消費者溝通，以及泡茶技巧。

藍大誠運用職人美學創業，創造屬於他的獨特空間。他的自我鍛鍊與學習歷程，以及跨領域溝通與合作的能力，值得想建立職人美學的工作者參考。

美學雖然是主觀的感受，但是仍有客觀交流的基礎標準。最大關鍵是，如何透過一個儀式、一種放大感官經驗的體驗，建立彼此的情感交流，帶動有意義的對話。最重要的是，要發揮細膩巧思，為他人平淡的生活，創造一段難忘而有意義的經驗。那段短暫時光，就是關鍵的美學時刻。但是要讓他人感動之前，先為自己創造屬於自己的關鍵時刻吧！

第7課

再生力 Re-——巧工再創新價值

位在新北市金山區的寧靜海香草園，園主王御庭是三重人，來到這個靠海多雨、季風強勁、土質鹽分高的環境種植香草。他克服環境的劣勢，開闢了香草園，也開發香草茶包與各種香草產品，還有園區導覽與香草午餐料理。

在風土經濟學的企劃力工作坊上，他告訴我最大的挑戰，在於一個人忙裡忙外、分身乏術。客人來了要導覽解說，接著還得準備午餐，常常解說到一半，就請客人自己逛逛，他趕往廚房處理食材。當客人看到他在廚房忙碌時，好奇的跟過來參觀廚房，看到他忙著烤雞、烤披薩，客人也想幫忙減輕負擔，更想嘗試手作香草料理。

「導覽比較賺？還是午餐比較賺？」我問王御庭這個問題。他算了一下，其實都是辛苦錢，經常無法兼顧。為了解決經營問題，他得不斷開發各種產品，跑市集推銷，去上各種課程，並爭取政府資源協助。

「你有想過開料理課嗎？」我解釋，如果是料理課，學員要自己準備食材，也要學習認識香草，這種體驗式學習支付的是學費，而非微薄的導覽費。園主反而能聚焦在教學，引導學員自己去認識香草，辨識各種風味，同時減低分身乏術的負擔。更重要的是，學習費用是午餐加導覽費的三倍以上，卻能同時滿足顧客與他的需求。

王御庭恍然大悟。他開始思考課程要怎麼開，要教哪些香草知識、學習哪些料理。這個討論過程也激起現場其他學員的興趣，想組團到寧靜海香草園參觀與學習。

政府給的資源是「投資」還是「薪資」？

我們對資源有很多迷思。直覺上，常以為資源越多越好，越能做更多事，所以不斷往外求，希望吸納更多資源。

然而像王御庭本身已具備香草園經營的能力，資源都在自己身上，卻沒有思考如何有效組合，創造新的價值，反而不斷往外求，浪費不少時間跟精力。「資源豐裕時，人們通常會從事物的表面來看待資源，並運用傳統的方法，當資源短缺時，反而能以較有創意的方式自由運用。」管理學者史考特・索南辛（Scott Sonenshein）在《讓「少」變成「巧」：延展力：更自由、更成功的關鍵》寫著。

從政府、各個顧問輔導公司到地方組織、品牌業者，都容易有這個資源的迷思。導致於只從表象看事情，哪裡缺什麼就補什麼，缺錢給錢，缺人力給人力費用，缺亮點就蓋硬體，沒有往深度探求，找尋更好的解決方案。

資源迷思的結果，就是資源重複的浪費。政府各個部門彼此沒有橫向整合，本位思考下重複給同一組織資源，並將成果要求切割得很零碎，以至於地方組織與業者為了這些零碎目標而忙碌，但是沒有整合、缺乏整體觀，沒有太多實質創新與改變。

另一個問題是資源的不平衡。社會學有個概念叫「馬太效應」，就是強者越強、弱者越弱的現象，意即政府為了降低風險，經常給已經成名、有基礎的地方組織更多資源，相對提升更多的媒體關注，接著為了讓這些能顯示政府績效的組織能順利運作，就會吸納更多其他資源的挹注。相對的，其他剛起步、規模小、知名度不足的組織，不但資源很有限，也受到排擠效應。

我觀察到，目前地方創生領域檯面上許多明星組織與人物，都是長期獲得政府各種挹注扶持，甚至有些組織在這十多年來，政府補助的人事成本、產品與硬體改造的費用，累積已有數千萬元。但他們的產品與體驗內容，還是沒有太多口碑與市場知名度。

政府給的資源到底是投資還是薪資？從創新與創業角度來看，薪資是保障過去，投資是創造未來，我們要未來，還是過去？

資源重複與不平衡的問題，容易讓創業成為只是餬口飯吃的工作。如果抽掉外在資源，這些組織與業者到底還剩什麼？有沒有自己的獨特能力、競爭優勢？雇用的員工有沒有辦法創造更多價值？

管理學者克里斯汀生在《你要如何衡量你的人生：哈佛商學院最重要的一堂課》指出，一家公司的能力主要取決於三個因素：資源、流程與企業本身的價值取向。如果用一個同心圓來看，最外圈是資源，中間是流程，最核心是企業價值，流程能力在於將資源轉化成更有價值的產品或服務。只有建立厚實的流程能力，組織才能應用資源解決各種複雜問題。

然而，最重要的是企業價值取向，這是組織做事優先順序的價值觀。創業者有清楚的使命與目的，就能發展內在的流程能力，將外在資源有效轉化成為自己的優勢，如果本身目的不清楚，就可能只是依靠外在資源而存活，也無法發展自己最重要的流程能力。

沒有轉化資源的創新能力，資源就可能變成慢性毒藥。我們欠缺的不是資源，而是活用資源的能力。

再生力 5W1H 元素

因此，風土創新第四個重要的創新能力，就是活用資源的再生力。關鍵來自現實生活環境的限制，透過觀察與思考，轉換視角，以再生力喚醒許多處於休眠狀態的資源，重新啟動，為老舊風土文化賦予新生命。

這種再生創新力，是風土創業者最大的優勢。法國人類學家李維史陀（Claude Lévi-Strauss）在《野性的思維》提出「修補拼湊術」（Bricolage）的概念，這是一種修補匠的巧工精神，能運用現有資源素材、東拼西湊的緊急應變能力。相對於工匠或是現代意義的工程師，一切需要縝密計畫、按部就班的理性思維，這種拼裝巧思的能力，最適合用在了解在地環境、但資源有限的城鎮鄉里，能夠發揮就地取材，重新拆解、重組拼貼的創新能力。

─再生力─

Who 顧客定位，或是發覺哪些在地人物特色

What 提供哪種再生價值，是產品與特色重新定義，創造新形式？還是空間、時間與人間再活化？或是運用回收再利用的方式，創造經濟價值

Why 自我的動機與願景

How 如何規劃與進行

When 進行期間，或是活化哪些將被遺忘的時間

Where 場域特色的活化，帶來什麼改變

再生力主要有三種特色。第一是可以重新定義（Redefine）既有的內容，在本質不變的條件下，改頭換面，創造新形式，或是賦予新意義。第二是再活化（Revive），讓老空間、消失的時間，以及默默無聲的人間，重新展現新生命。第三是回收再利用（Recycle），將丟棄的、不重要的材料，重新轉化成新的資源。

重新定義，可以吃的茶與咖啡

重新定義的能力，主要是在既有的基礎上，如何改頭換面，創造新意，又能保留原味，讓我們重新認識原本既熟悉又陌生的味道。

例如不斷鑽研台灣在地食材與風味的顧瑋，先是研究台灣咖啡，又喜愛上台灣巧克力。她發現這兩種產品製程很類似，只是形式很不同，咖啡是用熱水萃取風味，巧克力塊則是用吃的。她一直思考如何呈現不同的咖啡風味，突發奇想：「為什麼咖啡不能用吃的？」

經過不斷實驗研發，她保留巧克力原貌，把可可豆換成研磨後的咖啡粉，再以原本的巧克力製程，讓咖啡粉與可可脂研磨在一起，將不溶於水、但溶於油的咖啡芳香物質，重新被可可脂萃取，展現不同於熱水沖煮咖啡的風味，而且還是用吃的，增加不同的口感觸覺。

這個新產品取名為「COFE」，是顧瑋結合咖啡與巧克力、重新定義咖啡風味的新產品，也成為一個特別的新品牌。

有了COFE的成功經驗，顧瑋又開始思考台灣茶葉的創新。但是發現茶葉口感偏澀，與奶粉結合風味不佳，經過不斷實驗，找到了台灣原生的黃豆粉，取代奶粉加進巧克力裡，變成用吃的台灣茶，並以「Tea」的諧音，命名為「COTE」。

這個結合台灣精品茶與巧克力的產品，重新定義茶與巧克力的風味。二〇一九年更以「精品茶白巧克力」的四款產品（東方美人茶、紅茶、包種茶、紅玉紅茶）參加「世界巧克力大賽」亞太區競賽，得到八個獎項。

二〇二〇年顧瑋更繼續開發「喫的水果茶」，將茶葉與水果結合，以紅烏龍鳳梨、包種茶芒果參加「世界巧克力大賽」亞太區競賽，加上新開發的東方美人茶與炭焙烏龍茶，這四款產品一共拿下九個獎項；其中的紅烏龍鳳梨，同時獲得金牌與「創新」特別金牌。

除了在不同通路推出創新產品，顧瑋也在台北大稻埕開了咖啡店「COFE」，直接跟消費者溝通，感受重新定義的台灣咖啡、茶葉與巧克力的新風味。「我們要一步一步去找到台灣的好食材，再創造好風味。」一直奔走在各個產地、始終不停歇的顧瑋說。

馬祖島嶼的時間、空間與人間再活化

第二種再生力的創新能力，在於再活化（Revive），如何讓既有的老空間，或是被遺忘的時間，有故事、有特色的人，可以再活化起來。

馬祖有一群青年成立馬祖青年協會（簡稱馬青），他們為了有一個可以聚會交流、辦活動的空間，想辦法找資源修復一處位在南竿珠螺村半山腰、荒廢已久的珠螺國小，改造成辦公室與教室，樓下的防空洞，整理成不同的體驗空間。

馬祖青年協會成立「盼嗡俱樂部」（馬祖方言「攀講」的諧音，意思是聊天），固定邀請具不同技藝的達人或長輩，可以用福州話母語交流，讓青年與學生傳承文化、生活風格與特色技藝。這個過程讓青年跟長輩關係更密切，也建立青年對在地的認同，還有彼此的信任連結感。

馬青也經常去不同鄉里拜訪長輩，與長輩共餐聊天，除了陪伴他們，也是一種田野調查，記錄整理很多故事，還了解許多馬祖傳統老食物與料理方式。這些豐富的內容，都成為馬青舉辦活動、開發各種體驗行程的重要資產。但是馬青不是為了要辦活動、開發行程而做這些活化工作，而是建立馬祖青年的自信。因為許多人從小移居台灣本島，或是為了求學與工作，來回台灣與馬祖二地，對很多家鄉事物並不了解。透過這個活化過程，不僅更了解家鄉的人事物，也讓長輩有人照料陪伴。

馬祖青年協會將老空間、曾經被遺忘的歷史時間，以及隱藏在各個村里家戶的人間故事，重新整合活化，增加更多生活感與故事厚度，這個過程也讓馬青後續開發的活動與體驗行程，變成再活化的副產品，無形中卻創造更多價值，串聯整合更多資源，讓更多馬祖人、外地人看到不一樣的馬祖。

魚塭的循環經濟祕密

第三種再生創新力，是創造循環經濟、將廢材回收再利用（Recycle）的能力。

在嘉義布袋經營虱目魚生態漁場、得過神農獎的邱經堯，管理四十多個魚塭。他選擇不用藥、以低密度生態環保方式養魚，需要運用觀察力掌握各種細微訊息，有效管理魚塭。例如從一年四季的氣候與風向，以及每日的天氣變化，更要注意魚池內土壤味道、製造養分與氧氣的藻類、水質狀況，甚至鳥類吃魚的狀況（魚生病容易被鳥吃），才能有效養殖管理虱目魚。

他不用化學藥劑消毒魚塭土壤，都是運用日曬的自然方式來消毒。但如何知道是否已消毒徹底？他會走在每個魚塭放水之後的土地上，抓起土塊嗅聞，如果還有點臭酸味，代表曬得還不夠，需要繼續曝曬；如果聞到青草香，就代表土地已經消毒乾淨，可以放水養魚了。

邱經堯還有一個祕密武器，叫做「老水」。老水就是魚塭養魚的池水，魚習慣在原本的環境生活，如果是新的水反而需要時間適應，也會影響生長速度。只要魚吃的飼料是乾淨的，糞便或殘餘飼料只會堆積在池底的泥土中，所以老水水質本身是乾淨的。因此，當要曬魚塭時，先抽掉老水；等到魚塭需要注水時，再將老水輸送回去，虱目魚就會繼續回到原本的生活環境中。

另一個祕密武器，就是「工作魚」。魚塭不只有主角虱目魚，還有用來吃魚塭雜草的草魚、吃多餘飼料的鯽魚和吳郭魚，以及底棲生物白蝦，當然還有刺激虱目魚生存能力、會追殺牠們的龍膽石斑，這些都是邱經堯口中的藍領工作魚。

當主角虱目魚被捕撈上來之後，其他工作魚與白蝦也會一併撈捕，變成漁場對外銷售的副產品，增加漁場營收。

像我吃過邱經堯熬煮的虱目魚肚湯，高湯是把整尾烏魚、吳郭魚與草魚，以及切塊的龍膽石斑，再加入文蛤與蔥段，放在鍋中熬煮四小時，之後將虱目魚肚煎熟，逼出油脂，再放入魚高湯熬煮。雖然只有鹽巴與蔥的提味，層次卻更為豐富。

有一天清晨五點半，我去漁場拍攝他們撈捕虱目魚的過程，也跟著到工廠觀察宰殺、去鱗、分切魚肚的過程，接著再將新鮮的漁產運回漁場，急速冷凍保存與出貨。這批漁產收成完，冬天也即將來臨，再度進入曬整魚池的階段，邱經堯很自豪說他的池底總是乾乾淨淨，幾乎沒有淤泥。

沒有淤泥看起來簡單，其實很不簡單。這代表魚蝦要有好的住家環境，前提是沒投給魚蝦過量的飼料，魚塭生態負擔不會太大，就能降低魚蝦生病的情形；另外，魚池環境好，不需要經常性的大量換水，就不會超抽地下水，能珍惜水資源，讓環境可以永續經營維護。「養魚要先養水，養水要先養土，養土要先養環境。」留著一臉落腮鬍、看似粗獷、實際心思細膩又謙虛的邱經堯說。

邱經堯望著魚塭外的雜草，突發奇想：「我也許會養黃牛，讓牠們來魚塭吃草，以後說不定可以賣牛肉了。」

每件事情他都在思考如何回收再利用，不浪費任何資源。從產品、魚塭環境到風土資源，邱經堯運用創新的循環回收能力，持續讓漁產養殖有了新的價值。

不論是將老產品、老事物重新定義，創造新樣貌；還是再活化老空間、時間與人間，賦予新意義；或是回收再利用，讓產品更有意義，都是具有實驗創新的創業精神。這個過程一定是跌跌撞撞，但每次碰撞都是一種學習，一種找到解決方案的過程。

管理學者克里斯汀生在《創新者的DNA：5個技巧，簡單學創新》指出，創新者是實驗家，用各種方法進行實驗，來激發新點子，可以透過多樣化的學習體驗，增加聯想能力，或是拆解不同產品、流程，探究背後的方法，甚至是小規模實驗，從嘗試錯誤中學習。

我們需要更多具有實驗精神的風土創業家。

第 8 課

風土設計力 Terroir Design——時間、空間與人間的整合

新北市貢寮的馬崗，是台灣最東邊的三貂角小漁村。這裡是東北角最突出的小點，也是雪山山脈向海延伸、與海最貼近的接觸點，被海水與冷風雕塑成一片海蝕平台。

看似嚴酷的環境，卻成為養殖九孔的寶地。不少海蝕平台被居民改成九孔池，以海水滋養九孔，相較其他地方的九孔都是箱網養殖，貢寮則是台灣少數以天然野放方式養殖，其中馬崗是九孔池最密集的區域。

返鄉接班、成立「鮮物本舖」品牌的李勝興，帶我去逛九孔池。我沿著池中小道前行，看到池面浮起好幾條黃色管子，他彎腰伸手拉拉其中一條，突然間，水中冒出一個人頭，原來是穿黑色潛水衣的潛水夫。他右手抓著一隻鮮紅色、八爪不斷舞動的章魚，這是順著潮水溜進池子的意外驚喜。潛水夫的工作要清理池內環境，也要採集九孔，中午他們會浮上水面透透氣、順便用餐。

李勝興請我吃烤九孔。我先吃一顆生九孔，脆脆的很有嚼勁，沒有腥味，配上海水的鹹味，很甘甜。我們邊聊邊烤九孔，看著九孔開始慢慢變成焦黃色，周圍的汁液冒泡沸騰，燒炙後味道更好。

親子活動，需設計成可體驗的內容

過去九孔只能批發給盤商，價格也不好，李勝興開始轉型經營網路通路，有了不錯的成績之後，也想開發體驗行程，增加收入，與顧客建立更深入的互動關係。

不過，在推動親子體驗行程時卻遇到一些小問題，包括兩小時的解說與用餐，互動效果並沒有很好。我問他怎麼進行互動行程？李勝興說花一個多小時介紹九孔的生長過程與養殖方式，還有東北角的環境，最後再帶大家逛逛九孔池，觀賞現場餵食秀——就是用水管往池中噴灑海龍鬚菜、餵食池裡的九孔。

我問他，你一直講解九孔生態以及養殖過程，對象如果是小孩子，大概五分鐘就失去注意力了，何況你還講了一個多小時，連大人也會沒興趣。

我建議，先解說五分鐘，就開始讓大人帶小孩一起用水管餵食，有了體驗感，就會引發對九孔更多的興趣。接著介紹如何將海龍鬚菜整理洗淨的過程，以及九孔吃東西的習性特色。再請潛水夫從池中出現，一定會引起大家驚訝，潛水夫介紹自己的工作，示範如何清洗與採集九孔。最後，李勝興再簡單說明九孔的一些小知識，以及貢寮的風土特色，如何讓九孔養殖成為重要產業，這樣大約也是兩小時，接下來就是吃九孔大餐了。

我也提醒他整個設計規劃的關鍵，在於先體驗，再解說，兩者交互運用，旅人才不會無聊，解說時建議用有獎徵答、大量提問互動的方式，才能提高注意力，維持好奇心。

李勝興的例子，其實是不少地方業者遇到的痛點，就是空有好風土條件，卻無法讓他人感受，產生吸引魅力。

風土的優勢需要被設計成可體驗的內容。風土是比較抽象的名詞，最多是視覺上能看到的地景地貌，再來得靠溝通說明的方式，然而只透過解說是無法讓風土特色植入旅人腦海中，需要透過設計轉換成可體驗與感受的內容，才能呈現一個地方、品牌的風土特色。

風土設計力 5W1H 元素

風土設計力是風土創新 SMART 五力最後一個能力，需要融入故事力、市場感受力、美學體驗力與再生力，再運用設計力，將家鄉的風土人文、歷史風俗、生活樣貌、生產製作的技藝與生態環境，像一個壓縮檔案，透過各種解說、體驗內容，讓旅人感官被逐一打開、放大、感受與被記憶，才能展現自己家鄉的獨特性。

這種設計能力不是像時尚設計師、平面設計師以視覺去吸引人，而是有如一位風土文化設計師，能把傳統的內容轉化成各種形式，不華麗張揚，而是素樸簡單，能在旅人內心埋入在地的情感與執著。

「專注於了解一塊特定的土地，不只是動植物，還包括每一個生態、氣候和地理上的細節，每一股有知覺的生物脈動，每一陣風的律動，每一個季節的模樣。」這是人類學者、民族植物學者韋德・戴維斯（Wade Davis）在《生命的尋路人》對澳洲原住民的讚嘆，這也是現代風土文化設計師的能力，重視生活、生產與生態的細節，並透過現場體驗，傳達這些美好深刻的感動。

要如何建立風土設計力？需要運用 5W1H 的元素，找出風土內涵，再找尋設計轉換的方式。先從時間（When）、空間（Where）與人間（Who）去釐清地方的風土脈絡，再從既有的風土特色（What）去拆解出生活、生產與生態三元素，找尋其中的內容，包括生活面的生活特色、飲食內容與習俗，生產面的耕作、加工與製作的技術，以及生態面的自然風光與人文特質。接著了解當時生活狀況、生產技藝與產品背後的原因，以及應用的細節（Why & How），最後再思考要如何（How）設計出感受體驗的內容。

—風土設計力—

Who　顧客定位，有哪些達人、誰負責帶路
What　有哪些風土資源，生活、生產與生態，創造什麼吸引力
Why　願景與動機，以及顧客的期待
How　如何讓顧客體驗，哪些設計規劃
When　體驗的時間、節氣、季節
Where　風土特色

我以三個例子來說明風土設計力在空間、時間跟人間的運用。

空間場域，魚塭泥土的滋味

第一個是空間，結合風土與工作環境來進行風土設計。我們先回到上一堂課提到的嘉義布袋、邱經堯經營的漁場，還記得他用日曬方式來消毒魚塭土壤，抓起土塊嗅聞的情形嗎？這個畫面讓我印象非常深刻，當時就跟他討論，可以將不同日曬程度的土壤排在桌上，引導旅人來嗅聞，了解不同的消毒程度，並培養對環境的感受力。

其次，邱經堯拿起一個高腳杯裝上魚池的水，看似裝了白酒，其實是讓大家輪流觀察杯中的物質，裡面有各種藻類與浮游生物，都是虱目魚的食物，也代表環境的良好狀態。

我也觀察邱經堯的工作環境。他非常重視急速冷凍的保鮮，自己準備發電機，防備臨時停電的危機；他又用水泥砌成冷凍庫空間，因為水泥有維持低溫的效果，能加強第二層保險。他也帶我從戶外三十多度的高溫，直接進入零下二十度低溫的冷凍庫，親身感受溫度的變化。這些都是風土設計的重點，讓旅人去感受工作環境的特色，很容易有記憶點。

邱經堯觀察到，因為虱目魚肚油脂多，只要烹調方式不對，煎魚肚就會亂噴油，為此消費者常常不買虱目魚，他想解決這個問題，就開始去各地示範簡單料理虱目魚肚的方法，當不同團體來魚塭參觀時，現場做料理示範，這些都能提升買氣。

因此，我們中午帶旅人用餐時，我趕緊請邱太太現場示範煎虱目魚肚，大家開始圍觀聽講解，等到魚肚煎熟翻面時，金黃色的模樣引起一陣驚呼，大家除了學到一課，更誘發了食欲。

從聞土塊、觀察高腳杯裡的水質、走入冷凍庫，加上學習如何煎虱目魚肚，這些點串接起來，就能把魚塭的特色、風土、生產內容與料理技術整合起來，創造魚塭獨特的風土設計。

時間節令，野地麥蔥的祕密基地

第二個例子是時間。馬祖春天盛產的野蔥，馬祖人稱為麥蔥，在地居民會用來煎成蔥油餅，滋味又香又脆。春天一到，馬祖各地都冒出細細的野蔥，許多媽媽們就會四處採野蔥，最有趣的是，媽媽們都有自己採野蔥的祕密基地，不輕易讓他人知道。

有一次我去東莒採訪，住在當地、喜歡料理的林冰芳，帶我去走往昔漁民挑魚販賣的魚路古道。路上看到小坡上長滿麥蔥，大家馬上蹲下來細心的拔取，邊拔邊聊，才知道不少住在南竿的媽媽們也會紛紛搭船來此採蔥。

晚上冰芳就用新鮮麥蔥煎了蔥油餅招待我，還準備一包麥蔥讓我帶回家料理。這真是馬祖春天最棒的禮物。

採麥蔥、吃麥蔥是馬祖人春天的節令活動，也是馬祖獨有的生活風格。在風土設計上，可以開發春天的旅行團，規劃採麥蔥的活動，再帶旅人洗麥蔥、切麥蔥、調麵糊、煎蔥油餅，就是一個簡單又有趣的體驗，也認識馬祖的風土特色。

以麥蔥為例，我們可以透過時間來思考，不同節令、慶典或是生活民俗，一定都會有在地特有的飲食活動，以及相應的食材，可以思考如何在不同季節、文化慶典上，將這種在地體驗融入風土設計中。

例如在新北雙溪的柑腳社區，我跟在地媽媽討論如何規劃風土餐桌時，一直思考有什麼體驗元素，東問西問之後，問到在地媽祖生日時，他們會包「酥餃」當甜點，這是用油皮、酥皮桿成的餃皮，再包入紅豆或綠豆，下鍋油炸成為金黃酥脆的酥餃。

我們的風土設計就是用完餐之後，請阿嬤帶我們走老礦坑，了解過去的產業與生活，順便散散步，認識柑腳社區的環境，最後走回社區，肚子也餓了，大人小孩再一起包酥餃，透過體驗與飲食了解地方生活。將當地風土結合小小的在地點心，其實是深入認識地方生活的亮點，看似微小，卻能連結在地居民跟旅人的關係。

人間有情，「蜂」土之旅

第三個例子是人間。台灣是水果王國，蜜蜂採擷水果的花蜜與花粉，轉化成蜂蜜，最能傳達台灣的風土特色。嚐遍歐洲、澳洲與日本蜂蜜的台東關山「蜂之饗宴」品牌負責人童富榮認為，跟其他的國家相比，台灣蜂蜜清香餘韻，是最獨特的風味。

童富榮的家族是從嘉義竹崎移居到台東的蜂農，因為台東山林環境好，無汙染、無光害，是適合養蜂的地方。

有一次我去拜訪童富榮，他帶我去參觀養蜂場，這是位在中央山脈與海岸山脈中間的延平鄉山區。我們走過吊橋，走入深山，來到隱密的養蜂場，戴起防蜂面罩，觀察蜂農的工作情況。有蜂農安靜地在一旁採收蜂王乳，也有蜂農拿著噴煙器對蜂箱噴煙，讓蜂群安靜下來，才能檢查蜂群狀態，採收蜂蜜。

這裡有群山圍繞的壯麗地景，有蜂農的辛勤工作，也有綿延一長排的蜂箱，能了解現場生態環境，還能吃到蜂王乳、剛採收的新鮮蜂蜜，甚至吃到切成一片片、流滿蜜汁有如蛋糕的蜂巢。這是最自然的風土設計，也更能認識生活、生產與生態交織的特色。但是蜂農忙於工作，需要有人來整合帶路，讓旅人更認識台灣的蜂蜜與風土。

童富榮就是專門外出打拚的蜂蜜達人，家族親人專心在山中養蜂、製作好蜜，他則是建立品牌，跟通路、甚至是好幾家生活風格品牌合作，也能帶旅人前來體驗蜂蜜的風土環境。

台灣各地都有蜂農默默耕耘著，但是他們人數少，無暇分身。旅行社、在地組織或是蜂農二代，需要嘗試開發設計出「蜂」土之旅，引導旅人透過蜂蜜來認識台灣獨有的好環境，現場吃到的蜂蜜會令人非常深刻難忘，也能連結到產品，建立長期信任感。

我們需要透過挖掘、理解與拆解風土元素，找出其中的亮點，轉換成體驗內容，再串聯亮點，就能讓旅人感受地方的深度。

第三部
進階篇

創造 SBC 三贏的
風土商業模式

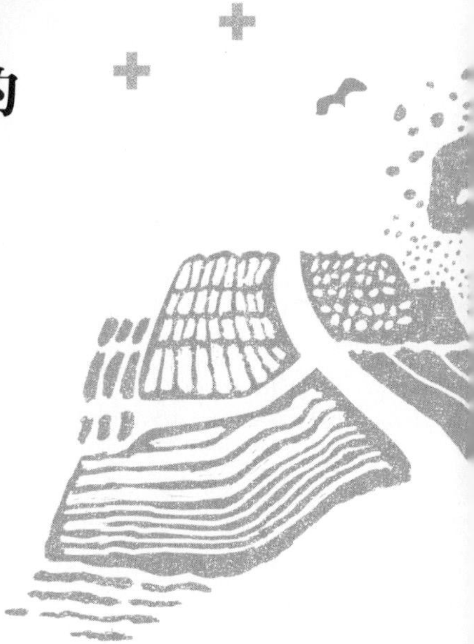

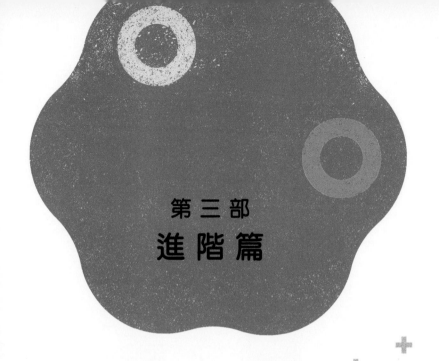

第9課

商業模式金三角（一）

價值主張（靈魂），我是誰

記得《風土經濟學》剛出版時，有一次我在高雄演講，現場問答時，有人批評大部分的地方組織都沒有商業模式，我很好奇，請教他怎麼定義商業模式？他一時也說不明白，只是一再強調商業模式很重要。

我們很容易套用一個看似高深專業的術語，例如「商業模式」，好像就能成為專家。尤其當商業模式變成一個流行名詞，也容易淪為人云亦云的空泛口號。

我曾遇到一家具有社會企業精神的文創公司創辦人，由於事業體有一家獨立書店，但書店不好經營，他希望建立一個商業模式，降低虧損狀況，事業才能正向成長，擴大招募員工、促進地方就業。

這位創辦人心中的商業模式是什麼？難道就是賺錢嗎？賺錢是結果，但是沒有獨特的商業模式，是很難翻轉目前大部分書店的經營困境。

商業模式到底是什麼？地方組織、風土經濟企業需要什麼樣的商業模式？該如何運用商業模式？

在第3課，我說明了商業模式的定義。商業模式是構成商業運作、產生獲利的基本模式，主要由「價值主張」、「顧客定位」、「獨特優勢」與「獲利方式」這四個關鍵元素構成，透過這四個元素的運作，來傳達一家公司如何創造價值、提供價值與獲取價值的方法與模式。

目前管理學討論商業模式的特色，都特別強調商業模式的主要核心，在於對顧客提出企業的價值主張，或稱為價值提案。

《獲利世代》的作者亞歷山大．奧斯瓦爾德（Alexander Osterwalder）提出的商業模式圖，最被新創科技業、商學院廣泛應用。他在《價值主張年代：設計思考X顧客不可或缺的需求＝成功商業模式的獲利核心》一書更強調，企業對顧客提出價值主張的重要性，這是每個成功的商業模式都必須先回答的關鍵問題，要如何為顧客創造價值。

奧斯瓦爾德強調的價值主張，都是針對顧客的需求、痛點與獲益，提出讓顧客滿意、有效改善痛點的解決方案，等到能為顧客創造價值之後，企業才能從中獲取利潤。

這是目前談論商業模式與價值主張的主流觀點。主要以顧客為中心、而非企業為中心，要提出讓顧客滿意、符合市場需求的價值。因此，調查方式就偏重時下流行的設計思考，這是以訪談與觀察顧客的需求與行為，去找出可能改善的空間，提出改進的創新方案，或是透過大數據分析來預測顧客的需求。

不缺問題解決方案，只缺有意義的未來提案

為什麼價值主張這麼重要？主要是顧客的需求層出不窮，競爭又激烈，如果沒有有效回應、滿足顧客想望，進而解決他們的痛點問題，就很容易被淘汰。

在這種消費者至上的過度競爭下，產品不斷推陳出新，容易讓我們陷入永無止盡的消費，被眼花撩亂的流行、還有各式各樣的選擇所淹沒。

同時，當價值主張是顧客至上，一切都環繞在顧客身上時，創業者、經營者本身的靈魂與精神在哪裡？他們的願景、理想與使命，難道只能依附在顧客身上，顧客滿意了，才會有成就感嗎？

這是顧客、甚至是經營者真正想要的嗎？義大利設計與管理學者羅伯托．維甘提（Roberto Verganti）在《追尋意義：開啟創新的下一個階段》指出，創新有兩種形式，一種是解決方案的創新，運用更好的創意來解決既有的問題，但都是大同小異的創新；另一種是意義的創新，將創新提升到更高層次，不僅採用新方法，更基於新的理由，對顧客提出新的意義、新的方向及新的價值主張。

維甘提認為，解決方案的創新是由外而內產生，研究者走出去觀察使用者如何使用現有產品，再找出創意，提供解方；意義的創新則相反，在這個不確定的年代，透過自己的經驗、感受與創意，由內而外，提出希望人們會喜愛什麼的新方向，創造更有價值、更有意義的產品、服務或體驗的新主張。

日本商業作家山口周在《成為新人類》的觀點，很類似維甘提的想法。他指出，我們活在一個「產品過剩、意義稀少的時代」，「產品」因過剩而喪失價值，「意義」因稀少而具有價值，過去「價值創造」的源頭，來自「解決問題、製造產品的能力」，如今這個源頭正在移轉至「發現問題、創造意義的能力」。山口周認為，大眾化的產品會陷入集團大企業運用低成本優勢，贏者全拿的狀態，然而能夠根據自己的喜好，設定新議題，對市場大眾提案，贏得顧客情感價值的新人類，才能開創自己的市場定位。

歸納對商業模式價值主張的爭論，會有產業特性的差異。如果是以大量生產的產品為主，會偏重以顧客為中心、提供以解決痛點方案為主的價值主張；如果是強調文化創意、情感與意義的創新，更重視創業者的個性、願景與理念為出發的價值主張。

這是一種建立知音的小眾市場，而非普遍需求的大市場。《小眾，其實不小：中間市場陷落，小眾消費崛起》這本書就指出，小眾市場的消費者與品牌之間，存在著一種超越消費能力的價值觀，成為惺惺相惜的聚合力。

回到風土經濟學的角度。風土經濟學的商業模式價值主張，重視的是意義的創新，希望透過深度的連結與溝通，與顧客建立情感認同，不是只讓他們滿意，而是創造意義與回憶。

如果經營者沒有自己清楚的願景與理想，為家鄉與事業提出新意義與新方向，就很難跟其他同業、地方競爭，容易落入價格競爭與模仿流行，一旦隨波逐流之後，很難建立自己的獨特性，創造吸引顧客遠道而來的意義。

商業模式的SBC價值主張

因此，從意義創新的角度來看，對顧客的價值主張，焦點不在顧客（顧客還是很重要，下堂課會討論顧客定位），而在創業者自己。我們必須回過頭來問自己，我是誰？我想做什麼來改變現狀？希望能創造什麼意義，讓顧客產生共鳴，願意參與跟隨？

知名作家賽門．西奈克（Simon Sinek）在《先問，為什麼？顛覆慣性思考的黃金圈理論，啟動你的感召領導力》就提出一個「黃金圈」的概念，這是三層同心圓，由外到內分別是做什麼、怎麼做與為什麼。他認為，多數人習慣從比較清楚的事開始做，模糊難形容的放最後，造成我們很容易忙碌於黃金圈外層的「做什麼」與「怎麼做」，忘了「為什麼」。「為什麼指的並非賺錢，賺錢是結果，不是原因。『為什麼』是一個目的、使命和信念。公司為什麼存在？」

然而，真正帶來創新影響、經得起時間考驗的人物與企業，都先從核心的「為什麼」出發。「清晰的為什麼，可以支撐熱情、也是決策的篩網，幫助我們釐清目標、找到盟友、創造不凡。」西奈克強調。

這個黃金圈問題，對台灣風土創業者更重要。我們要釐清自己的黃金圈順序，才知道如何對顧客提出我們的價值主張，希望讓顧客體驗什麼，以及如何進行深度體驗。此時，風土經濟才有獨特價值與意義。透過風土設計的內容，引導顧客親身感受地方的生活、生產與生態構成的風土資源，運用情境，傳達故事情節，繼而帶動情感，創造顧客更高的黏著度。

《風土經濟學》這本書的主題，就是討論如何透過旅人的思維、編劇的洞察與導演的實踐，三階段的風土設計，去挖掘自己的特色，轉換成對外溝通的體驗內容與故事，帶動意義、創意與生意的循環。但是《風土經濟學》並沒有討論地方組織要向顧客提出什麼價值主張，意即地方組織的存在理由是什麼？希望創造什麼獨特意義？來建立顧客的認同，甚至創造地方合作夥伴、組織同仁的熱情與共識。

顧客為什麼要來？二〇二〇年暑假全台各地的報復性旅遊，已經證明一件事，大家被這種過度擁擠、走馬看花的旅遊給嚇壞了，未來不是不出門，就是積極找尋不一樣、有深度體驗特色的行程。

我們要提供他們更好的選擇，讓他們投入的時間、金錢與情感，都有價值與意義。要創造顧客難忘的感動與回憶，我們的價值主張就要清楚而明確。

近藤哲朗在《圖解商業模式2.0：剖析100個反向思考的成功企業架構》提出一個簡潔有力的主張，對價值主張就很有參考性。他認為，理想的商業模式要包含社會合理性、經濟合理性與創造性三者，我修正調整為社會性、商業性與創造力，更為貼切。

商業性是必要條件，但是不能只追求商業利益，如何創造地方的社會價值，包括對環境友善、地方風土文化的尊重與提升、參與工作者的權益、弱勢族群的協助，帶動更多就業機會，更是價值主張的核心。另外的創造力則是風土創新SMART五力，能夠轉換、加值地方風土文化的無形資產，具有更多品牌價值與信任感。

我認為，在後疫情時代，要實踐風土經濟學的商業模式，首先要提出獨特意義的價值主張。台灣要重振國民旅遊或是各種具有風土價值的產業，開創未來新深度體驗模式，帶動新的產業鏈，就必須將社會、商業與創造力（SBC）一併納入考量，提出新願景提案，才能建立自己的存在理由，吸引內部與外部顧客的認同。

價值主張，一種說故事的溝通方式

但是價值主張不是一種過度抽象、讓人無感的宣言，或是過度美化、華麗空洞的語言，也不是能夠廣泛套用在其他地方、組織，變成換湯不換藥的模仿。

價值主張必須提出這個主張的背景脈絡與理由，現狀是什麼？想改變什麼？創造什麼價值？才能讓人一目了然，產生共鳴與理解，發揮對內整合、對外溝通的效果。

先回到本文的開場。我協助這家文創公司討論商業模式的價值主張，他們旗下有書店、餐飲、文旅民宿，想創造在地的風土經濟，更想實現社會、商業與創造力（SBC）的商業模式，讓更多消費者選擇在地方消費，不用再跑去其他城市，帶動青年返鄉就業，也能振興地方文化、提振商機，建立地方認同與自信。

他們的價值主張是「讓外地人憧憬，在地人驕傲」，但這個主張過於抽象，沒有清楚的交代脈絡，也不容易讓人具體認知這個價值的特色。此外，組織內部對於「讓外地人憧憬，在地人驕傲」的主張各有不同解釋，導致無法產生高度凝聚力，也沒有讓在地消費者建立品牌認同，不清楚他們旗下各個店家彼此有共同訴求。

因此，我透過兩個整天，帶領企業主管們了解商業模式整體的輪廓，以及討論商業模式的價值主張。我們有步驟地討論價值主張的脈絡（When & Where），自己的價值主張（What），想對哪類型的顧客溝通（Who），創造什麼價值，自己的獨特優勢是什麼，才能提供價值（How），以及獲利方式，顧客為什麼願意付錢給你，如何獲取價值（Why）。

這個實作討論的過程，也是這堂課的縮影。商業模式的價值主張金三角，幫助我們快速檢

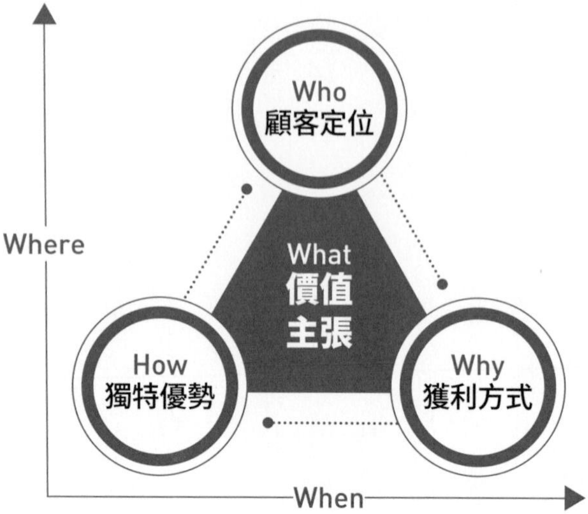

視商業模式，價值主張也是一種了解脈絡、引發認同的敘述方式。企業的商業模式工作坊第一天課程結束後，我開始構思如何讓這家企業的價值主張更有脈絡，能夠簡潔呈現他們的價值主張，引發顧客的共鳴。

我運用5W1H的歸納整理，提出一個價值主張的敘述格式，幫助企業內部聚焦討論，也能讓顧客、合作夥伴更容易理解。我也嘗試寫出這家文創企業的價值主張，當作示範與討論，以具體幫助他們練習寫出自己的價值主張。

價值主張格式

我們發現（或認為）＿＿＿＿＿＿

（Where & When）

但是，＿＿＿＿＿＿

因此，我們想要提供＿＿＿＿＿＿產品、服務

或體驗（What）

希望協助（或滿足）＿＿＿＿（Who，顧客）

他們想要＿＿＿＿（Why）

我們的作法是創造或改善＿＿＿＿（How）

新竹某家文創公司

我們發現，整個大新竹地區的居民，移入人口眾多、就業人數高、學歷與經濟條件好，是個非常有活力的地方。（Where & When）

但是，新竹缺乏一個生活產業，導致許多新竹居民不了解新竹風土人文特色，也沒有能傳達新竹風土人文的生活空間，可以充電紓壓、感受新竹的美好特色，導致大家只能往台北或台中去消費。

因此，我們想提供閱讀、餐飲、住宿與旅行體驗的優質空間。（What）

希望能協助重視生活品質、人文美學的新竹人（Who），可以在新竹探索、學習與感受新竹的美好，也能帶動生活產業的活絡，創造更多就業機會，讓更多人喜愛新竹，以家鄉為傲。

他們能在新竹與家人、朋友相聚，品嚐在地美食、購買安心友善的物產與禮品，也能閱讀充電，甚至能深入體驗各鄉鎮，認識不一樣的新竹風土人文。（Why）

我們的作法是在各個有歷史文化的空間，提供餐飲、閱讀、地方選品、居住與旅行體驗，傳達新竹風土人文的特色。並希望透過優質消費的力量，串聯與活絡更多在地產業，並能提供就業，讓新竹人驕傲，也能讓外來旅人憧憬。（How）

接下來，我以三家企業的價值主張為範例，這是我透過閱讀整理、觀察之後，自己改寫的內容，提供大家參考，讀者可以運用價值主張的格式多加練習。

好市多（Costco）的價值主張

我們發現，消費者不是只想要低價產品，而是需要有品質、令人安心，也不會超過荷包預算的產品。（Where & When）

但是，在目前提供大量低價物品的商場，消費者總是難以選擇，而且品質不一定能讓他們安心。

因此，我們想要提供精選的商品、經濟實惠的價格與有保障的品質。（What）

希望滿足重視生活品質的消費者（Who）。

他們想要節省購物時間，也能找到優質產品，又能控制荷包預算。（Why）

我們的作法是創造收費的會員制，限制會員人數，並讓我們有合理利潤，去幫助消費者找到最好的品質、最合理價格的產品。（How）

AirBnb 的價值主張

我們發現，喜歡到各城市旅行的房客，不一定要去住大飯店，反而想融入地方生活。（Where & When）

但是，許多城市沒有提供這種住宿空間、甚至沒有家的生活溫度；許多有空房間、歡迎朋友入住的主人，也不知如何提供這樣的服務特色。

因此，我們想要打造一個提供完整住宿與旅遊資訊的網路平台。（What）

希望協助想深入探索城市生活的旅人，有不同的住宿選擇，與不同的生活體驗。（Who）

他們可以入住當地居民之家，讓居民善盡地主款待之誼，體驗在地生活，而當地居民也能出租空間賺取額外收入。（Why）

我們的作法是提供完整住宿與旅遊資訊平台，並創造評分機制，保障旅人與居民，同時提供便捷的支付管道，滿足旅人的需求。（How）

日本星野集團的價值主張

我們發現，許多想要休閒旅行的顧客，希望融入地方生活、了解當地風土文化特色。（Where & When）

但是，隨著時代變化，許多在偏鄉具有歷史文化特色的老旅館，因為空間老舊、經營管理與服務能力不足，無法吸引重視住宿與旅遊品質的個人，也無法經營下去。

因此，我們想要協助老屋再生，將地方旅館重新改善空間與經營方式，並融入地方風土與文化特色，也能帶動活化旅館周圍的區域。（What）

希望吸引重視文化特色的旅人，能深入各地，探索體驗最道地的日本。（Who）

他們可以透過住宿、服務、餐飲、自然人文體驗，深度認識每個地方。（Why）

我們的作法是透過設計能力，讓老屋創造獨特風格，並透過企劃能力，將餐飲、自然、人文體驗結合，延長旅人停留時間；並建立多樣化的經營管理能力，在日本各地不斷活化老屋與區域。（How）

不同主張，不同定位，不同訴求，都在找尋我是誰、我想成為誰的過程。

你對家鄉的價值主張是什麼？你要如何對未來提案？

我們想知道。

第 10 課

商業模式金三角（二）顧客定位（心臟），如何創造價值

有時在臉書會看到很多人在行銷地方行程、產品、體驗活動、住宿或是餐飲，如果成效不如預期，或是乏人問津，經常會抱怨客人不懂、不了解地方特色，不知道他們付出的背後辛勞，甚至，批評不支持他們的人是不愛台灣。

這是客人的錯嗎？還是你的特色不清楚，讓他們沒興趣？甚至，可能是你想溝通的對象不是你真正的客人。難道，你的顧客不是你的顧客？

回到上一課的討論。這是一個處於產品過量、訊息過多，每天不斷推陳出新，業者都在爭奪注意力經濟的時代，你的產品一下子就從手機頁面滑過去了，消費者的目光憑什麼會為你停留？除了引發注意之外，顧客會不會買單？又是一個大關卡。

如同山口周所說「我們活在一個產品過剩、意義稀少的時代」，顧客想要的不多，卻給他太多。這個矛盾狀況，導致市場處於兩極化的狀態，不是大眾化又便利、便宜的產品，就是有

提供給顧客的價值定位

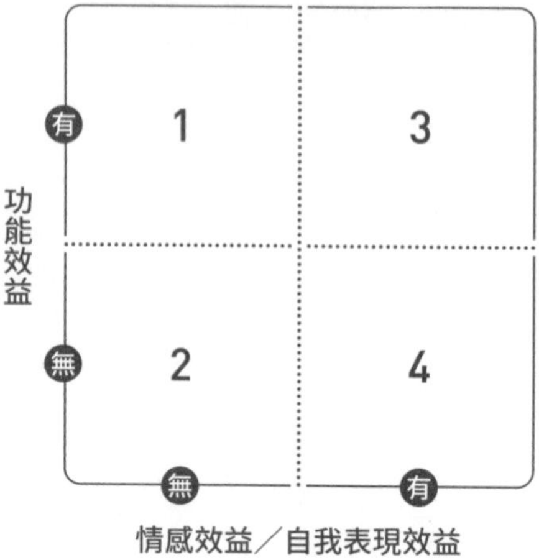

個性、傳達獨特意義感的內容。

山口周在《成為新人類》提出一個矩陣象限，來說明顧客價值的定位。（見上圖）一個是有用處／無用處（功能效益），一個是有意義／無意義（情感價值）。

第一象限是屬於贏家通吃的市場。這是根據實用功能、成本效益與規模化來決勝負，例如晶片、亞馬遜、Google。

相反的，有意義的市場來自多樣化需求。山口周以超商的產品為例，剪刀、釘書機等產品幾乎只陳列一種品項，因為這是有用處、但無意義的產品，消費者沒有太多忠誠度；然而香菸的陳列卻有上百種，這是屬於有意義、但無用處的產品，對抽菸的人來說，每個品牌幾乎都具有故事與意義，感受都不一樣。

山口周又以汽車產業來思考意義的差異性。

日本豐田屬於第一象限，有用處但無意義，因為舒適安全、價格實惠，目的只是為了移動的安全。但是BMW與賓士就落在第三象限，有用處又有意義，跟日本車的價格有落差，中間的差價就來自於無形的意義。第四象限沒用處但有意義的定位更小眾，就是義大利的法拉利、藍寶堅尼等超高級跑車，這屬於無與倫比的感受與意義，但是價格更高，更難被取代與複製。

我們可以延伸思考，還有什麼是沒用、但有意義的商品？應該就是有個性與魅力的藝術、音樂、文學，甚至是有故事、歷史、文化與風土連結的葡萄酒、精釀啤酒、精品咖啡、茶、巧克力等飲品，房間數少的精品Villa，以及環境特別、或是限制人數、限定日期的深度體驗。

這些都是創造多樣化感受、傳達地方個性，也能產生獨特價值的風土經濟學。

從顧客價值定位的四象限來看，暑假報復性國旅的顧客，大部分可能都位在第一象限、有用但無意義的內容。不是說這些地方沒意義，而是旅客目的不是為了地方文化的意義而來，是悶壞了，為了風景、便宜、走馬看花，哪裡熱門就去哪，能夠打發時間，快速的打卡拍照，證明有來過就好。

顧客定位，商業模式的心臟

風土經濟學想溝通的顧客對象，應該屬於第三與第四象限。因此，希望顧客能感受到的意義，就需要精準的顧客定位，才能傳達價值主張，建立我們的商業模式。

價值主張是創業者的靈魂。但是沒有溝通的對象，就陷於孤芳自賞，不是沒有客人，就是得靠政府資源補助，我們要能存活，就必須創造一個有顧客願意買單的市場。

顧客是商業模式的心臟。有了市場與消費者，證明你努力推動的商業模式，具有市場需求，不只能創造收入，而是確定我們的努力有共鳴知音，能夠支持創業精神跟願景，讓顧客能與我們同行。這也證明了透過創造力，能帶來社會與商業價值，產生理想的商業模式。

創新大師克里斯汀生在《繁榮的悖論》強調，許多第三世界國家的創新，都來自從上而下的「推力策略」，最後往往都鎩羽而歸，因為沒有從當地人民的實際需求出發。如果採用由內而外的「拉力策略」，創造當地人民的需求，並建立配套措施，產生市場力量（例如建立在地的產業鏈），資源才會持續擴大運作，讓業者跟消費者都能獲益。

由於意義市場走的是多樣化的小眾市場，如何了解你的顧客，找出他們潛在的需求、想望與期待，才能確認我們的價值主張跟顧客定位相符，再透過精心提供的產品、服務與體驗來滿足顧客需求，就能創造我們的商業模式。

《解構顧客價值鏈：拆解消費者決策流程發現商機切入點，用需求驅動設計新商業模式》就強調，大多數的市場變革，並非由新技術驅動，而是由消費者驅動，因此，企業的創新不是來自技術創新，而是商業模式轉型。「想要創新你的商業模式，就必須對顧客有深入的理解。」哈

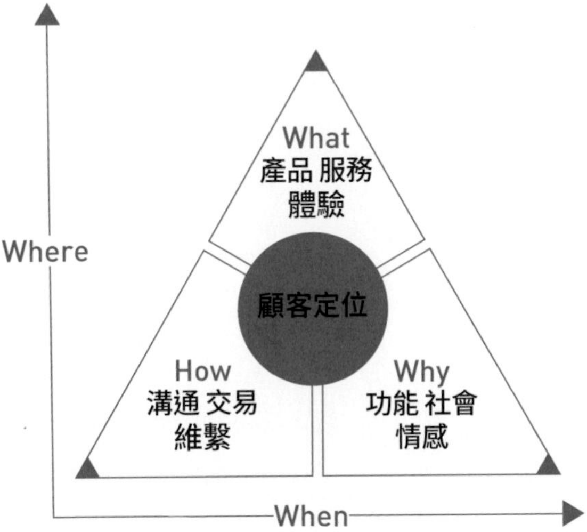

佛商學院教授、也是本書作者泰利斯・特謝拉（Thales S. Teixeira）指出。

要如何了解顧客、找到他們的需求？這是商業界的大哉問。上一堂課提到，現在了解顧客的方式，不是透過大數據分析，就是運用設計思考，透過訪談與觀察，了解顧客需求。

但是從創造意義的角度，許多意義隱而未顯，甚至問客人的需求跟要求時，他們往往也說不明白。《風土經濟學》的風土設計方法論，第一個重點就是運用「旅人的思維」，類似人類學家離開熟悉的環境，去不熟悉的部落進行田野調查、民族誌的探索，從客觀角度長期參與觀察與詮釋，以及在現場跟旅人深度互動，才能了解與詮釋旅人的感受，或是顧客心中期待的意義。

這也是一種「現象學」式的立場，研究者不帶有價值判斷，而是去發現一個人如何「體驗」

這個世界的不同「現象」，在各種生活文化脈絡中，去了解他們的感受、行為動機與觀感。

這種探求方法類似5W1H方法論。在何處（Where）、何時（When）、誰（Who）、發生什麼現象（What）、如何產生（How），以及為什麼會發生（Why）。只有透過近距離的觀察與參與，才能了解顧客的價值觀、動機與意義。

意義最抽象、最難掌握，然而卻最重要。賽門．西奈克在《先問，為什麼？》就說：「顧客要買的不是你的產品（做什麼），而是你的理念（為什麼而做）。」

如果我們能明確傳達自己的價值主張，讓顧客了解我們的「為什麼」，就能引發他們的共鳴。但如何讓創業者的為什麼與顧客的為什麼相連？就需要仔細了解顧客難以明說的需求。

相對於AI大數據，有一種需要透過深刻的互動交流、產生的深層「厚」數據，來累積我們對顧客的感受，才能掌握商業模式的顧客定位。中山大學人類學家宋世祥在《厚數據的創新課》特別強調「厚數據」的創新思維力量，包括能了解消費者在接觸產品或服務時，產生的情感與內在脈絡，找出未被滿足的需求，面對瞬息萬變的商業挑戰。

厚數據需要被解讀，才能找出潛藏的意義。運用人類學或是人文科學來了解顧客捉摸不定的情感因素，最關鍵的就是「轉譯」能力。在第5課「市場感受力」，已說明轉譯與詮釋的技巧，這個感受力運用在顧客定位上，最好的方式是從顧客的「任務」角度切入，顧客「雇用」這個產品要完成什麼「任務」？包括功能、社會與情感三種任務。

要如何了解顧客的任務？詢問顧客「需求」時，有時候會得到不精確或者表象的原因。需要像偵探般去解讀、拼湊顧客傳達的期待、掙扎與壓力，去探求顧客潛藏的意義，找出他們想完成的任務，就可得到各種解決問題的方案，或是實現需求與渴望的提案，而非顧客說什麼，就要給他什麼。

從這三種類型的任務比較，可以讓創業者根據顧客任務來思考商業模式的顧客定位。你希望溝通的顧客，是以功能型、社會型、還是情感型為主？根據這個定位與顧客對意義的需求，決定你要提供什麼樣的產品、服務還是體驗，來滿足、實現顧客的期待，或是解決他的隱藏痛點？

如果是實用與功能型的顧客，你提供的產品與服務，就是具體滿足顧客的需求，例如便宜、便利、實用與快速，不需要說太多故事、意義。

關切生活體驗者的感受

大部分的企業與競爭，都圍繞在實用與功能型顧客身上。這個角度其實窄化我們對「人」的認知，只視為把這些人當成消費者、使用者與用戶，而忽略他們更深一層的需求與感受。

如果更深一層思考，要完成的任務或工作，超越表象的實用性，就會進入生活體驗的層次；如果把消費者視為有個性、有感受、有情緒的人，就會是一個獨特的生活體驗者，我們對他們的感知就會有不一樣的視野。

生活體驗者或生活感受者，正是風土經濟學、風土創業家最需要關切的顧客。

首先是社會型的顧客，他最在乎的是能否突顯個人的外在形象與特質，或是可以跟很多人互動交流。因此，提供的產品或服務，要能夠彰顯他的個人特質，產品或地點要很有造型特色，還能拍照打卡，可以在社群媒體宣傳。另外，社會型的意義還包括凝聚力。例如社團活動、員工旅遊或是親友交流，提高內聚力、留下難忘的經驗。

情感型的任務，則偏向個人或是小團體的感受，他們可以更深度與地方交流溝通，從食住行、採買，都能得到最獨特的感受，與自己的價值觀相符合。為了能與顧客、生活體驗者做深度的互動，了解其需求、期待與喜好，提供感動難忘的內容，就要做好完整的溝通。

這部分我稱為「顧客價值鏈」（Customer's Value Chain, CVC）。這是一種消費者決策過程，顧客價值鏈是由包括顧客從選擇、購買與使用一項產品或服務，所進行一連串的活動過程。

從顧客角度來看，這是他為了滿足需求、創造自己價值、希望生活更進步的一系列活動。對經營者來說，這更是企業去創造顧客價值、產生商業模式的機會。因此，經營者必須從顧客角度出發，去思考如何在事前的溝通、行銷，傳達自己的特色、故事與價值主張，包括在社群媒體的經營，如何跟顧客進行交易，以及服務或體驗現場的溝通，最後是事後如何持續維繫，建立深厚的連結。

以地方事業為例。過去旅行通常都是旅行社包辦，但是旅行社欠缺田野調查、挖掘地方文化、轉換能深度體驗內容的能力，也無法幫助地方優化、加值內容。因此，各個旅行社產品內容大同小異，只能訴求低價，或是想辦法從外在包裝、服務型態著手（例如贈送禮物、請航空公司退休空姐當隨行祕書，或是找樂團、歌手表演）。

另外，在地組織也都習慣被動接單，由旅行社溝通聯繫，往往不了解顧客的期待與需求，導致無法為不同屬性、需求的客人量身訂做，產品內容也千篇一律，無法創造新特色與新意義。

當疫情重創國內旅遊市場之後，眾多旅行社開始面臨經營壓力；而當國旅市場開始復甦之後，原本的顧客價值鏈被破壞，在地業者、地方組織就得扮演更積極的角色，才能從顧客價值鏈中掌握更多主動溝通的優勢，建立自己的顧客定位。

價值主張與顧客定位，就是地方組織想創造風土經濟最重要的兩大核心。你的事業存在的理由與意義？你想跟誰溝通？他們想完成的「任務」是什麼？你能為這些顧客創造什麼價值？

帶著好問題，繼續往商業模式之路邁進。

第 11 課

商業模式金三角（三）

獨特優勢（肌肉），如何提供價值

這堂課談的是商業模式如何提供價值。針對顧客定位，提出自己的價值主張之後，再來就是最關鍵的執行能力，我要如何實現商業模式的價值主張，讓顧客願意透過消費來參與支持你的事業，創造讓事業經營下去的收益。

相較於價值主張是商業模式的靈魂，顧客定位是心臟，獨特優勢則是商業模式的肌肉。建立獨特優勢，才能讓商業模式持續運作，也可打造一個不易被模仿競爭的護城河，開創屬於自己的海闊天空。

獨特優勢談的是地方組織、企業本身的管理整合與營運能力，能夠將關鍵資源與關鍵夥伴轉化為創新價值的能力。我觀察到，大部分的地方創生團隊、地方組織，或是返鄉青年，最大的挑戰都來自缺乏獨特優勢。由於經營、品質、溝通協調與整合資源能力不足，導致無法有效運用資源，也不能建立持續運作的組織能力。

獨特優勢來自關鍵資源、關鍵夥伴與營運能力

先談關鍵資源。強調設計商業模式的《獲利世代》認為，關鍵資源是商業模式運作最重要的資產，讓企業能夠創造、提供與獲取價值，進而能長期運作。關鍵資源包括實體資源（設備）、智慧資源（專業知識、技術、智慧財產權、顧客資料）、人力資源（專業人才）與財務資源（財務能力）。

從風土創業的角度，關鍵資源可以分成實體、智慧軟體與人力三部分，都是地方組織、事業體必須加以運用的資源。

首先是地方上有形的硬體產物（包括歷史建築、風景與環境）；其次是無形的風土文化等軟體資源（生活、生產與生態、歷史與故事）；第三是地方匠師、各種專業技能的達人、文史工作者、能述說故事的長輩與農業達人。

獨特優勢第二個要素是關鍵夥伴。《獲利世代》認為，這是讓商業模式運作所需的外部供應商、合作夥伴網絡。包括非競爭者的策略聯盟，或是競爭者之間的合作，加上共同投資的新事業，以及採購者與供應商之間的夥伴關係，以確保供貨無虞。

從風土創業的角度來看關鍵夥伴，我詮釋這是地方組織之間具有信任與共識的合作關係。包括產品、原料、物產的供應，彼此串聯與分工合作，希望讓地方更好的雙贏方式，不是只有

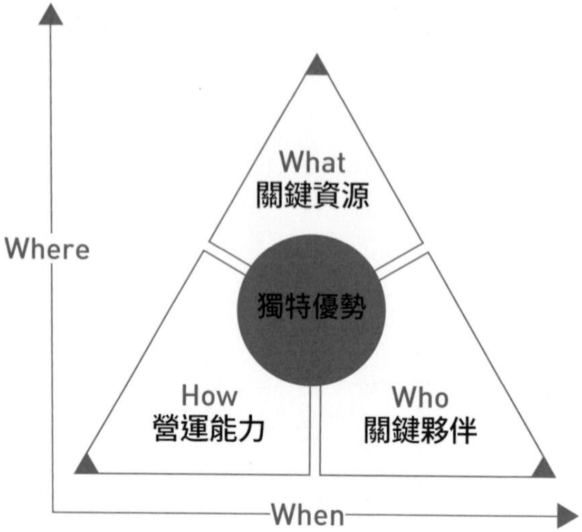

單純的供貨交易行為。另外還包括地方組織與外地單位的合作，例如大學、顧問公司、專家、旅行社與通路商（實體與電子商務）。

因此，風土創業者必須要釐清，在眾多合作夥伴、甚至既競爭又合作的組織中，誰才是你最關鍵的夥伴，能從他們那裡取得關鍵資源，分工合作去舉辦各種活動（商業、培訓、解決問題、生產製造、溝通協調），才能建立緊密的合作網絡。如果不能有效的分析、盤點與整合關鍵資源與關鍵夥伴，就無法運用外部資源，很容易陷入孤芳自賞、無人協助，或是弄錯合作對象，反遭利用的困境。

管理學者克里斯汀生在《創新者的解答》強調，組織運作需要區分組織資源（類似關鍵資源）、組織流程與組織價值（類似價值主張）。他最重視組織的流程能力，也就是將關鍵資源轉換成為更有價值的產品、服務的能力，這個轉變的能力，包括生產、行銷、設計、研發、採購、招募與訓練。這種從溝通、協調與決策到產出的過程，他稱為關鍵流程。

克里斯汀生在《繁榮的悖論》更主張，這種轉變能力就是創新。他認為，創新不是只有高科技或功能豐富的產品，創新是一件非常具體的事情，就是一個組織將勞力、資本、材料、資訊轉化為產品和服務的流程。

由於關鍵流程比較抽象，我改稱為營運能力，幫助讀者更容易理解。從風土創業的角度，就是如何將資源轉換成為有價值的產出（包括產品、服務與體驗），在這個過程中投入的能力，以及跟外部關鍵夥伴溝通協調，建立共識與合作的能力，都是營運能力。

從風土經濟學的角度來看，營運能力也包括SMART創新五力，才能整合關鍵資源與關鍵夥伴，建立自己的獨特優勢。營運能力也涵蓋風土設計方法論，旅人的思維、編劇的洞察到導演的實踐，但是《風土經濟學》書上對於營運能力的著墨較少，比較偏向風土資源的挖掘梳理，以及體驗行程的設計與執行，缺少對組織運作進行更細部的討論。

營運能力是地方創生成敗的關鍵

營運能力是參與地方創生的各個組織最被忽略、卻是影響組織運作成敗的關鍵。政府習慣給地方組織經費舉辦各種活動，希望透過這個方式，帶動地方經濟繁榮。另外就是提供就業方案，希望中高年齡的人被短期雇用（一年一約），降低地方的失業率，同時希望組織能提出經營計畫，創造商機。

因為勞動部希望降低失業率，各個申請經費的地方組織，被賦予的任務就是增加就業，而不能輕易解聘不適任的人員，因為會提高用政府資金堆起來的失業率。這個假象造成的問題，就是組織內沒有靈活的營運能力，更發生怠惰的傳染病現象，越來越多人不認真工作，只想領政府乾薪，這個組織就容易瓦解。我看到了許多組織遇到這個問題，最後不是組織解散，就是一起沉淪，只要維持表面功夫，就能繼續申請經費。

克里斯汀生在《繁榮的悖論》觀察第三世界國家的問題，就在於投入大批硬體資源與經費，希望能創造繁榮，卻造成資源一再投入，反而沒有帶動經濟、社會與政治的繁榮，甚至更為倒退，造成繁榮的悖論（矛盾）。

他希望我們要轉變這種從上而下、由外而內的思維。因為濟貧不等於創造繁榮，就要重新定義何謂「繁榮」？他指出，繁榮就是當一個地區越來越多人用來改善其經濟、社會、政治福祉的「流程」。繁榮需要靠持續創新運作的流程，而非是一次次的單一事件（例如給錢、辦活動、給物資），這會導致無法建立長期目標，無法建立商業模式最關鍵的獨特優勢。

他舉出印度納拉亞納（NH）醫療集團的例子。這是印度的一家綜合連鎖醫院，有七千張病床、七個世界級心臟中心、十九個基層醫療措施。他們希望為印度貧民提供優質又平價的醫療服務，但是關鍵資源很昂貴（包括醫護人力、醫療設備、建築），必須要提高資源利用率，來降低每位患者的單位成本。

該如何降低成本呢？他們建立流程能力來解決這個問題。包括每天動十九次開心手術、二十五次插管手術，比印度醫院的平均值高出七倍，不僅降低成本，提供醫療品質，也讓外科醫生的手術更純熟。另外開辦教育訓練課程，進行醫護人員大量培訓，同時將醫療巴士開到偏鄉，直接幫鄉民診療。

如果納拉亞納要靠印度政府辦理醫療教育，廣設醫學院，根本就緩不濟急。他們反而直接將關鍵資源、關鍵夥伴拉入營運能力中，自己培訓、自己建立醫療流程，讓更多醫療人員、病人進行這個流程中。

當然，定價能力（這是下堂課主題）也是他們的核心能力。他們針對病人收入來分級收費，比方低收入患者的心臟手術費，不到富裕患者的六成，儘管富裕患者收費較高，但也不到印度其他醫院的一半。甚至因此還促成醫療旅遊，許多國外病患特別來印度NH集團看診。光是二〇一六年，NH就治療了來自七十八個國家、共一萬五千位國際病患。

這個流程創新，將複雜又昂貴的產品和服務變得簡單平價的能力，也改變了印度的病患，重建醫療品質，更培訓大量的醫療人才，這些醫護人員也成為印度各大醫院挖角的人才寶庫。

流程創新，帶來真正繁榮

回到地方創生與風土創業的議題。政府忽略了流程能力，沒有思考如何幫地方建立獨特優勢，造成大家互相模仿、抄襲，只看到表象，包括彩繪外牆、各種硬體建設、大量雇用人力，不斷辦活動、市集擺攤、辦展覽、辦旅遊，找媒體報導，卻忘了背後需要的是軟實力，也就是如何整合資源，建立自主營運的能力。

這幾年地方政府大量採用藝術、文化與設計界菁英來舉辦策展。例如台灣燈會、台灣設計展，或是幾家基金會、社會企業到某些特定地方辦藝術表演、地方餐桌，吸引大量顧客與人潮。但多數往往都是外來菁英主導，地方出錢出力配合，卻都偏向克里斯汀生強調的「推力策略」，運用活動事件來行銷，卻沒有協助地方建立自己的流程能力，累積自己的思考與做事方法。

這只是事件的創新，卻沒有流程的創新。當然，對於策展單位來說，他們的目標就是策劃一場讓人驚豔、充滿口碑與話題的活動，沒有義務去建立在地的流程能力；對於地方政府來說，卻需要藉由這個機會，要求策劃單位帶領地方團隊，一起深入各鄉鎮挖掘特色，同時籌設各種培力工作坊，擴大地方參與，將專業能力跟經驗，萃取成系統化知識與能力，否則地方組織與青年吸收的都是片段經驗，還是難以建立營運能力。

政府忽略流程創新的重要，連帶也影響承接政府標案、計畫的相關輔導顧問公司或地方組織，造成營運能力嚴重不足，只忙著做行銷、辦活動、邀媒體、經營粉絲頁。包括各個大學的社會人文創新中心、行銷公關公司，甚至是旅行社，都是以辦活動來推動相關計畫，儘管想努力達標，卻沒有能力整合關鍵資源與關鍵夥伴，提升流程能力。

這些單位除了辦活動、推行銷與輔導之外，也花不少經費培訓地方組織。由於自身能力都不足，人員流動率高，多半都是找講者、名人與業師分享，沒有切中核心技能的培訓，每個環節都做了，但都是鬆散，技能齒輪自然很難有效運轉。

最關鍵的還是拿政府資源的地方組織。他們多半把人力花在寫計畫、執行計畫，完成每次的短期目標，應付各個部門的要求，沒有具體提升營運能力的規劃與培訓，也就很難仔細挖掘、盤點，將地方的關鍵資源轉化成獨特優勢，也不易串聯各個關鍵夥伴，持續壯大組織能力。

在地方開設書店、餐飲、民宿或遊程規劃的業者、返鄉青年，同樣在營運能力上遭遇跌跌撞撞的挑戰。如果沒有建立自己的獨特優勢，就變成都是空談口號，無法跟顧客有效溝通，也無法提升品質，最後只好不斷寫計畫、拿政府標案，一直靠政府資源持續挹注，造成惡性循環。

我在台灣各地帶工作坊，跟地方組織溝通討論時，常發現SMART創新五力、組織運作的能力不足。其實流程能力相對花費的成本最少，成效卻最高。但因為軟實力是看不到的能力，硬體與活動是看得到的表象指標，使得政府仍以表象指標為標準。

政府很難改，但地方組織、風土創業者卻要自我警惕。如果靜下心來，先釐清關鍵資源（硬體、風土與人力）、關鍵夥伴，再反思自己的營運能力——哪裡不足，該如何補強，是要透過閱讀、找專家諮詢，還是參與各種技能型的課程。每次成功或失敗的經驗都要仔細分析檢討，找出改進與保持的方法，才不會浪費得來不易的經驗。

我們不能只有靈魂，卻沒有鍛鍊能真正打開困境、腳踏實地的肌肉。這種軟實力花的成本最低，卻最需要透過時間來培養、淬鍊，從每次的經驗中學習。

扎根地方的風土創業者，你的流程能力是什麼？該如何建立自己的護城河？答案就在你心中。

第12課

商業模式金三角（四）獲利方式（血液），如何獲得價值

有幾位屏東科大森林研究所碩士，畢業後選擇在恆春創業，他們成立「里山生態有限公司」，透過政府部門的經費支持，希望將恆春、滿州眾多社區，規劃成為生態旅遊的據點，並培訓居民成為生態解說員與旅遊帶路人，創造就業機會。

他們創業八年，已經成功輔導十一個社區轉型。每個社區都有專職駐點接單人員，營運總部也有八位管理與行銷人員，各據點每年都有數百萬元營收，也有回饋社區的機制。

但是經營上遇到價格過低、利潤微薄的問題。每個旅人的解說或體驗費用都是三百元，人少人多都收一樣的價錢，十人收三千元，社區與解說員有利潤拆帳，但兩個人六百元也得成行，這就虧本了。

為什麼會訂出這個價格？第一，是不知該如何訂價，就比照一般市場行情。第二，是信心不足，剛開始運作的品質也不夠好，不敢訂比較高的價錢。第三，主管機關的保守心態，認為

低價才能吸引人潮。

三百元行情怎麼來的？大部分都是政府推動的各種標案計畫，為了吸引人潮，創造政績指標，也怕被民眾指責價格過高、不夠親民，導致訂出這個價格（這跟月薪22K的意義很像，政府變成低價推手）。

三百元本身沒有問題，核心問題是缺乏長期目標，更缺乏彈性。政府、恆春地方組織與業者，都缺乏站在顧客角度思考，探求顧客來恆春旅行要完成什麼任務？接著希望為顧客創造什麼難忘的感動？

低價的惡性循環，讓地方從創生變創傷

回到克里斯汀生不斷提醒的問題。是事件還是流程？是從外而內的推力，還是由內而外的拉力？如果從政府到地方組織，舉辦每次的旅行、市集活動，都是靠事件思維，而非提升流程能力，地方永遠不會進步，只能一直仰賴政府經費的挹注。

三百元應該是手段而非目的。如果先以三百元為基準，讓業者與地方組織練兵，學習如何解說帶路、規劃行程、培養面對顧客的經驗與自信，逐步建立流程，培養提高定價與品質的能力，甚至建立商業模式，地方事業才能永續經營。

缺乏顧客角度思考，不知道自己的特色，沒有長期目標，才會出現低價的僵化思維。低價問題更造成地方工作者沒有積極提升品質、精進能力的動機，加上不少人事成本都由政府出錢，也導致地方組織缺乏成本思考、精打細算的觀念。

紅龜粿的啓示

就以恆春某個社區推動四小時製作紅龜粿與摸蜆活動，每人收二百八十元體驗費為例。儘管帶來不少客人，但是來客數不穩定，經營品質與深度內涵不足，看似熱鬧，卻沒有太多細節，跟一般農村體驗手作ＤＩＹ沒有太大差異。里山生態公司總經理林志遠看到這個問題，經常苦口婆心要求地方人士要多談談文化，提高品質細節，他們卻不以為意。

有一次，林志遠介紹在桃園大溪一個以三合院為據點，由一對年輕夫妻創辦，推動米食料理文化的「雙口呂文化廚房」，同樣都是製作紅龜粿，兩人成行、四小時的體驗費用，每人就要二千八百元，卻吸引不少年輕人、親子或是喜愛文化與料理的女性，甚至回客率很高。

當林志遠說出二千八百元這個數字時，一向吵雜喧鬧、七嘴八舌的社區會議，大家瞬間沉默，無法想像就只是做紅龜粿，為什麼可以收這麼高的費用？

創辦雙口呂的這對夫妻，在三合院老房子的空間裡，會細細解釋空間與陳設的設計細節，例如將老門板改成桌子，竹蒸籠當燈罩，以及分享他們要復興閩南與客家米食文化的創業動機。雖然在老房子製作，但空間是舒適的，也有現代的廚具與料理平台，讓客人悠閒的學習傳統米食製作。

他們為了創業，跟外婆學做各種米食糕點，也到台灣各地學台菜料理，做米食文化的田野調查，才能讓這些經驗與故事融入現場料理教學之中。創業之初，先生還被岳父質疑，竟然要去賣一個三十元的紅龜粿，怎麼會賺錢？

他們不是賣紅龜粿，而是賣文化體驗與料理課程。透過解說與實作，呈現米食與每個食材的產地來源，加上完整的製作流程，包括磨米、煮紅豆、炒豆沙、揉米粉糰，一直到製作六顆紅龜粿，放入大灶上的傳統木蒸籠炊煮，到端上餐桌的過程，再一起圍坐在圓形飯桌上，配著紅茶，分享自己親手完成的米食。

雙口呂用空間、故事與體驗，翻轉紅龜粿在市場一顆三十元的低價命運，創造新價值與文化意義。

從商業模式角度來看，雙口呂從價值主張、顧客定位到獨特優勢，都有清楚的特色，才能完成商業模式金三角最後一塊拼圖——獲利方式，建立屬於自己的商業模式。

雙口呂的故事，也啟發恆春的社區居民，開始認真討論紅龜粿的每樣食材來源與製作細節，要如何提升品質；當然更想提升價格，希望朝八百九十九元的體驗費邁進。

從二百八十元到八百九十九元，社區還有一段很長的路要走。然而，大家不能只想到二千八百元、八百九十九元這個表面數字，而是要有整體的商業模式思考。否則就是頭痛醫頭、腳痛醫腳，看到別人的高價位，也想模仿，卻沒客觀看待自己的特色與問題。

紅龜粿的價格差距，也是地方創生最大痛點的縮影。因為從中央政府、地方政府、學者、顧問公司到地方組織，他們都是離市場與消費者很遠的同溫層，當然更不知道該怎麼訂價，卻用專家指導方式來教地方定價策略。

政府的假設前提，只有低價才能吸引人潮。在這個認知下，人潮才能創造業績，也不會有風險，結果大家都在低價泥沼中翻滾，陷入重量不重質的惡性循環，只能一直滿足消費者的功能型任務，卻無法提升、滿足顧客的社會型與情感型需求。

政府以為幫民眾省小錢，長期卻無止盡的花大錢，讓納稅人共同承擔問題。不斷花錢扶持地方組織，花錢補助低價旅行，找不同行銷公司與旅行社承包，地方組織雇用更多人力，換得微薄的收入，只把大量的人次當業績，長期無法自力更生，導致政府又繼續花錢扶持、找更多專家學者輔導……。地方還沒創生，卻先讓地方創傷，最後可能導致永遠依靠政府資源的地方寄生。

我在台灣各地帶風土經濟學工作坊時，學員最常問我的問題，就是該如何訂價？包括體驗費、旅程規劃費、餐飲費、導覽解說費，或是整體行程費用該如何調整……這一連串的問題，都是不知道要怎麼訂出合理價格，太高怕客人不來，太低又會賠錢。

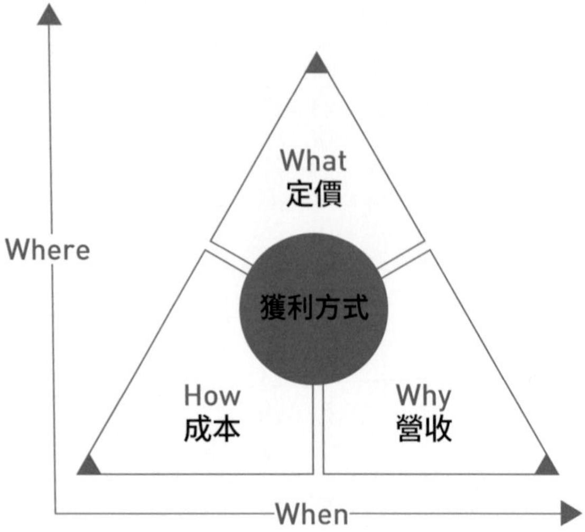

我的回答是，定價沒有標準答案，要回到你的商業模式來思考。包括你的價值主張、顧客定位與獨特優勢，才能去思考你的定價策略，建立獲利方式。

如何訂價，地方創生的必修課

在商業模式金三角之中，最後一個拼圖是獲利方式。獲利方式也有金三角，分別是最核心的定價，要有產品、服務或體驗的定價策略；其次是顧客要願意接受這個定價，才能創造你的營收；第三是在這個定價標準下，不論是高價或低價，都需控管內部的營運成本，才能產生利潤。

定價是決定商業模式可否運行的關鍵指標。再回到5W1H的方法論來思考，你的顧客是誰（Who）？顧客重視你的價值主張嗎（What）？

你有獨特的競爭優勢嗎（How）？顧客要完成的任務是什麼（Why，Where & When），最後再去思考，你設定的價格，顧客是否會買單（Why）？

當我們的商業模式有了靈魂（價值主張）、心臟（顧客定位），也有了肌肉（獨特優勢），再來需要血液的輸送（獲利方式），才能讓商業模式強健有力的運行。

定價策略在於突顯你提供的產品、服務或體驗，是否能對顧客產生價值。如果是顧客主觀認知上願意支付的價格，企業就能取得價值，帶來營收。投資大師華倫．巴菲特（Warren Buffett）有句名言：「價格是你付出的，價值是你得到的。」

因此，定價是站在顧客角度思考的心理學。專門談商業模式的《快成長時代：精實思維X牽引力指標X顧客產出率 打造快成長引擎》認為，如果顧客花錢購買產品或服務，並沒有獲得更多的價值（即使是認知到的價值），他們就不會有足夠的誘因去使用你的產品，你的商業模式就沒有成功的希望。

沒有顧客，企業無法拓展；沒有獲利，企業更無法經營下去。「獲利是企業生存不可或缺的條件，優質定價是企業賴以維生的手段。」定價大師赫曼．西蒙（Hermann Simon）在《精準訂價：在商戰中跳脫競爭的獲利策略》強調。

對地方創生的參與者來說，獲利也是永續經營的檢視指標，更是自主營運的證明。要能自主營運，必須建立定價策略，這是實踐地方創生、創造風土經濟的必修課。

以雙口呂為例。雙口呂的客人重視的任務是社會型與情感型，希望透過深度互動了解傳統飲食文化，所以適合三五好友、男女朋友、夫妻與親子在一個溫暖的老空間，安安靜靜的分享彼此手作的記憶與感動。因此，雙口呂的空間、創業故事與料理細節、跟客人的交談互動，都是體驗重點。

二千八百元是客人付出的價格，故事記憶與料理技藝則是客人獲得的價值。

回到恆春社區。來的客人只要支付二百八十元，就可以消磨時間，簡單認識農村，顧客需求就偏重功能型任務，相對居民也很難說出太多故事與細節，只要完成製作紅龜粿，彼此要求不高，價格當然很難調漲。由於低價，利潤不高，居民也不願意花太多力氣去改善品質。

不論低價或高價，還是要回到定價策略，該如何訂價？這個課題對地方創生，從事風土經濟的業者與組織來說，更為重要。

第10課的顧客定位提到，山口周在《成為新人類》提出一個矩陣象限，有用處／無用處（功能效益）、有意義／無意義（情感價值），我們思考地方創生、風土經濟學的顧客定位，就在於有意義、有個性與魅力的多樣化小眾市場，另一端是原本就有的走馬看花，以夜市、風景、彩繪牆為主的低價國旅。

大眾市場的問題在於，顧客的旅行任務只是滿足功能型、打卡拍照、到此一遊，快速蒐集風景，很難對地方有深刻認識，也不會尊重與愛惜，甚至會製造更多垃圾，踩踏與破壞地方風土與人文資源（這類消息時有耳聞）。

低價國旅只是旅遊行為的一種類型，然而從政府到地方，卻狹隘認為這就是唯一的型態，只能去迎合快閃、低價便宜的心態。

實則客人非常多樣，還有更多顧客有待發掘。他們沒有走出來，不代表沒有這樣的需求。可能是過往喜歡出國的客人，厭倦塞車、走馬看花，找不到更好的旅行方式，因此不在國內旅遊，或只能入住高檔飯店，待在飯店消磨時間。

如果我們針對這些優質客人能提出更好的價值主張，採取更好的定價策略，讓消費成為正循環，就有機會讓地方能實質獲利，建立自主的商業模式。「消費者不會買『好但貴』的商品，消費者要的是『貴但值得』的商品。」──《賺錢公司都在用的高獲利訂價心理學》說。

先有價值主張，再去思考定價

該如何建立定價策略？前提要先從價值主張出發，接著有兩種訂價方式，一個是成本驅動，另外是價格驅動。

管理顧問馬克．強森（Mark W. Johnson）在《哈佛商業評論》的〈到新興市場當新企業〉這篇文章指出，第一種的成本驅動，是用成本決定價格，先確認你的營運成本，再決定你的價格。第二種價格驅動，是先決定價格，再決定用什麼流程能力與資源，控制成本，來滿足價格條件。

設定好價格，再來就是仔細思考如何創造顧客的價值，並清楚的傳遞價值主張。包括如何描述你的價值主張、產品特色、品質價值、包裝與陳列，讓顧客可以透過產品、服務與體驗，認同與接受這個價值。

我們就以風土經濟最主要的參與者，包括餐飲與地方伴手禮業者為例，討論該如何訂價。

饗宴鐵板燒，用體驗與食材創造好價格

在宜蘭成立十七年、無菜單的饗宴互動式鐵板燒，開業時的定價是每人九百九十元，這個價位曾被地方人譏評，因為大家吃的都是九十九元的傳統鐵板燒，認為這家天價的鐵板燒不會有生意。

沒想到這個重視食材與交流體驗的互動式鐵板燒，創業開始就有好生意。現在不僅搬家，坪數跟座位大增，空間更舒適，而且餐費調高，從一千八百到三千五百元，依然一位難求。

他們的定價策略，來自於價值主張與顧客定位，同時建立紮實的獨特優勢。創辦人兼主廚程智勇的顧客定位不是宜蘭人，而是台北客人。他重視新鮮在地食材，每天一早都會去南方澳漁港守候漁船，腰包裝滿現金，直接付現取走好貨，漁夫們都樂意跟他做生意，也會特別為他

保留獨特新鮮漁獲。

他重視每個細節，掌握用餐氣氛。每天下午才從漁港返回位在五結鄉的餐廳，根據當天採買的食材、預約客人的預算與需求，一一開出當晚菜單。此外，他自己釀醬油、釀醋、種菜，也懂葡萄酒、手沖咖啡，讓每個客人都能感受到他獨一無二的服務與體驗。

另外，他訓練的廚師，個個都是說故事、講笑話、談食材知識，以及訴說宜蘭風土特色的高手，還會讓客人到餐檯上煎魚，跟眾食客同樂。

他的客人不只來自台北，更有不少客人專程從中南部搭高鐵北上、轉火車到宜蘭，吃完晚餐、喝光好酒之後，就住在宜蘭。更有客人喜歡一早到南方澳漁港等阿勇師，看他怎麼採買漁獲，甚至在現場就品嚐起新鮮海味。

阿勇師要求客人要帶三樣東西來「饗宴」——悠閒的時間、空的胃與愉快的心情。兩個小時的用餐時間，全身感官幾乎沒有停頓的時刻。

饗宴的高單價鐵板燒，也來自高成本。主要就是食材與人力（廚師與服務人員），他必須啟動商業模式中的獨特優勢，找了長期合作的漁民、農民等關鍵合作夥伴，運用宜蘭本身山海秀異的風土資源，以及眾廚師的料理舞台秀功力，建立完善的營運流程能力，才能讓充滿期待的客人、一再回流的老客人不虛此行，成為宜蘭非常知名的風土餐廳。

甲仙芋頭，跨出地域限制創造好價格

第二個案例是地方伴手禮，要如何透過定價策略，建立商業模式。

談到芋頭，最有名的地區就是台中大甲與高雄甲仙。甲仙是南橫的重要通道，許多過路客、遊客採買的伴手禮就是芋頭產品，包括芋頭酥、芋頭條。只是甲仙芋頭酥知名度一直比不上台中大甲芋頭酥，價格甚至只有大甲品牌的一半。

主要原因是大甲有鎮瀾宮、遊客多，幾家芋頭酥品牌都有自己的零售通路，全台品牌知名度也高。甲仙業者則集中在甲仙商圈，曾經高達三十多家，彼此距離又近，業者習慣做過路生意，沒有外地通路，只要生意過得去，薄利多銷，店家生意就還能維持下去。

十多年前的八八風災，讓甲仙受到重創。這個通往南橫的關鍵樞紐，也因為南橫無法通車，導致觀光客不再經過，甲仙芋頭酥商家，也只剩十多家，生意一落千丈。

其中有一家「小奇芋冰城」第三代接班人劉士賢，積極思考該如何走出困境。他認知到突破現狀的唯一辦法，就是跨出甲仙的地域限制，創造全國性的品牌。

他先重建獨特優勢。對內投資提升製作品質，捨棄以往機械化大量生產，改成手工製作，芋頭酥產量由每天一千顆降為六百五十顆。製作芋頭條的機器，原本添購一台四萬元的設備，但發現品質不好，切割不整齊，又花十一萬元買更好的設備。

他也到各個百貨公司爭取臨時櫃，或到市集擺攤，希望建立知名度，也能實地了解顧客需求。

他更想建立品牌知名度。找了一家設計公司，重新定位產品內容與包裝設計，也將小奇命名為「奇芋大地」。接著他跟誠品聯繫，帶著產品到台北洽談，誠品同仁很滿意口味跟包裝，但是認為奇芋大地的售價太低，跟誠品相關產品價格落差太大，很難用這個定價銷售，消費者也會認為售價太低的品牌，品質會有疑慮。

關鍵就是定價策略。劉士賢這才發現，過去甲仙業者都是用在地售價來思考，他想要走到全台市場，就要調整價格。

新包裝、新價格與新通路，創造品牌新價值。上了誠品通路，奇芋大地的產品銷售量都是誠品優等生，不少支持者是香港客人，誠品到香港開店，也邀請他們到香港設櫃。他還報名德國「紅點設計獎」的比賽。在六千件參賽作品中，「奇芋氣象台」最後脫穎而出，得到「best of the best」大獎。

品牌知名度打開後，宅配業務與甲仙總店的業績也跟著打開。從重視健康與品質的價值主張，到顧客定位為全台優質客，而非甲仙過路客，建立品牌新定位與新定價，讓劉士賢跳脫區域性限制，走出自己的路。

為了維持好的定價策略，他需要持續強化獨特優勢。他大膽貸款投資兩千萬，設立中央工廠，才能提升產能與品質，讓品牌價值更穩定，也能帶動甲仙芋頭的種植供應量，延伸甲仙風土的力量。

從雙口呂、饗宴互動式鐵板燒，到甲仙的奇芋大地品牌，他們面臨的挑戰，都是遇到同業的低價競爭。他們會先做好事前的調查與準備，提出自己的價值主張與顧客定位，搭配他人難以模仿競爭的獨特優勢，再以好的定價策略，產生獲利方式，建立自己的商業模式。

赫曼．西蒙在《精準訂價》提醒，價格決定了你的顧客。顧客是因為你的價值而來，還是因為你的價格而來？如果要讓家鄉找到生機與商機，創造自己獨特的風土經濟學，請找到你的價值，不斷溝通你的價值，以及努力創造你的價值，就有機會訂出讓顧客認同的好價格。

我們的事業與人生，才有真正的價值。

第四部

應用篇

12 堂個案故事與商業模式分析課

第13課

區域經營篇（一）

掙脫低價漩渦，重建馬祖新的觀光產業鏈

對中華民國來說，連江縣的馬祖列島（南竿、北竿、東引與莒光四鄉五島，莒光分為東莒與西莒兩島），是最北端的疆界，也是距離最遙遠的島嶼，生活文化最不相同的地方。

包括金門、澎湖與台灣本島，都以閩南、客家文化為主，馬祖則是閩東福州語系，從風景、人文歷史、生活到飲食風格，都跟閩南文化大異其趣。另外，馬祖原本是戒備森嚴的軍事戰地，十多年來軍隊人數大幅裁撤之後，不少軍事哨所也陸續釋出。這些原本用來監視敵情、視野開闊的據點，反而成為風景最壯麗獨特的觀察點。

十多年來，政府也在馬祖的北竿、東莒修復許多具有閩東特色的石頭屋。這個計畫讓不少移民到台灣、造成人去樓空的傾頹老建築，重新活化變成民宿與餐飲空間，更突顯馬祖的獨特風格。

在這麼多豐富元素交織下，馬祖應該是最容易發展、值得花時間深度體驗的島嶼。

低價造成惡性循環，馬祖喪失多元特色

事實正好相反。

馬祖列島的天候與環境，限制馬祖觀光產業的發展。由於南竿與北竿機場腹地不大，只能搭乘七十二人座的小型飛機，更需要靠目測降落；加上馬祖春季容易遇到霧霾遮蔽的問題，當雲層過低，就無法起飛與降落。通常在端午節後到十二月之間，馬祖航班比較不受天氣影響。

在機位有限與氣候限制等種種不確定性因素下，都讓馬祖的遊客量有限，難以靠人潮規模來發展觀光產業。

雖然無法以量取勝，但馬祖可以發展以價制量、精緻化的深度體驗行程。不過現有的觀光旅遊產業，長期都是低價導向，導致無法提升品質與內容，反而陷入惡性循環的狀態。

以二〇二〇年春季、藍眼淚旺季的台灣旅行社報價為例。三天兩夜的團體行程（含機票來回約四千元）大約是九千九百元，跟台灣其他觀光景點團費相比，價格實屬偏低。

有一次我住在南竿民宿，老闆告訴我航空公司因為淡季、搭機人數少，推出三天兩夜三千九百八十元機票加住宿的優惠價格，並要求旅行社配合，藉此刺激買氣。這等於只要付機票錢，就贈送兩晚住宿，賠錢生意怎麼會有人做？我追問之下，才知道因為航空公司是獨家經營，馬祖在地旅行社也得承接這種活動，還要求民宿打對折配合。「價格已經很平價，打了對

折，連工錢都沒了。」民宿業者無奈的表示。

長期處在低價狀態的馬祖旅遊產業，主要來自三個問題：

問題一，馬祖在地旅行社長期承包台灣旅行社業務，沒有自己的品牌價值，由於利潤微薄，只能靠規模量產取勝。

馬祖觀光產業有四、五家在地旅行社，然而只有名稱，卻沒有品牌。旅行業務主要由台北的各家旅行社接單，再轉單給馬祖在地旅行社，因為價格不高，馬祖旅行社發展類似製造業的代工模式，必須透過垂直整合，包括建立遊覽車、導遊、住宿與餐廳的一條龍式觀光產業鏈，才能提高效率與獲利。

如同商業模式金三角說明，顧客定位與獨特優勢決定定價，馬祖旅行社的低價定位，就帶來代工的商業模式。由於行程內容都以走馬看花的觀看風景、導覽解說為主，各家旅行社內容也沒有區隔，彼此都做相同的事情，也用同樣的方法執行，最後只會淪為價格戰。

由於沒有競爭優勢，只好以垂直整合的方式，在每個環節賺取微利，像擰毛巾一樣，拚命用力擰出水分，才能獲得利潤。

代工的低價問題也連結到第二個問題。由於價格低，顧客年齡層偏高，要求不多，導致旅行社無法加強內容。台灣的旅行社也很少到現場了解馬祖的特色，與地方旅行社一起改善行程內容。在這些不利元素累積之下，造成馬祖幾乎沒有發展高附加價值的深度體驗產業，藉此拉高價格，吸引更多優質客人，更難投資未來。

我在馬祖各地、甚至在機場可以發現，旅客以中高齡為主，不少導遊使用閩南語解說。詢問在地導遊才知道原來是因客人年齡層偏高，所以都以閩南語為主，造成不少會講閩南語的台灣導遊進駐馬祖，相對就排擠掉一些在地導遊的工作機會。

為什麼外地導遊可以取代在地導遊？這跟現有的行程內容有很大關聯。幾乎都以導覽解說與觀看風景為主，只能滿足旅人功能性的需求，無法創造社會面與情感面連結，既然內容都大同小異，無法發揮在地優勢，自然容易被取代。

也因為如此，在行程與景點固定的情況下，馬祖在地導遊都競相以個人口語表達特質取勝，彼此都是競爭者，幾乎不太交流，很難透過刺激學習成長，只有司機最了解導遊之間的特色，但都只是表達方式的差異，對於內容並未有深一層的詮釋。

顧客定位的問題，也連帶產生第三個問題，就是與在地社區連結不高。由於馬祖觀光產業鏈綁得很牢，自然壓縮社區參與、傳達風土人文特色的空間，旅人也就無法了解社區內涵。即使近年新增許多民宿，藉此吸引自由行客人，但跟社區連結性也不多，導致客人只能騎機車四處穿梭，無法深度了解地方特色。

藍眼淚是助力還是阻力？

此外，看似冷門的馬祖，也發生兩個奇特的矛盾狀況。

第一個是意外爆紅的藍眼淚。藍眼淚的特殊景觀讓馬祖成為知名景點，但是藍眼淚發生在春夏交際、航班不穩定的時刻。雖然吸引大量人潮，導遊與民宿主人卻得在晚上帶旅客四處尋找藍眼淚蹤跡，辛苦加班，也沒有額外酬勞，忙了一夜，隔天還要送客人去機場返台，又得馬上接新的客人，幾乎沒時間休息。「有時寧願不要有藍眼淚，因為延長工作時間，生活更沒品質。」民宿業者自嘲，「旅客可能只在乎藍眼淚，不在乎馬祖。」

藍眼淚季節一過，原本的暑假旺季，反而淪為淡季。業者告訴我，因為沒有藍眼淚，馬祖對旅人而言就沒有吸引力了，因為客人不是出國、就是去澎湖與花東旅遊，從七月到十二月，馬祖幾乎就進入觀光淡季。

直到受二〇二〇年的疫情影響，國人的暑假不能出國，馬祖反而意外成為出國旅遊的替代品，但長期來說，馬祖的旅遊問題一直存在。

另一個矛盾現象在於，馬祖仍有不少的高價旅遊團。雖然地方旅行社的行程幾乎一成不變，台灣旅行社報價也都在九千九百元左右，但是卻有一個旅行團，四天三夜的行程（實際上是三個整天），每人旅費從三萬元起跳（四人以內、每人約四萬元），而且是搭從基隆出航的船班來馬祖（交通費相對便宜，但船程要七個小時）。這趟強調優質服務的行程，都由退休的空姐、空少當隨行祕書，船上還有阿美族樂團載歌載舞，住宿標榜提供高檔盥洗包。內容看似華麗，但仔細研究行程，幾乎跟馬祖一般行程差不多，並沒有增加太多深度內容。

另一家號稱社會企業、講究文化深度的旅行社，價格雖較低，但也要一萬六千元左右，卻外包給馬祖在地旅行社，行程大同小異。

這幾家有品牌的旅行社，藉高額旅費包裝傳統行程，雖然對外宣傳重視在地關懷，卻換湯不換藥，馬祖依然缺乏深度體驗的內容。

低價問題帶來的連鎖效應，正掐著馬祖的觀光旅遊產業，無法呈現豐富的文化特色，更難創造風土經濟。

馬祖青年串聯，突圍找出路

儘管遇到重重問題，許多返鄉的馬祖青年仍想突破困境。許多留在馬祖工作的青年，幾乎都兼職多樣工作，在各領域拚搏，希望為自己與家鄉找尋出路。

一位知名攝影達人周治孝（綽號周小馬），在北竿機場當消防員，有空就走訪北竿各地、挖掘故事、拍攝各地美景，行銷馬祖風光，平時也兼差當導遊，希望讓旅客更認識馬祖。年輕的邱思奇在南竿介壽市場樓上賣手沖咖啡，自己選豆烘豆、賣咖啡豆，同樣兼差當導遊，除了增加收入之外，也希望帶客人走訪一些私人景點。

更可貴的是，有好幾位青年長期在各社區蹲點，想要梳理馬祖失落已久、長期忽略的風土文化，希望從傳統中創造新價值。

個子嬌小的曹雅評就是典型代表。念社工的雅評，除了承接政府計畫去訪談戰地故事，以及整理社區文化，更集結在地青年，成立「馬祖青年協會」，透過各種活動與課程，建立青年與長輩的交流對話，包括跟長輩學習福州話、學習各種傳統生活技能等。

馬祖青年協會有四十多位會員，他們各自投入在社區、餐飲、民宿、導覽解說、產品開發與旅行社，透過協會的運作，彼此能交流串聯，以及跟長輩深入互動，不只深入挖掘各地的文化歷史與風土故事，更建立深厚的人脈網絡。

不過，他們仍遇到資源整合的問題。雖然有協會帶動內部交流，對馬祖未來發展有更多抱負與期許，卻不知該如何整合他們的專業與才能，創造更大效益，才能為馬祖觀光產業建立長久運行的商業模式。

當時的國發會主委、努力推動地方創生的陳美伶，非常肯定馬祖青年協會的努力。因為很難得有一個地方能集結這麼多的青年，願意留在家鄉發展。她更關心馬祖目前面臨的困境，想協助他們找到地方創生的方向。

於是，陳美伶邀請AAMA台北搖籃計畫（協助年輕創業家的學習平台）創辦人、被稱為「顏校長」的顏漏有一起去馬祖考察，希望透過企業的力量，找出創新的著力點。

跟馬祖青年交流過程中，顏漏有被他們的努力感動。顏漏有與我是認識快二十年的老朋友，他與我分享對馬祖的觀察，以及馬祖青年協會的需求，希望我對國發會提出一個協助馬祖青年打好「風土經濟學」基礎的計畫，他也會以企業家角度協助馬祖青年，一起找出商業模式的可能性。

風土創新五力，建立馬祖風土經濟學

我很快就擬出初步計畫。提出五個月的培訓計畫，透過風土設計三階段，包括「旅人的思維」、「編劇的洞察」與「導演的實踐」，逐步建立馬祖風土經濟學的基礎。

這個計畫是我每個月去馬祖兩次，每次都有一個課程主題，包括課程培訓與實地田野調查。藉此引導馬祖青年、業者與地方公務人員透過企劃力、故事力與體驗設計工作坊的實作練習，建立跨部門、跨領域的共識。另外，也與核心團隊去各個社區現場訪談與討論，盤點風土資源，將馬祖風土資源轉換成深度體驗的內容。

最後一堂課就是實戰課程。透過顏漏有與我募集企業家、各領域專業人士籌組自費的馬祖旅行團，實地體驗這個創新計畫的成果，讓馬祖青年實際練習如何整合資源、訂價、串聯行程與說故事。旅行團結束後，我再與團隊進行討論，提出修改方向，藉此逐步建立馬祖深度體驗的產業鏈，創造新的商業模式。這些培訓與實戰的內容，都是希望強化馬祖青年的風土創新能力，建立自主經營的流程能力，才能將各種風土文化資源，轉換成在地人的獨特優勢，突破過往的代工困境。

歸納整理之後，大家的目標在於改變現狀，走向多元化。包括產業多元化、發展社區特色來帶動深度體驗內容，開發多樣化的旅遊路線，藉此才能提高回客率，平衡淡旺季差距。

我更關心在這個目標下，大家所遇到的問題與挑戰，才知道要如何突破。透過分組討論、整理與確認之後，問題有三個：主要是缺乏對內溝通、挖掘風土內涵的軟實力；其次是無法有效整合地方風土資源，創造新的內容與行程；最後是不了解目標客群與顧客需求，以致無法對外行銷馬祖的整體形象。

關鍵在於風土創新SMART能力不足。我發現不少馬祖青年與業者都有基礎的風土創新力，只是缺乏方法來強化，進行調整與串聯。這個將近半年的執行過程，以下就以風土創新SMART五力架構來解析與說明。

—故事力—

Where 馬祖產業、居民生計大多以漁獲為主。因此，每座島嶼的各個村落，幾乎都有灣澳，供漁船進出，要盤點整理這些村落的地理與建築空間特色，以及地質條件。

When 每個社區開發的時間、歷史、廟宇都不盡相同，需要整理與找出定位，以及不同節氣時節的慶典。

What 社區的物產、生活、生產與生態特色，以及文化慶典特色。

Who 社區重要的料理、工藝、農事與捕魚達人，以及很會說故事、甚至帶動社區運作的重要人物。

Why 了解這些達人的動機、態度、能力與方法。

How 馬祖各社區有不少達人會釀老酒、打魚丸、製作各種加工醃製食物。需要找出各個節氣時節他們的生活、生產與生態特色，例如春天時，很多媽媽都會去採野生的麥蔥，製作成麥蔥餅、包水餃、湯麵，需要說明製作特色與採集地點。

我們以鐵板社區為例。這個社區原本有軍事據點進駐，為了增加隱蔽性，管制了往昔居民曬漁網、曬番薯與交通要道的官帽山。自軍事據點撤出後，社區居民開始整理活化這座小山，沒想到這座山有非常好的視野景觀，也有各種不同造型的嶙峋巨石。馬祖青年也發現官帽山的特色，同時看到類似獅子、猴子、河馬造型的巨石，就稱為石頭動物園，他們成立一個「閒海風號」小組，負責導覽、行銷鐵板聚落與官帽山。

另外，鐵板社區有許多熱心公益的居民，開始整理社區環境，運用各種造型容器、甚至浴缸，藉此來擺設植栽與花卉，將社區打理得像一座花園祕境。社區媽媽也會各種馬祖傳統料理，曾經開設社區廚房，除了讓長輩共餐之外，也希望能對外經營。

馬祖青年希望將鐵板社區與官帽山行程整合在一起，藉此活化社區。因此要找出有故事的社區達人，呈現他們的技藝，並結合官帽山的行程，讓地景、人物、手藝都有故事。

有了故事內容，還有不同的情境（包括社區花園、聚落空間、官帽山），再來則是設計讓人難忘感動的情節，才能運用故事力帶動旅人的情感。

｜市場感受力｜

Who 除了既有的旅行社與團客之外，馬祖還想跟什麼樣的顧客溝通？例如喜歡不趕行程、由親友組成的小團體，能深入認識馬祖風土文化的人。

What 顧客希望透過細心安排的行程，實際參與地方生活，聽當地人說故事，還有可以採買的紀念品、物產。

Why 顧客希望得到不一樣的感動與回憶。

How 顧客能享受具有傳統特色的餐點，甚至是私房料理，不論是用餐、住宿與體驗上，都能感受馬祖特色，還能聽到不同的故事，看到獨特的風景，而且悠緩舒適。

When 從造訪的時節、每日安排的內容流程，都能感受馬祖的特色。

Where 住宿、餐飲、走訪等行程安排，都能呈現馬祖的風土人文。

馬祖長期的低價狀況，以及固定不變的行程內容，在於缺乏對顧客定位的想像，以致於都是用被動的代工方式與心態來對待旅人。需要反過來思考，旅人來馬祖想完成什麼任務？是走馬看花、撿便宜的功能型？還是可以深入交流的社會型，甚至是創造情感連結的情感型任務？

因此，我們在工作坊就開始討論，除了台北的旅行社是馬祖在地旅行社的顧客外，馬祖還希望和什麼樣的消費者溝通？他們的需求是什麼？喜歡什麼樣的行程內容，是以看風景為主，還是希望走入社區，或是認識更有風土特色的店家？要提供什麼樣的產品、服務與體驗給他們？要先從大方向掌握整體定位，再一步步進行細節的思考。事先要能感受與想像顧客的樣貌、需求與期待，再透過實際與顧客現場的交流互動，去確認自己的市場感受力，並適時調整。

這個市場感受力除了在課程練習之外，還要透過親自接待旅客，從交流感受中去理解顧客的期待與喜好，才能逐步強化市場感受力。

美學力

Who 規劃者如何呈現馬祖整體、各島、各村落社區、或是自己經營空間的美學風格的主張。

What 美學需要透過體驗才有感受與想像，要呈現什麼獨特體驗，才能創造顧客對馬祖的感動。

Why 掌握顧客定位，再去感受顧客的期待。

How 在行程安排、餐飲、手作體驗、住宿上，如何設計情境氛圍？挑出重要的體驗情節，引發五感的感受，進而帶動顧客的情感。

When 注意不同季節、不同時間點的體驗狀況，以及如何讓體驗流程精彩而不冗長。

Where 注意空間與氛圍感受。

美學是一種對於地方文化特色充滿自信的主張，更是重視細節感受的態度。自己重視的、欣賞與喜愛的，才能呈現給外地旅人，而非是自我扭曲、刻意取悅，甚至抄襲模仿。

我發現，馬祖青年都有自己對地方文化的詮釋。但是單一呈現的力量會太薄弱，該如何讓他們彼此合作，發揮串聯整合力量，才能共創不凡的馬祖美學風格？

比方南竿有嘉義移民來的茶農種植紅茶，這是中華民國唯一具有高緯度、低海拔特色的島嶼紅茶（因為緯度高，冬天極冷，又有海風，很類似台灣高山茶的風土條件），經營「雲津茶坊」的茶農第二代邱雅伶，除了經營民宿，也協助父母推廣馬祖紅茶，以及用在地枸杞葉製成的枸杞茶。

另外，擅長茶飲調酒、開「懿家小酒館」的姚懿，將馬祖特有的野草金銀花（又名忍冬）萃取之後，製成具有獨特風味的馬祖忍冬啤酒；製作高粱巧克力與老酒巧克力的「沐光商行」傅承緯；在市場賣手沖咖啡的邱思奇；以及開「日光春和」民宿、也製作馬祖傳統糯米紅豆甜點的劉浩晨，他們都是具有地方美學風格的年輕達人。

該如何整合他們的故事與產品，呈現在地青年的創意與美學？我想到，如果讓他們組成下午茶團隊，建立馬祖風格好物平台，透過旅行體驗，讓顧客直接感受與交流，就更能推廣個人故事與品牌。

我們開始討論，要在什麼地方來展現這個好物平台？走訪各地之後，決定就設在鐵板社區。旅人用完鐵板媽媽的午餐，再散步去官帽山，了解風土地貌與石頭動物園，走回社區後，此時想必旅人又渴又餓，就在一個有樹木遮蔽、以前是曬蝦皮的空地上，呈現午茶團隊的飲料與點心，還能讓客人當伴手禮採購。

─再生力─

Who 馬祖青年、長輩與地方達人。

What 透過老空間再生，生活經驗分享，創造文化價值，才能轉換成風土經濟價值。

Why 讓長輩有自信說母語、分享故事與經驗，也讓青年更勇於承擔責任。

How 如何規劃與進行。

When 每月、每週課程。

Where 老空間的活化場域，串聯老記憶與新生命。

馬祖青年協會有一個據點，位在南竿鄉珠螺村半山腰的一棟老房子，這是荒廢已久的珠螺國小。馬青修復之後，保留過去戰地時期的外牆標語，內部則改造成辦公室與教室，樓下還有一個防空洞，可以當成不同的體驗空間。

修復珠螺國小的意義，不只是有形空間，更重要的是無形的文化傳承。馬青成立「盼嗡俱樂部」（馬祖方言「攀講」的諧音，意思是聊天），固定邀請具有不同技藝的達人或是長輩，用福州話母語交流，讓青年、學生與長輩透過輕鬆分享與體驗的方式，傳承文化、生活風格與特色技藝。例如學習植物、魚的福州話名稱，透過做菜、吃菜來學習馬祖婦女的月子餐文化，還包括剪紙、製作風燈、捕魚技巧、料理課程，與長輩共餐交流。長輩甚至還帶著青年一起玩小時候的撿螺、沙包、竹槍、滾鐵圈等童玩。

每一堂課都有一個主題。藉由長輩用母語分享故事、技藝，或是訪談記錄，拉近彼此距離，也建立深厚人脈，產生許多具有馬祖特色的故事內容，每個長輩或達人都可以成為深度體驗的帶路人。

再生力不只是活化老空間，更活化老文化，甚至帶來創新能力。由於當時的理事長曹雅評帶領的馬青協會，具有很深厚的田野調查能力，能夠先累積豐富的文化內涵與社區人脈，再運用青年的創造能力，才能進一步活化馬祖的風土人文資源。

馬青團隊的田野調查與創造力，其實是馬祖非常大的資產，也是重要的軟實力。

正因為如此，「盼嗡俱樂部」的許多活動內容，成為我們設計馬祖深度體驗行程的重要參考。例如珠螺國小附近有個潮間帶，他們曾舉辦螺貝達人帶著青年、親子一起去潮間帶採螺貝，再回到珠螺國小烹煮料理，並討論馬祖戰地時期採螺貝的風險，以及生態保育的議題。

這個潮間帶的體驗，成為我們規劃體驗行程的內容之一。包括介紹珠螺國小的故事、珠螺村走訪、潮間帶體驗以及風味料理，設計成珠螺村的一日遊程。潮間帶的體驗，還引起幾家台灣旅行社的興趣，希望能與馬青協會合作。

一風土設計力一

Who 顧客定位，希望認識東莒文化。找出負責帶路、料理的社區達人。

What 認識東莒的食物採集、農事與建築特色。

Why 團隊能呈現東莒的文化，以及達人們的生活態度與自信。另外滿足顧客的期待。

How 潮間帶挖螺貝的解說與體驗，走訪村落與風景，以及三餐的風土餐桌。

When 根據四季變化、節氣與文化慶典，來調整體驗內容。

Where 介紹東莒整體風土特色，各村落的特色差異。

有了豐富的風土人文內容與社區人脈，就能思考如何運用風土設計力，創造獨特的體驗內容。比方東莒島居民不到五百人，其中的大浦村落已經人去樓空，留下許多傳統的石頭屋，政府耗資經費維修，希望保留這個村落的建築文化，但始終沒人返鄉定居。

為了讓聚落有人氣，政府推動青年藝術家駐村計畫。這幾年陸續有許多藝術家、青年參與這個活動，也有不少人愛上東莒島，長期定居在大浦村。

有三位青年已經將戶籍遷到大浦村，希望長期協助保留東莒文化。包括作家陳泳瀚、曾是社工的小葵與從事文化創意的強妮，他們為了維持生計，必須努力承接各種案子，舉辦各種活動，找更多青年參與聚落文化慶典，也做各種文化保存調查。後來在地青年曹芷屏大學畢業後，也加入他們的組織，一起從事社區工作。

由於他們的熱情與努力，慢慢有不少村民移居回到大浦，其他村落的長輩也經常送菜來關心，生怕這群青年吃不了苦，離開東莒島。然而青年們卻樂在其中。我去東莒拜訪他們時，聆聽他們訴說的各種達人故事，讓我感到非常敬佩與感動；我也喜歡東莒粗獷孤絕、遺世獨立的地景，值得旅人前往深訪。

我希望能協助他們帶動東莒風土經濟學。因此，我請團隊規劃東莒發展成兩天的體驗內容，而不再只是一般二、三個小時的走訪風景行程。他們運用風土設計力，將下午潮間帶挖掘螺貝類體驗、傍晚的風土餐桌料理、住宿、隔天早餐與午餐，以及走訪私房景點行程串在一起，呈現不一樣的東莒深度體驗行程。

挖掘螺貝類的達人，先將潮間帶各種不同螺貝類一一排列，講解生態特色、烹調方式與口感。接著展示不同挖掘工具，並示範挖掘技巧，再帶旅人走到退潮後的潮間帶，翻開石頭與泥土，一邊觀察、一邊挖掘，實地感受東莒人的生活方式。

晚餐則是在廟宇旁的空地，以辦桌方式呈現東莒風土料理。在地長輩貴哥負責出海捕捉野生淡菜，還有挖掘潮間帶的小章魚、佛手，另外是曹爸種的南瓜、火龍果與小黃瓜。貴哥再負責料理，呈現大海與風土的原味。

晚上則是住在靠海的民宿。因為在地居民不擅長經營民宿，旅客較少，大浦團隊就負責整理民宿環境，調整室內陳設，甚至上網購買一些家具，讓住宿空間呈現簡單乾淨的風格。

隔天早上，由曹爸帶旅人料理早餐，這是糯米小白丸配蛋包湯的傳統早餐。曹爸帶旅人練習東莒人搓揉糯米時吟誦的古調，體驗在地生活的情趣。午餐則是由社區媽媽負責。大浦團隊請當地料理達人阿華姐開菜單，再分配給幾位社區媽媽，最後由團隊負責上菜與說菜，讓旅人能認識社區特色與食材故事。

透過各種體驗、飲食與走訪，不僅讓旅人認識東莒各個村落，也深入大浦村，了解團隊長期的努力與用心。

從風土創新SMART五力的扎根與提升，加上透過旅行團的實際操練，讓馬祖青年們與重視深度體驗的顧客交流，使他們更有現實感，不僅了解不同顧客定位的需求與感受，更清楚未來提升的方向。

馬祖的風土經濟學商業模式

計畫結束後，我也與馬祖青年協會討論商業模式的運作方向。希望未來能以公司或工作室的運作方式，成為一個挖掘、整合地方風土文化，串聯青年們的專業，轉化成為深度體驗內容的企劃行銷公司，能夠直接面對消費者，以及與優質旅行社合作，帶動馬祖創造新的觀光產業鏈。

以下的商業模式金三角，是我嘗試站在馬祖企劃行銷公司的角度，構思未來的方向，這個商業模式包含社會、商業與創造力（SBC）三者，提供馬祖、台灣各個地方組織參考。

價值主張

我們認為，馬祖具有獨特的閩東文化與軍事特色，從島嶼風景、建築、飲食、歷史文化到生活風格，都有不同於台灣本島的特色，是值得發展成為深度體驗的群島。**（Where & When）**

但是，馬祖目前的旅遊行程過於單一，以欣賞風景、走馬看花的團體旅遊為主，缺乏為小團體需求量身訂做、多元彈性的體驗行程，去深入感受馬祖閩東文化的內涵。

因此，我們有一群最熟悉馬祖在地生活與文化的青年，能提供豐富多樣化的旅遊體驗，讓旅人可以從餐飲、住宿、社區與私房景點，用全新的視野來認識馬祖。**（What）**

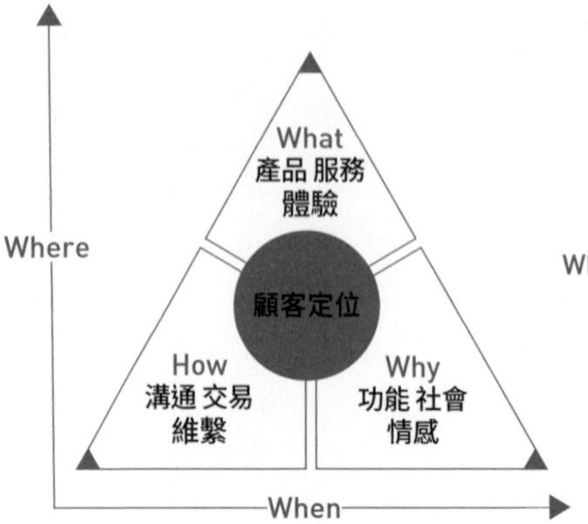

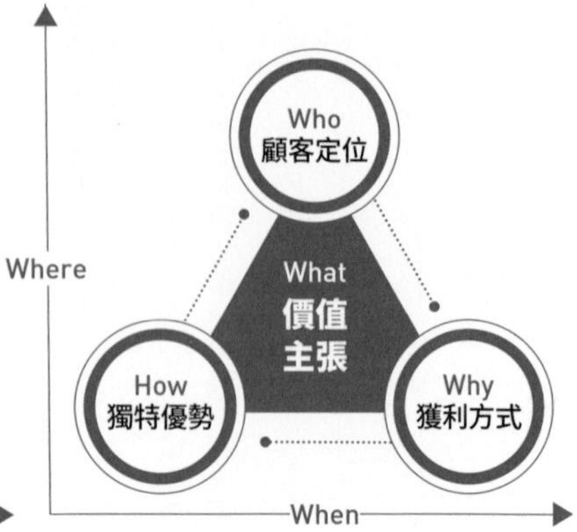

希望能協助重視旅遊品質與深度體驗的旅客（Who），認識馬祖的豐富美好。

他們想要和家人、朋友一起，能悠緩探索、品嚐在地風土餐桌，體驗不一樣的社區與產業特色，欣賞在地的私房景點，購買手作物產，了解馬祖獨特的生活特色，獲得美好的感動與回憶。（Why）

我們的作法是從旅客的需求出發，收取行程設計規劃費，設計一天到四天的行程，在有歷史文化的社區，或是獨特地景周圍，規劃餐飲、休閒、住宿與地方生活體驗，以達人帶路的方式，感受馬祖風土人文的特色。並希望透過優質消費的力量，串聯與活絡更多在地產業，帶動馬祖觀光產業的價值。（How）

顧客定位

脈絡情境（When & Where）：針對重視旅遊品質與深度體驗的旅客，得以選擇在特別的假期、紀念日、畢業旅行或是員工旅遊活動，到一個可以創造彼此回憶，又能深入認識當地特色的地方。

功能、社會與情感（Why）：在特別的時刻和親友、同事組成十人左右的小旅行團，他們想完成的任務是社會型與情感型，而非打發時間、走馬看花的功能型需求，根據他們的組成特色與需求來量身訂做行程。

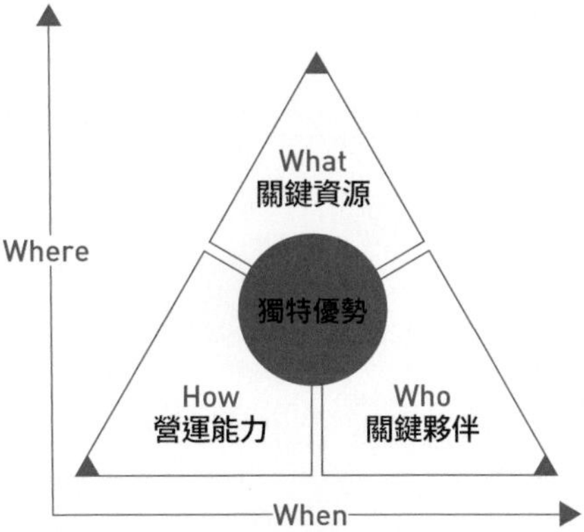

產品、服務與體驗（What）：根據需求，協助設計一天到三天（或以上）的行程，在有歷史文化的社區，或是獨特地景的環境下，規劃餐飲、住宿、生活體驗、導覽解說與物產伴手禮，讓他們獲得難忘、美好的體驗。

溝通、交易與維繫（How）：經營網站與社群，提供故事與體驗內容，讓顧客（消費者或是旅行社）得以透過社群網站或部落格溝通了解需求，提出旅程設計方案，達到共識之後，完成付費交易。

獨特優勢

脈絡情境（When & Where）：馬祖四鄉五島都有不同的風土人文，甚至每個村落社區都有自己的澳口，進行漁撈或食材採集，形成各自的生活風格。

關鍵夥伴（Who）：1.馬祖內部：具有特色的民宿、社區廚房、帶路人、地方旅行社。2.外部：台灣優質旅行社、可以進行員工旅遊長期合作的企業。

關鍵資源（What）：1.硬體：石頭屋、改建的軍事哨所與私房景點。2.各島、社區的獨特文化與生活風格。3.各島嶼、社區與產業達人，例如市場、漁撈、挖螺貝、釀酒、做魚麵、打魚丸、剪花、料理、農藝。

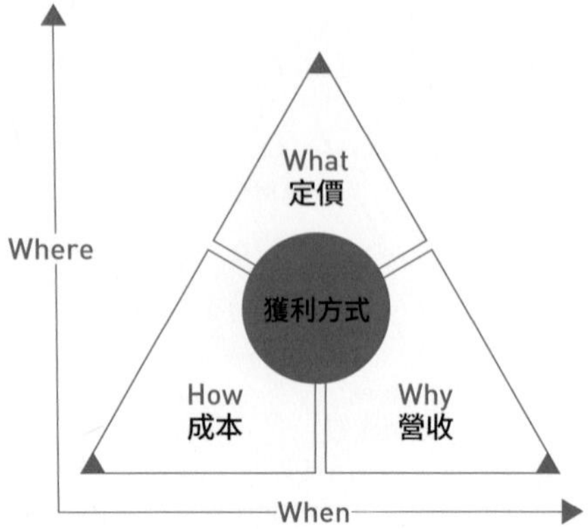

營運能力（How）：風土創新SMART五力，以及溝通協調的整合力，能夠對企業員工旅遊、旅行社溝通，設計規劃符合需求的內容。

獲利方式

脈絡情境（When & Where）：以串聯與整合地方資源的方式，而非自己經營餐飲、民宿等事業，才能避免與同業競爭、互相建立信任感，並能要求合作夥伴提升品質，這樣才能獲得外部顧客的信任。

定價（What）：為顧客量身訂做深度行程，除基本的食、宿、交通費用外，還必須根據人數、天數與需求狀況，收取規劃設計與服務費。

營收（Why）：顧客付費的原因在於為個別需求量身訂做，可適時調整行程，不會跟一般團客擠在同一景點、餐廳與住宿點，讓馬祖之旅成為悠緩與安心的旅程，並能深度認識地方特色。

成本（How）：所需的營運成本，包括溝通協調的交通費、人事費與行政開銷費用。

第14課

區域經營篇（二）

戰地金門，國際觀光的金字招牌

金門是台灣文化觀光的「金」字招牌，最具有國際觀光吸引力的城市。

金門面積雖然只有台北市的一半，卻是全國古蹟密度最高的縣市。在歷史定位上，金門一直有種矛盾複雜的色彩，不但是大陸的邊陲小島，具有與世隔絕的性格，又是向世界開放的大門，具有多元交融的特色。

金門一直是南來北往的人流與物流樞紐。千年前西晉八王之亂，就有中原世族為躲避戰亂、遷居此地。唐朝設牧場，宋朝大儒朱熹渡海來金門講學、設立書院，元朝在此伐木製鹽，接著鄭成功以金門為「反清復明」的前哨，從事海上貿易，最後帶著軍民移居台灣本島。

這個樞紐特色，開啟金門承載的歷史長河。從北宋到清末，就產生四十四個進士，全縣一百六十三個村莊都是單姓村，擁有燕尾翹脊、馬背圓脊的宗祠、古厝，村落前有池塘後靠山，四周有守護神風獅爺，形成獨特的聚落風格。宗族意識讓子弟即使離鄉背井，逢年過節也會返鄉祭祖，也讓各個村落維持傳統生活的樣貌。

我曾在山后村王氏古厝的宗祠（民俗文化村），抬頭看到宋朝進士王濟、明朝永樂時期翰林王振與萬曆年間巡撫王應麟三個族人題字的匾額，光影在祠堂緩緩移動，對於那種歷史傳承感充滿了震撼。

閩南、僑鄉與戰地文化混合體

鄭成功第十五代子孫、落籍金門、曾在金門大學教閩南文化的詩人鄭愁予認為，台灣跟大陸沒有保存這麼完整的聚落，金門已經是閩南文化新故鄉、甚至是最後的基因庫。

對外，金門也成為通往世界的大門。近兩百年前，中英簽訂《南京條約》，開放包括廈門在內的五口通商，金門因為地利之便，大量移民到南洋從事貿易。目前在南洋的三代金門人就超過七十萬人，在印尼、馬來西亞、新加坡與汶萊，只要是掛「金」字招牌的商店跟輪船，幾乎都是金門後裔。

南洋經商成功者為了榮耀故里，回金門蓋起「洋樓」，無形中塑造閩南與南洋混合的僑鄉文化。僑民將設計圖與照片帶回金門，並加入自己的想法，讓金門本地匠師負責興建，除了外觀，建築裝飾更是海外才見得的物品，例如天使、印度警察、獅子與大象。洋樓外型用石頭打造，窗框、拱廊、顏色與雕花充滿南洋殖民地風，但是內部空間與風水觀還是依照傳統閩南建築施作。

此外，金門不只是文化交融點，也是交戰點。一三八七年，明太祖為防範海盜進犯福建沿海，修築金門城，以「固若金湯，雄鎮海門」取名金門。從此，海跟金門的關係錯綜複雜，海為金門開啟連結世界的門，也成為閉鎖金門的牢。

一六六一年，鄭成功在此祭海誓師，率領四百艘戰船經澎湖、鹿耳門登陸台灣，驅逐荷蘭人。一六六三年，清朝跟荷蘭趁著鄭成功剛過世，組成聯軍襲擊金門，鄭成功長子鄭經決定撤離金門。金門被清朝接收之後，遷民毀城，並嚴禁福建沿海居民出海，金門從此成了海之牢。

一九四八年的八二三炮戰，更讓金門成為海上碉堡、世界的焦點。金門承受將近一百萬發炮彈的淩虐，蓋了三千多座防空洞，海邊插滿反空降與反登陸的軌條砦，草木皆兵。

戰爭為金門帶來壓抑與破壞，戰地文化也成為舉世難得的獨特文化。一九五九年詩人洛夫在武揚坑道的炮彈聲中，寫下〈石室之死亡〉這首詩，如今石室不死，只是凋零，卻重現當年戰爭的震撼，以及求生存的意志。

比方長三百五十七公尺的翟山坑道，是花崗岩鑿空的戰備水道，乍看之下，視覺上的錯覺會看不出水面，有如懸崖峭壁，猙獰的月球表面，這都是用鐵與血的意志力一斧一鑿的成果，讓人感受無形的肅殺之氣。

當我走到湛藍的料羅灣，也會想起一九六三年詩人楊牧在金門當兵時（當時筆名葉珊），在〈料羅灣的漁舟〉這篇散文描寫的景象，「如貓咪的眼，如銅鏡，如神話，如時間的奧祕。」現在一如往昔，依然歷歷在目。

一九九二年金門戰地政務解除，隔年開放觀光，金門縣政府將許多荒廢的戰地資源，開發成新景區，希望吸引軍事迷，以及重溫當兵舊夢的退伍軍人。

另外，生態旅遊也是金門另一個亮點。金門是候鳥遷徙必經之地，春天的小麥、秋天的高粱與潮間帶的海產，提供鳥類充足的食物，吸引各種鳥類來此停留，包括難得一見的環頸雉、戴勝、栗喉蜂虎等；過去是戰場的古寧頭海域，現在是古生物鱟的保護區，金門島上也棲息著台灣僅有的歐亞水獺。

在閩南、僑鄉、戰地與生態文化的多元交融下，塑造金門獨特的時間、空間與人間特色，正是創造風土經濟學、甚至地方創生的典範。

經濟發展的單引擎隱憂

然而現在的金門卻面臨重大的挑戰。首先是金門過度偏重單一的經濟發展引擎，容易造成整體失衡。

在一九四九年之前，金門主要以南洋貿易為主，戰地政務時代則以戰地經濟為主，等到軍隊大量裁撤之後，接棒的是金酒公司的金門高粱酒。配合開放觀光與對岸小三通的交流熱潮，金酒公司年營收超過一百億元，也帶動周邊產業鏈，包括種植高粱的農業、生產酒瓶的陶瓷業製造業，一直到周邊的物流與零售業。金酒公司每年還要上繳五十億元給縣府，應用在縣民的交通、餐費、醫療等補助，甚至連中秋烤肉都有補助，讓金門成為全國知名的福利縣。

然而，金酒發展也遇到瓶頸。金酒這幾年的營收，從二〇一三年的一百五十億元高峰之後，開始持續下滑，目前大約一百二十億元左右（資料來源：根據金酒公司對金門縣議會二〇一九年施政願景簡報）。對高度依賴金酒的金門財政來說，無疑是個警訊。金酒董事長李增財解釋，主因是金門高粱主力消費族群正逐漸老化，再加上大部分年輕人不愛喝高粱酒。

二〇二〇年的疫情，更加衝擊金酒市場。包括小三通停航、觀光人潮大減，中國市場與各機場免稅店的營收都受到衝擊，預估整年營收還會下跌二到三成。「拿掉了金酒，金門經濟大概就沒剩什麼了。」金酒董事長李增財曾對媒體提出這個問題。

金門另一個經濟引擎——觀光，雖然看似熱絡，卻有隱憂。根據金門縣政府觀光處統計，近八年來金門旅客人次，從二〇一一年的一百一十六萬人次到二〇一八年的一百九十九萬人次，成長率達百分之七十二。其中，每人平均消費金額，從一萬元增加到一萬一千元左右。但仔細計算消費內容，機票與特產就占了百分之六十二，剩下是住宿、交通與餐飲。

從消費支出內容可以發現，扣掉機票、特產、住宿與交通，餐飲只占一成，在當地的周邊消費其實很有限。

一位旅行業者指出問題核心，在於金門旅行團走的是「泰國模式」。這是過去台灣去泰國旅遊的低價旅行團獲利模式，低團費（含機票不到四千元），以購物行程為主，風景觀光為輔，因為羊毛出在羊身上，低團費的成本就由購物中心吸收，購物中心為了要賺回利潤，三天的行程，導遊（導遊費三天只有一千元，需要靠銷售獎金）要帶客人輪流去七個購物點，剩下時間才是去看風景、跑行程。「導遊的表現不是看解說功力，而是可以賣多少東西。」這位旅行社業者說。

就連金門縣文化局長許正芳也遇到類似的經驗。他的朋友來金門旅遊，告訴他金門很無聊，許正芳非常訝異，晚上開車帶他去各地遊覽、吃在地美食，朋友很意外地說：「如果不是你帶路，我就不會知道原來金門這麼有趣。」

「歐洲諾曼第登陸只有一天，那個觀光景點卻可以賣五十年。」許正芳感嘆，「我們戰地五十年，卻只能賣一天。」

金門特色藏在日常中

千年歷史的金門，當然能夠賣非常深度的長天期體驗行程，其實想感受金門的美好特質，就要從日常生活中去找尋樂趣。金門的早餐，就呈現一種特有的生活風格。這裡的早餐台灣本島也有，名稱相同，滋味卻大不同，最夢幻的組合就是廣東粥、油條與燒餅。

在一九四九年國軍駐紮之前，金門的廣東粥叫做「雜糜」，是將米飯熬煮到不見米粒的白漿，配上鯢魚、蝦仁、豬肝、豬肉、蛤仔與蛋，還有濕軟的油蔥酥，再配上炸得紮實Q軟、外型肥短的油條，以及從廈門傳來、原本叫「北仔餅」、重新改良的包餡燒餅（鹹的是豬後腿肉，甜的是蔗糖），這三種早點就能吃下閩南的文化與巧藝。

不只是早餐，即使跟台灣相同的蚵仔煎、蚵仔麵線，滋味與作法更為華麗。從漳州傳來的蠔煎，讓金門蚵仔煎像煎餅，將地瓜粉與大量的石蚵、高麗菜、韭菜、豆芽菜、蔥拌勻，用炒菜鍋不斷翻炒，不用沾醬，味道就香稠酥脆，更帶點焦香。蚵仔麵線不像台灣煮得軟爛的紅麵線糊，而是現煮白麵線，再加入大把石蚵，滿滿一碗，幾乎看不到麵線，滋味清淡。

這是金門的日常。背後卻是一段從泉州、漳州、廈門、金門到台灣的閩南文化遷移史，也呈現金門在閩南文化的關鍵位置。

有一天我在金門的飯店用早餐，早上七點半，一走進地下樓的餐廳，被眼前滿滿的觀光客場景嚇一跳，幾乎都是六十歲以上的團客，早餐其實極難下嚥，讓我想起廣東粥的滋味，這些客人來金門可能都沒吃過。除了高粱酒、貢糖、菜刀、一條根這些傳統特產之外，他們對金門會留下什麼深刻印象呢？

如果沒有走入金門的日常生活，是很難真正認識金門的魅力。

觀光行程過於靜態，缺乏深度體驗

金門觀光業需要轉型。尤其遇到疫情的衝擊，要提振金門的觀光旅遊，就不能一直走傳統的低價團行程，要改變以往重量不重質的問題，要引導旅人深入各個村落，去體驗金門特有的閩南、僑鄉、戰地與生態文化。

一個過去從事金門低價團旅遊的旅行社業者，因為利潤太低了，又遇到疫情影響，希望改走十人以下、比較精緻的行程。他的規劃，卻是住在包棟民宿，三餐都由專屬廚師料理，旅人只要外出看景點就好，他也能賺取更多利潤。

我也發現，即使是不走低價團費，人數少、精緻內容、團費達到四萬元以上的行程儘管解說較詳細、行程較悠閒，還是偏向靜態的走訪村落與景點，缺乏深度體驗交流的內容。

更深刻的問題是，旅行社推出高單價的金門旅遊，如果沒有與在地連結，留在金門的實質利益有多少？有一個名人招攬的深度旅遊團，邀請許多外地學者專家來演講分享金門特色，六天行程要八萬元團費，許多金門人就很好奇，「金門人能留下什麼？」

這樣的行程很類似特別企劃，舉辦幾次之後，就會轉移陣地到其他地方。當然這不是旅行社的責任，卻是金門目前的現實處境。因為既有內容有限，旅行社業者只好各出奇招，用各種包裝來塑造金門的意象與行程，但始終是在窗外看金門，沒有進到屋內實際互動交往。

重點在於金門本身如何發展以體驗經濟為主的內容，找到更多有故事、有特色與技藝的達人，才能讓外地旅行社有更好的連結，規劃更豐富的行程，達到雙贏。「金門要創造另一個發展引擎，就是屬於金門的風土經濟學。」長期在金門研究傳統聚落、修繕古蹟，更到南洋各地進行相關的田野調查、也曾是金門景觀總顧問的師大國際與社科院院長江柏煒強調。

目前金門發展觀光的方式，偏重硬體，缺乏軟體內容。以最知名的瓊林聚落為例，這裡在明、清二代出了六位進士、七位舉人、六位武將，宗祠數量也居金門之冠，政府前後花了兩億元修建十多棟老建築，試圖扶植在地人自己經營聚落，甚至規劃了「瓊林宴」菜單，包括文創商店、民宿，希望建立聚落的商業模式。但幾年下來，在地人比較偏向被動心態，多以轉租宅院，讓外地人來經營民宿，也沒有發展整體經營特色。正因為缺乏整體規劃與經營，瓊林宴也不是固定運作的風土餐桌。

儘管文化局花很多心力在培訓導遊解說每棟老建築的故事，但是從旅人角度來看，仍是片段零碎的內容，不易引起興趣，反而多半成為打卡、網美拍照的景點。

此外，具有七百年歷史的西園鹽場，在荒廢十多年之後，重新整理成西園鹽場文化館，現場除了有專人負責導覽解說，外面的鹽場也雇用兩個鹽工專職製鹽，試圖讓鹽場活化。但是旅人來此仍偏向靜態的導覽與參觀，很難停留超過半小時，對於一個具有豐富歷史的鹽場而言，實是需要重新構思如何活化、發展深度的體驗內容。

青年返鄉的三個創業挑戰

除了金門縣政府努力找方向，許多金門青年也開始返鄉扎根。

我在金門開了企劃力工作坊，就有十多位青年業者參與，透過互動討論的過程，讓我了解他們的努力以及遇到的挑戰。他們共同的目標是希望可以吸引更多年輕旅客來金門，旅客可以在每個地方、每個店停留時間更久，地方產業可以彼此串聯，以及更多創業青年聚集連結。

比方烈嶼（小金門）有位在地青年陳家揚，努力將老家轉型為經營冰果室與民宿，也與太太、幾位年輕夥伴串聯地方資源，舉辦各種藝文活動；也對外推動旅行體驗的遊程。另外，蔡志舜在古寧頭、水頭兩個村落經營民宿；幾個女孩成立地方物產平台的「村復號商店」，希望讓小農、各村落的特色商品能被看到。

觀察他們的共同挑戰，第一個是缺乏商業模式的思考。像陳家揚的團隊有五個人，人力成本很高，創業這幾年亟需找各種政府資源補助，但因為缺乏商業模式經營的概念，定價、成本都不清楚，導致跟旅行社談合作時，業者要求陳家揚要給百分之十五的利潤，也就吃掉原本團隊的利潤空間，即使接了數百位旅客，幾乎沒賺到錢，仍需要靠政府資金補助。

第二個挑戰是彼此串聯不足。以馬祖模式的經驗為例，因為有馬祖青年協會負責串聯與合作，能夠有效進行資源整合，但是金門卻缺乏一個組織來串聯，導致大家都各做各的，很難發揮整體效益。

在工作坊現場，青年們都期待政府、或是某個人、某個組織能主動跳出來協助，還是偏向被動心態。我就建議幾位村復號的工作夥伴要擔任串聯的要角，因為他們的使命是復興村落經濟，如果能發揮整合角色的功能，會有更大的能量。經過鼓勵，現場幾位青年就開始討論如何串聯。

第三個挑戰是挖掘生活文化內涵的能力不足。由於青年沒有串聯，就容易各自埋頭苦幹。像馬祖青年協會的成員會不斷在各個村落跟長輩交流、挖掘故事、了解馬祖生活特色，在規劃深度體驗內容、導覽解說上，就能互相補位提醒，強化內容深度。

於是，我也帶領金門青年共同討論金門的傳統糕點、宴客的菜色、過去的風土餐桌，經過大家仔細挖掘，反而激盪出很多火花，發現彼此可以合作串聯的資源。

金門的風土經濟學商業模式

該如何建立金門的風土經濟學，改變目前觀光業的困境，才能增加新的經濟發展引擎？

政府的思維要從硬體建設轉為軟體能力。主要就是從辦活動、補助經費的「事件思維」轉為提升在地業者的「流程能力」。過去金門縣政府補助多，多半養成業者的被動心態，習慣等待，長久而言無法培養在地的流程能力。因此，政府的計畫需要調整成培養業者、各個聚落社區的風土創新SMART五力，透過課程與諮詢、合作交流平台，輔導他們提升故事力、市場感受力、美學力、再生力與風土設計力。

此外，金門縣政府需要建立整體的金門商業模式，包括閩南、僑鄉、戰地與生態的整體意象與論述，提升目前的顧客定位，走優質、深度的客層，透過培訓來提升業者的獨特優勢，並協助整合串聯，讓業者有能力建立自己的商業模式。

縣政府能夠馬上做的，在於重新定位與爬梳金門的時間、空間與人間。包括二十四節氣的農產、文化慶典與生態特色，如何搭配相關的人間生活內涵，轉化為體驗內容、風土餐桌與故事。有了定位與基礎，地方業者就能從中去深化、整合、串聯屬於自己的特色，旅行社也能從中去找尋合作業者，建立自己的行程特色。

以下是我對金門整體風土經濟學商業模式的建議：

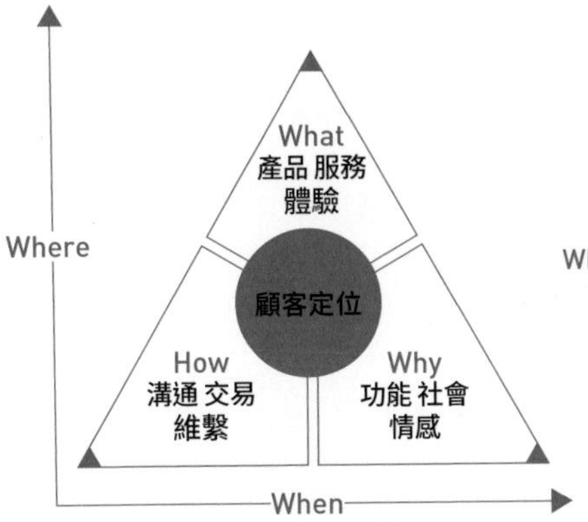

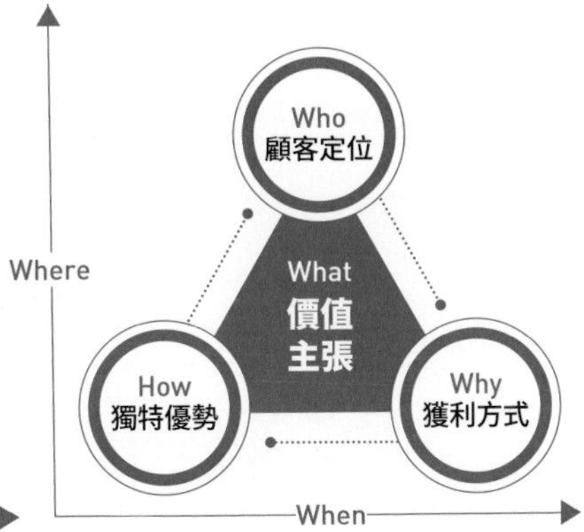

價值主張

我們認為，金門擁有獨特的歷史文化、地理位置，連結閩南、台灣與南洋的多元文化特色，是最具有國際觀光吸引力的城市。（Where & When）

但是，金門沒有突顯自己的文化內涵，造成目前的旅遊品質無法提升，也導致旅遊產業鏈陷入低價情況。

因此，金門需要規劃精緻、量身訂做金門文化的體驗行程。前提在於要先建立自己的文化論述能力，能夠清楚論述自己的閩南文化、南洋僑鄉文化與戰地文化的內涵。（What）

希望吸引重視文化內涵、想體驗不同風土民情的客人（Who），他們願意花三天以上的時間認識金門的多元文化樣貌；以及在南洋的龐大金門人後代（Who），吸引他們透過祭祖與旅行來此尋根，深度體驗金門原鄉的各種文化。（Why）

我們的作法是先強化金門業者的獨特優勢。首先整合散落各地的經營團隊，透過田野調查、跨部門溝通討論，一起勾勒金門整體的價值主張與品牌意象，讓他們可以直接對台灣本島、南洋的顧客溝通；以及讓更多優質旅行社參與，建立良好的獲利方式；也讓更多金門青年返鄉創業，建立完整的風土創業產業價值鏈。（How）

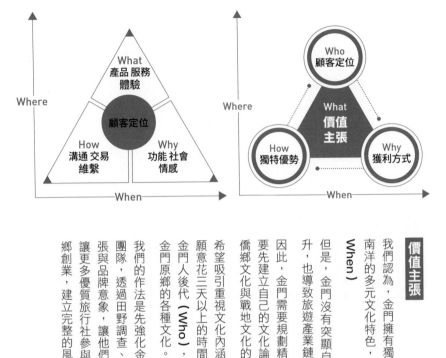

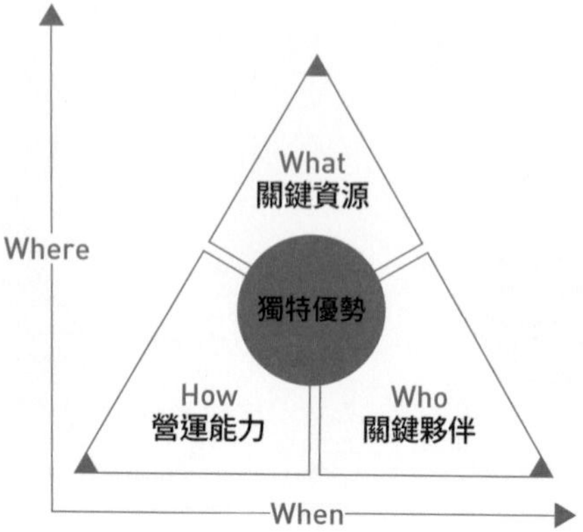

顧客定位

脈絡情境（When & Where）：針對重視文化與深度體驗的優質旅人，包括台灣本島、南洋、日本、韓國、甚至歐美客人。

功能、社會與情感（Why）：金門要提供給優質旅人的是社會型與情感型任務的需求。

產品、服務與體驗（What）：在這個前提下，要強化景點之外的產品與體驗內容，不能只有目前購物中心式的購物體驗，而是要找出各聚落的特色，開發、優化產品與體驗內容。

溝通、交易與維繫（How）：金門整體品牌意象、文化論述、以及在地風土創業者，都需要在社群媒體呈現自己的生活風格、創業故事，直接對大眾溝通，才能吸引台灣本島的旅行社一起進行合作，設計更好的行程內容。

獨特優勢

脈絡情境（When & Where）：金門有獨特的閩南、南洋與戰地文化，甚至還有小金門、大膽島，雖然不像馬祖、澎湖擁有眾多島嶼，但整體文化高度是豐富的。這些都是台灣本島、甚至亞洲各國相對缺乏的獨特脈絡，關鍵在於如何運用深度體驗來突顯自己的特色。

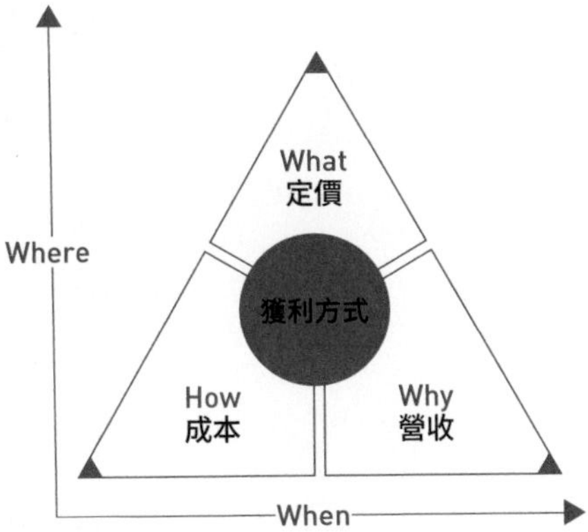

關鍵夥伴（Who）：1.內部：金門已有不少青年返鄉創業，但是彼此缺乏整合串聯，需要透過類似工作坊的交流，建立彼此共識，形成相互整合的流程能力。2.外部：台灣優質旅行社、進行員工旅遊長期合作的企業，或是經營東南亞來台旅遊的旅行社，都是關鍵夥伴。

關鍵資源（What）：包括軍事建築、洋樓與閩南建築、生態資源、閩南生活風格，以及可以進行體驗的金門高粱酒產業。

營運能力（How）：爬梳金門重要的節氣變化、農產、餐桌與可能的體驗內容，培訓在地業者深化相關的SMART五力，提升他們的流程能力以及商業模式思維，讓業者透過各種課程去找出志同道合、可互補串聯的關鍵夥伴，或是找多家優質旅行社一起參與，建立好的交流平台，促成各種合作機會。

獲利方式

脈絡情境（When & Where）：金門風土業者規模都不大，需要彼此串聯整合，才能延長體驗時間，從導覽解說、餐飲、伴手禮、各種建築風格的住宿與體驗，以及不同季節的生活、生產與生態都需要調查、爬梳清楚，呈現四季豐富內涵的金門風格。

在目前的低價產業鏈生態下，縣政府要成為提升產業價值鏈的帶動者。比方把資源用在培訓、串聯整合的平台機制，以及新創業者的創業資金、後續創新提案的補助，藉由少量經費與培養流程能力的方式，鼓勵他們勇於創新與合作，才能營造更大的市場規模。

定價（What）：擁有文化價值才能夠提高定價。關鍵在於有了好的品質、文化論述與體驗內容，能夠針對不同客層量身訂做行程，才能整體提升現有的旅遊價格。

營收（Why）：滿足顧客的社會型與情感型任務，以及量身訂做，才能提升整體營收，擴大觀光收入。

成本（How）：所需的營運成本，包括溝通協調的交通費、人事費與行政開銷費用。

第15課

區域經營篇（三）屏東恆春半島，打造獨一無二的特有種社區

一個週二下午的屏東滿州鄉港口社區活動中心，小小空間坐滿恆春半島（包括車城、恆春與滿州）十一個社區、大約六十位社區工作者，他們都是來參加風土經濟學企劃工作坊。現場學員有白髮蒼蒼的長輩、中年人與返鄉青年，這是第一次能集結這麼多恆春半島社區工作者的課程。

我請他們分組討論社區經營的目標，並且從十多個目標中，精簡聚焦出其中三個。大家紛紛站起來用便利貼、海報紙進行討論，現場頓時鬧哄哄。歸納討論之後，整個半島社區的三個目標分別是：一、希望能傳承地方文化，二、保存生態環境，三、青年返鄉帶動共享經濟，透過這三個目標希望讓社區能夠永續經營。

當大家看到白板上整理出來的目標時，不禁猛點頭表示認同。還有人說，這是第一次大家能互相傾聽與討論內心的想法。

接著，我提出第二個討論題目：「實現這三個目標過程中，遇到什麼阻礙？」討論十多分鐘之後，現場整理出來的阻礙分別是：一、彼此沒有共識，導致社區之間互相不願合作。二、資源沒有整合，社區之間沒有串聯。三、不懂行銷，不知如何跟大眾溝通，導致社區旅行發展遲緩。

我請大家解釋阻礙產生的原因。社區位置彼此鄰近，怎麼會無法產生共識，不願意互相配合？一位水蛙窟社區工作者說，正因為彼此太近了，山海生態環境也很像，差異不大，導致互相提防，就更不願意串聯，甚至分享發展經驗。

恆春半島社區旅行的挑戰，也是台灣各地社區組織遇到的挑戰。主因都是單點對外，大家各自為政，政府不斷投入資源，進行媒體宣傳，卻無法串聯成為點線面，旅人難以有整體印象，成效也不佳。

政府資源是助力，也是阻力

相對於其他縣市的小鎮村落，恆春半島擁有獨天獨厚的風土條件。

大部分的國人、甚至國際觀光客，對恆春半島的認識，大概只有墾丁大街、海灘戲水，卻不太了解整個恆春半島豐富的風土資源。恆春半島是因板塊運動擠壓，從海底隆起的珊瑚礁岩地，加上位在熱帶，以及多樣的地形地貌，因此從植物、生態、甚至是族群文化（閩南、客家、排灣與平埔）都很獨特，擁有許多特有種植物與生物，堪稱是「特有種」半島。

由於過去墾丁觀光過於興盛，排擠了周遭社區聚落的發展。二十年前政府與學術單位開始輔導社區從事生態保育，不要濫採濫捕，培訓居民轉型為生態解說員，並參與生態巡守保育工作，同時推動生態旅遊活動，希望創造社區生機與商機。當時一群屏科大森林研究所的學生開始協助輔導社區轉型，其中一位成員林志遠畢業後，在二〇一二年和幾位同學成立「里山生態有限公司」，選擇留在恆春創業，繼續和政府合作，輔導更多社區轉型。

二〇一四年我來恆春旅行時，認識這群熱血的年輕人，敬佩他們努力扎根半島的社區經營，也帶家人體驗社區的生態旅遊特色。

當時發現他們輔導的七個社區，雖有差異化特色，各自定位是梅花鹿、溪流、陸蟹與潮間帶等，但行程只有導覽解說，沒有太多體驗內容，無法讓旅人深入認識社區的風土人文，不易留下感動的故事與回憶。我也發現，這些行程彼此沒有進行串聯。都是社區各自對外接單，行程只有二、三個小時，收取每人三百元的導覽解說費，兩人就成行，社區整天忙碌接待，卻不易賺到錢。

隔年我擔任電視旅行節目的客座製作人，嘗試用兩集內容呈現恆春與滿州的社區特色，我想藉由串聯社區行程成為節目內容，呈現各地風土餐桌的故事做為示範。我也對里山團隊提出建議，要站在旅人的角度，將各社區行程串聯成二天或三天的旅行，而非單點行程，不僅能串聯社區資源，更能提高旅費，達到雙贏效果。

但是這個提議一直沒有實現。

恆春半島面臨三大挑戰

社區之間無法串聯、沒有共識，無法有效行銷的原因，主要來自三個問題。第一是生態旅遊的推動是政府部門從上而下的政策，不是從社區居民本身的生活脈絡與需求出發，導致需要用大量經費補助人力，甚至舉辦各種活動，而社區只要配合就好，沒有太強的改革與創新動機。

因為沒有強烈的目標，又有政府經費挹注，造成社區容易向內看，彼此競爭政府資源，或是為了人事問題而爭執。承接政府委託的里山生態公司，就經常要去處理社區內部、社區之間的爭執瑣事，常常疲於奔命，也沒有太多時間思考長遠規劃。

第二個問題是，政府希望製造更多社區參與的業績，卻沒有從過去經驗萃取改善的方法，問題繼續複製，由於社區數量增加，反而擴大問題。

二〇一五年里山輔導七個社區，到了二〇一九年已經擴大到十一個社區。由於過去整合串聯的問題沒有解決，對外也沒有建立清楚的品牌意象，輔導團隊還沒有累積經營方法，引導資深社區以母雞帶小雞的方式協助新進社區逐步成長，反而加入更多社區，讓戰線越拉越長，不僅稀釋政府資源與輔導人力，也造成彼此競爭有限資源，更加無法整合。

第三個問題是政府主導行銷，反而陷入低價漩渦。由於政府部門訴求大眾，希望物美價廉、增加人氣，對社區導覽解說訂出統一定價，加上社區人力成本由政府經費承擔，沒有成本管理概念，更沒有動機與方法持續開發行程內容，導致內容與品質沒有提升，客人也以走馬看花為主，很難有客人回流。

社區各自努力，也有經營上的差異。有好幾個社區業績比較好，可以用業績支持一個人力成本，還能用經費回饋社區，但是大部分社區仍無法自主經營。

政府十多年來的投入，效益卻沒有顯著提升，上述的三個問題就是來自管理學者克里斯汀生所強調的，一直投入資源、舉辦活動製造人潮的「事件思維」。從克里斯汀生的角度來看，這種由外而內的推力，希望能創造地方的繁榮，卻無法產生持久性的創新；要能建立長期的繁榮與創新能力，就需要落實到日常的執行流程，建立在地人的參與能力，包括從開發行程、提升品質、營運管理、定位定價與品牌行銷，也就是具備風土創新SMART能力與商業模式。

否則就算投入再多資源，扶植更多社區，也還是會遇到原地踏步的問題。

里山生態公司的林志遠也看到這個問題。他除了成立旅行社，希望能帶動社區整合，並調高導覽費用，也希望幾個成績突出的社區不要再申請政府經費補助，要走上獨立經營之路。

然而在二〇二〇年遇到新冠肺炎的衝擊，恆春半島的社區生態旅行上半年業績就受到嚴重影響，雖然下半年業績開始回升，但是大家都逐漸體認到，社區生態旅遊需要轉型了。

恆春半島的風土經濟學商業模式

該如何對內整合、對外建立品牌知名度，吸引優質客人？這需要重建里山生態公司本身以及社區各自的商業模式，同時加強風土創新能力。

里山本身要運用商業模式，將各個社區連結成點線面，創造恆春半島的風土經濟學，而非只有墾丁的觀光人潮。里山也要協助各個社區建立自己的商業模式，讓社區也具有點線面的力量，才能逐步從既有的十一個社區，慢慢擴大到更多社區。

里山與社區扮演的角色與任務不同，但都需要從最基礎的SMART創新五力開始培養起。里山要負責帶著青年與各社區長輩討論交流，從生活記憶與故事中，去爬梳累積內容。

恆春半島各社區有不少達人的技藝需要被記錄，可以開發成體驗的內容。例如港口村的居民大多從事漁業，有鬼頭刀與飛魚等物產；村長楊秀蘭很會做料理，她的料理故事，加上社區生產的有機黑豆，能製成不加石膏、口感獨特的黑豆腐，甚至連黑豆渣都能做成獨特的黑豆渣餅；以及將飛魚鱗熬煮五小時後，變成類似洋菜凍的甜點，再搭配屏東特有、吹著鹽霧海風的

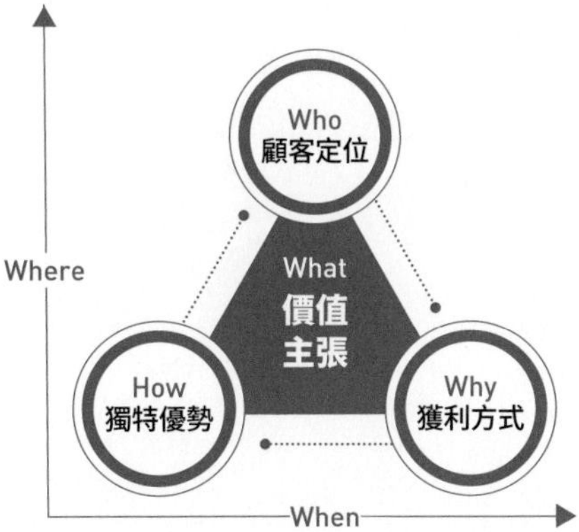

港口茶……，這些物產與體驗，都需要被細緻的包裝加值成更好的內容。

以下是我對里山生態公司未來商業模式的建議：

價值主張

我們認為，位在熱帶的恆春半島具有豐富的風土資源，加上多樣的地形地貌，因此從植物、生態、甚至是族群文化（閩南、客家、排灣與平埔）都很獨特豐富，堪稱是「特有種」半島。（Where & When）

但是，恆春半島長期受限於「墾丁就是恆春半島」的印象，只有娛樂、夜市與戲水的意象，沒有突顯自己的特有種風土文化內涵，造成優質旅人無法深入體驗半島的社區文化，也無法擴大旅遊價值產業鏈。

因此，恆春半島需要先建立自己的特有種文化論述能力，整合各個社區的體驗內容，才能延伸體驗時間與品質，有效活化社區經濟。（What）

希望吸引想深度認識恆春半島風土文化的優質旅人（Who），他們不只想住在各種風格的民宿滿足新奇感，更期待能透過不同的體驗行程，創造與親友或是員工旅遊難忘的回憶。（Why）

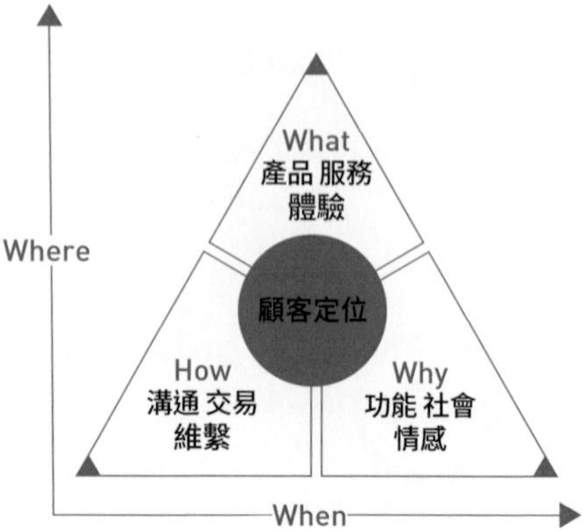

里山生態公司的作法是扮演在地輔導串聯、旅行平台的雙重角色。要與社區密切合作，挖掘、整合行程內容，透過深度體驗的方式，呈現恆春島的生活、生產與生態的特色。接著透過自己經營的旅行社去整合行銷社區行程，並與重視風土人文的旅行社合作，成為他們在恆春半島的重要夥伴，藉此帶動半島的風土經濟。（How）

顧客定位

脈絡情境（When & Where）：由於旅客都集中在墾丁消費，比較少深入恆春半島的各個社區，即使到社區體驗，也大都是二、三個小時走馬看花的功能型需求客人，整個半島的深度旅遊需要重新建立顧客定位。

功能、社會與情感（Why）：里山訴求重視社會型與情感型的顧客，根據他們的組成特色與需求來量身訂做產品內容。

產品、服務與體驗（What）：里山目前輔導與串聯十一個社區，除了私房景點、風土餐飲以及導覽解說的深度體驗，還能延長為二到三天的行程體驗。

溝通、交易與維繫（How）：里山需要持續經營社群媒體，提供故事與內容，突顯不同於「墾丁就是恆春半島」的印象，能對大眾、旅行社行銷與溝通，了解他們的需求，提供旅程設計方案。

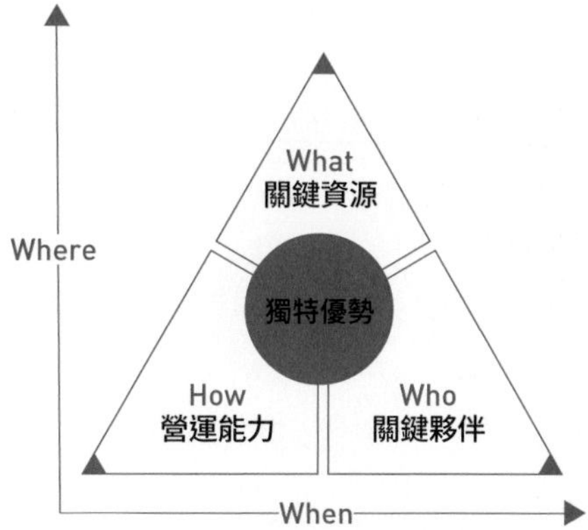

獨特優勢

脈絡情境（When & Where）：由於目前十一個社區發展程度不一，需要針對社區的發展狀況給予協助，才能提升整體能力。

關鍵夥伴（Who）：1.內部：十一個社區都是關鍵夥伴，以及串聯半島的風土創業者。2.外部：想開發深度旅遊的旅行社，能夠彼此合作。

關鍵資源（What）：恆春半島的風土資源與族群文化。

營運能力（How）：以SMART風土創新五力為營運能力，深入社區挖掘故事，轉換成為體驗內容，並透過培訓與管理，提升各社區的體驗品質，同時要協助政府部門開發新的社區，逐步提升整個恆春半島的風土經濟與創新能力。因為里山擁有在地優勢，以及能夠對大眾市場行銷，才能讓外來旅行社必須找他們合作，無法抄襲模仿，也不能用低價方式讓社區吃虧。

但是里山還需要強化自己的商業模式，以及提升同仁的文化轉譯、溝通整合的軟實力，才能跟社區、大眾、旅行社有效溝通與提升品質。

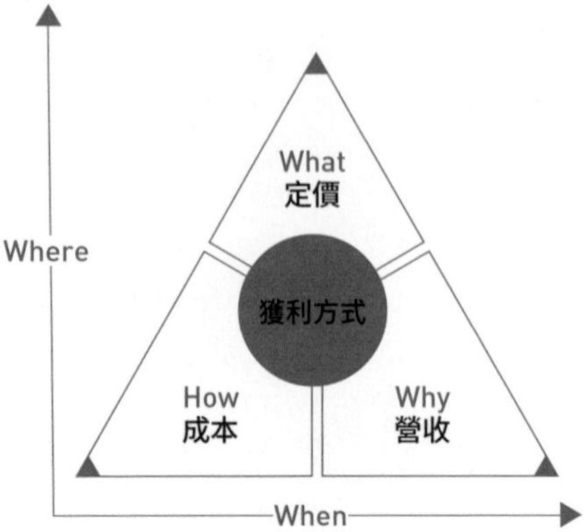

獲利方式

脈絡情境（When & Where）：由於社區導覽解說費用都是政府部門主導，希望迎合大眾，反而陷入低價狀態，價格沒有彈性，造成社區需仰賴政府補助人力費用，無法提升品質，更缺少成本概念。例如導覽解說兩人就能成行，一人三百元，一趟專人解說才收六百元，這是不合理的定價，需要重新建立定價策略。

如果里山生態公司能透過市場來獲利，就可逐步降低對政府經費的依賴，同時成為政府最值得信賴的合作夥伴，不僅能輔導地方社區，更能對市場行銷，活化恆春半島的風土經濟。

定價（What）：里山的定價來自於整合社區的行程內容，需重新為社區產品訂價，為顧客量身訂做深度行程，根據人數、天數與需求狀況，收取規劃設計與服務費，才能跳脫現有的低價漩渦。例如兩人成行也許可調漲為一千五百元，因為人少的服務更為細緻。

營收（Why）：為了滿足重視社會型與情感型需求的旅人，需要開發深度體驗的內容，不是只有導覽解說而已。里山針對外地旅行社的合作，主要賺取整合規劃費，透過與社區的溝通協調，解決問題，讓旅行社更願意合作。

成本（How）：經營成本在於整合行銷以及開發產品內容，沒有太多硬體成本，而是人事與行政開銷。

第16課

小鎮聚落篇（一）青年創業聚落，活出高雄鹽埕的青春夢

這幾年，台灣各地的老空間或是長年空置的蚊子館，紛紛被改造成為青年創業的舞台。例如桃園龍潭的菱潭市場、台中眷村的光復新村、南投中興新村舊宿舍的文創聚落、左營眷村的建業新村，以及屏東林管處舊宿舍改造的屏東職人町等。

老空間改造的青創新聚落，企圖創造雙贏。讓老城區、老鄉鎮村落因為年輕人進駐，有了新生命，低廉的租金以及群聚效應，幫助青年降低創業門檻，成為一個實驗基地，也能帶動互相交流、學習的舞台。

但是許多創業聚落容易曇花一現，成為打卡景點、走馬看花，有人潮不一定帶來錢潮，更容易因為消費者喜新厭舊趕流行，很快失去新鮮感。如果沒有好的定位、整體規劃，以及連結在地風土，不久就成為與地方脈絡無關、遭到架空的空間，跟大部分的老街一樣，賣的東西都跟地方特色無關。

例如桃園龍潭的菱潭街興創基地。這是一個老市場改造的青創聚落，不遠處是一個旅人路過停留的景點——大池，市場對面是龍潭國小日式宿舍，也是客家文學大老鍾肇政的文學生活園區，臨近還有三坑老街。這是一個充滿風土經濟可能性的小鎮聚落。

這些散落的點，有如散落的珍珠，缺少一根整合的線去緊密串聯。由於彼此沒有整合，沒有深度體驗行程，對旅人來說，沒有一個整體印象，導致龍潭一直是經過與錯過的小鎮。

如果菱潭街興創基地沒有扣連龍潭的風土資源，沒有培養風土創新SMART五力，建立自己的商業模式，就是一個孤單的小市場，旅人的新鮮感很快就會消失；如果無法聚集人潮，創業青年也會持續流動離開，很難累積品牌特色。

因此，每個老空間改造的青創聚落，儘管都有不同的風土條件與特色，共同的努力方向，就是如何運用風土創新五力提升自己的特色，並能帶動老城區、老社區風土經濟的再生。這是聚落負責人、每位青創業者需要建立的能力，才能創造社會、商業與創造力（SBC）三贏的商業模式。

改建老宅，重新認識鹽埕

我曾經在《風土經濟學》第18課「青年返鄉，風土再設計——風土創業的時代」介紹在高雄鹽埕創業的邱承漢。他在這個沒落老城區蹲點十年，歷經創業、挫折與找到新定位的故事，運用風土創新力，嘗試建立青年創業聚落的商業模式，很值得參考借鏡。

高雄市最早的起源地是鹽埕。從日本時代、戰後國民政府來台，鹽埕一直是高雄市的政商中心。越戰爆發後，美國第七艦隊載著美國大兵從高雄港上岸，鹽埕的七賢三路成為著名的酒吧街，舶來品生意與各種娛樂行業興盛，鹽埕因此充滿異國風情。

只是被填海造地而生的鹽埕，先天腹地有限，無法容納過多的人口，當市政府東移，鹽埕就日益沒落了。只留下船舶五金零件業、服飾業、鐘錶業與餐飲業，往來都是老客人。

原來從事金融業的邱承漢，選擇在外婆原本閒置的五層樓新娘禮服縫製工廠，用兩年時間改建成文化旅店，取名為「叁捌旅居」，象徵一九三〇年代的外婆與一九八〇年代的他之間的時空對話，這段時間也是鹽埕最繁榮興盛的時期。

改建過程緩慢，卻讓他重新認識鹽埕老家，也認識更多社區居民。邱承漢花很多時間串門子，與周圍業者及居民建立信任感，更認識許多隱藏市井的技藝高手。像市場的饅頭達人妻叔；擅長修補絲襪的阿姨；賣蒸籠、布料、火腿、冬瓜茶、烏魚子與磨剪行等老字號職人，每個職人都是鹽埕點滴的縮影。

他透過發行獨立刊物《什貨生活》，挖掘出更多店家故事；帶著員工舉辦各種導覽活動、在地的「埕人」運動會、市集擺攤，讓外地人跟在地人同樂交流。

他經營的叁捌旅居開業後，因為充滿家族故事與在地設計感，得到新銳建築獎首獎的肯定，知名度打開之後，吸引許多人入住，也透過導覽活動，讓更多人走入鹽埕巷弄。

然而他經營的旅店卻遇上建築法規的問題，建築體不符合旅館的消防規範。邱承漢原本想低調經營，不碰觸法規問題，卻屢遭旅館同業檢舉，高額的罰金讓他不堪負荷，經常陷入沮喪與自我懷疑。如果要符合消防法規，旅居的大部分空間必須拆除調整，就不符合他的設計理念與初衷了。

他面臨的不只是旅店經營的問題。如果旅居停業了，員工的生計怎麼辦？辛苦經營的鹽埕社區，獲得外界肯定，也帶動不少青年來此創業，一旦停業，多年打下的基礎，該何去何從？

他決定快刀斬亂麻。叁捌旅居停止營業，成立「叁捌地方生活」，轉型為展覽與活動空間，讓原本經營社區的工作繼續深化。

市場老空間，轉型為青年新聚落

危機就是轉機。因為經營社區有成，政府部門邀請他參與一些計畫，他也申請政府計畫，讓人力費用有補助；他也發現旅居隔壁的第一公有市場日益沒落，只剩不到十多位攤販還在營業，開始起心動念想讓市場恢復生機。

為了怕市場業者排斥、沒有安全感，他先在市場租用一個小攤位叫「叁捌菜攤仔」，辦個小展覽，每天要求員工去市場走動、整理攤位，跟這些業者長輩們聊天，取得信任感，也習慣這群年輕人進出，接受他們做點不一樣、甚至怪怪的事情。

有了好的開始，他決定跟市政府經發局合作，承租市場空餘的攤位，要將市場閒置空間打造成青年創業聚落。為了增加吸引力，他在市場辦桌晚宴，並請知名音樂人林強當ＤＪ，吸引更多旅人來體驗鹽埕的夜晚情調，讓市場更熱鬧。

此外，為了讓青創聚落打響名號，他特別邀請一位移居到高雄、曾在澳洲及台北星級餐廳當廚師的 Marc，進駐市場開設為期半年的快閃餐廳「小缽洋食」，主廚可以藉由這個市場餐廳打造個人品牌，也能讓市場成為青創聚落的關注焦點。

這個有趣的實驗馬上掀起話題。這個小店面就是使用市場的洗石子檯面，共八個座位，分三個時段九十分鐘用餐，分別是晚上五點、六點半跟八點，預約的客人都坐在L型的座位一起吃飯，可以跟主廚聊天互動、彼此也能開心交流。Marc 將他擅長的法式料理、結合在地食材，以及與日本小缽器皿文化結合，套餐是七道菜，依照前菜、主菜與甜點一道道上菜。

這個看似矛盾衝突的市場餐廳，竟然吸引大量客人，沒有一個月前預約，幾乎是訂不到位置。雖然半年後 Marc 離開第一市場，也被聘請到大餐廳任職。這個實驗計畫反而打開他對料理的新視野。他說：「不是我改變了菜市場，而是菜市場改變了我。」

青創聚落也逐漸打響名號。市場也開了另一間甜點店「信的店」，老闆阿古來自澳門，本身是心理諮商師，另一個同志伴侶信奇則是廣告企劃業，他們定居在高雄，原本只是在網路開店，也來到第一市場創業。沒想到市場阿姨們友善的接納他們。開幕第一天，他們將三本結婚照放在前檯，鄰居們借來傳遞分享，讓他們更有信心在此落腳。

此外，市場旁的「山壹旗魚食製所」傳承到第四代，老闆的大女兒原本是建築師，希望延續祖傳手藝，就和擔任景觀設計師的先生一起回家學習做旗魚丸，也推出新攤位賣炸旗魚黑輪、包蛋旗魚丸。

「小缽洋食」結束後，空的攤位很快被填補了。因為疫情關係，兩位年輕餐飲業者離開原本的餐廳，決定承接這個攤位，開了「空腹虫大酒家」，賣的是台菜與調酒，也是經常滿座。

接著陸續加入了做精緻糕點的「無華私房手作」、台式滷肉漢堡的「梁蘇蘇手作食」與中山大學在校生的「純愛西灣」果汁店。他們都想透過這個聚落嘗試創業，希望能學習到更多經營經驗，也能建立個人品牌知名度。

比方「無華私房手作」過去都是在網路銷售糕點，希望能透過直接跟客人互動，了解需求，也能建立更好的品牌效益。「梁蘇蘇手作食」則是兩位在旅行社工作的女孩，因為疫情關係，決定合作創業，賣他們喜歡的餐點。

邱承漢的任務，除了給予行銷與產品定位的建議，也會邀請專家開設各種專業課程，稱為

「市場裡的創業學校」。例如我就曾被邀請來教說故事，也到市場買他們的產品、吃飯、喝果汁，實地了解他們的經營狀況。

另外，團隊還要持續舉辦各種聚集人氣的市場活動。比方二〇二〇年十一月曾在市場舉辦為期十天的「台味之夜」。這是走懷舊復古風，聽台語金曲、台語老電影，品嚐市場青年設計的限量台味商品。

為了要讓青創聚落更接地氣，邱承漢和團隊與市場青年討論，如何設計這次活動主題的商品，才能帶動人氣與買氣。比方無華私房手作就特別設計「雞卵仨台式鹹派」（雞卵仨取自「一二三」台語的諧音），這是以三色蛋為內餡的點心，既有在地台味，又有獨特風味；空腹虫大酒家推出「花好月圓」，內容是炸湯圓搭配焦糖烏魚子。

但是，光靠市場青創聚落微薄的租金收入，無法讓邱承漢維持團隊營運。叁捌旅居停業後，他一直找尋老空間，希望重新打造新的營運場所。

銀座聚場，用民宿與咖啡聚集青春

旅居附近有個閒置的銀座商場。這是高雄第一座百貨商場，建於一九三六年，是參考日本銀座商店街興建而成，販售和洋奢侈品，還有酒吧、咖啡廳等時髦娛樂場所。只是二戰期間原本的木造房屋遭受燒毀，戰後鹽埕在地商會去日本考察，參考當時流行的拱廊街，重建成有拱廊可供顧客穿梭行走的國際商場，成為當時高雄流行的新地標。只是銀座商場也隨著鹽埕的興衰變化，承載一個時代的繁榮與沒落。

邱承漢曾帶我來這個已無人跡的陰暗空間走動。一走進商場，視線馬上就窄化，氛圍是陰暗的，抬頭可見天井投射的微微日光，多座拱廊串聯起整個商場，像個微型的小城市。當時我們討論這個空間像周星馳電影《功夫》裡的豬籠城寨，如果重新活化經營，一定很有文化意義。

他在旅居停業後，意外發現銀座商場有一棟四層樓的房子要出售。這個過去曾是旗袍店的房子，三樓曾是美容院女工宿舍，很具有時代意義。他評估後決定買下，再花兩年時間重新改裝設計，一、二樓成為咖啡館，只安排三十個座位，三樓以上改成合法的民宿，而且一次只接待一組客人，以不同方式感受這裡特有的歷史文化。

整棟樓房保留大面積的檜木窗、原有手繪招牌，並修復破損的公用廊道日光燈，也在配件裝飾上選用布織品做為點綴，來傳達過去曾是旗袍店的歷史。透過檜木窗框望向對面家戶，還可體驗過去這裡「住商混合」的特殊空間結構。

邱承漢將咖啡館與民宿命名為「銀座聚場」，很快地就成為鹽埕的新話題。這裡每逢假日就處於客滿狀態，都是年輕人聚集之處，也成為旅人到鹽埕走動的新地標。銀座聚場也持續舉辦各種音樂活動，或是邀請甜點達人來此擺攤，希望活絡銀座商場的空間。

從外婆的婚紗工廠、第一市場到銀座商場，邱承漢透過空間活化來介入社區經營，希望慢慢凝聚青年來此創業，自然而然的形成聚落。他自己不斷努力，另外也帶動市場周邊與巷弄內陸續開業的二十多個小店面。

他也鼓勵同仁獨立創業開公司，將原本的鹽埕導覽體驗業務轉讓給同仁，他自己則專心經營空間，以及企劃各種活動來活絡社區。

叁捌地方生活的經營模式，等於是把鹽埕拆成許許多多的空間，讓第一市場與銀座商場成為指標場所；周邊的創業青年則專注經營小空間，透過導覽體驗活動讓民眾得以認識這些地方。邱承漢毅然決然的放棄原本的旅居事業，反而打開另一個全新風景，聚集更多青春夢想。

叁捌地方生活的風土經濟學商業模式

以下是我對叁捌地方生活的商業模式觀察：

價值主張

我們認為，位在高雄市老區域的鹽埕，保留著許多歷史文化與建築物，還有獨特的生活風格，在都市快速變化的時代中，仍能一窺早年高雄繁華的故事樣貌。（Where & When）

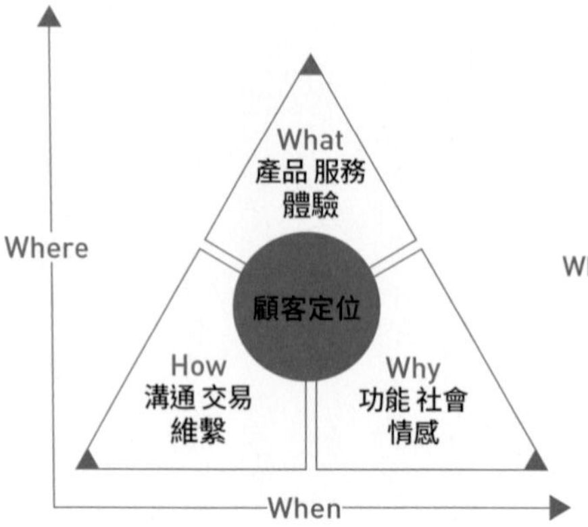

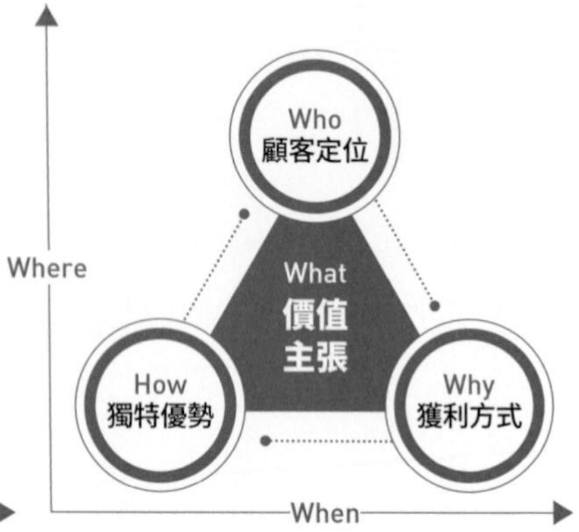

但是，隨著鹽埕人口老化、產業凋零，許多老空間與老故事如果沒有活化再生，很容易就傾頹衰敗，加速社區的老化。

因此，鹽埕需要重新突顯區域聚落的文化內涵，重建自己的生活風格，透過活化與整合，吸引更多人落地生根創業，建立相互串聯的產業鏈，才能活化鹽埕經濟。(What)

我們希望吸引年輕旅人(Who)來鹽埕找感動。他們想要走逛探訪各種店家，更想深入了解鹽埕過往的繁華生活，認識不一樣的高雄，也能與青年創業者交流，創造難忘的回憶。(Why)

叁捌地方生活的作法是接地氣的創意企劃能力。由於在鹽埕耕耘十年，長期投入，跟社區保持很深厚的信任關係，能夠持續挖掘故事、整合資源。同時透過創意企劃能力，活化老空間、舉辦各種創意活動，吸引青年聚集，也取得創業青年的信任。結合社區生活與青年創業，才能持續讓鹽埕呈現生機。(How)

顧客定位

脈絡情境(When & Where)：由於鹽埕是老社區，有許多空間慢慢釋出，成為青年創業的基地，也能吸引年輕旅人來此探訪，在新舊交融下，能夠展現獨特氛圍。

功能、社會與情感(Why)：叁捌地方生活想要吸引年輕人來此創

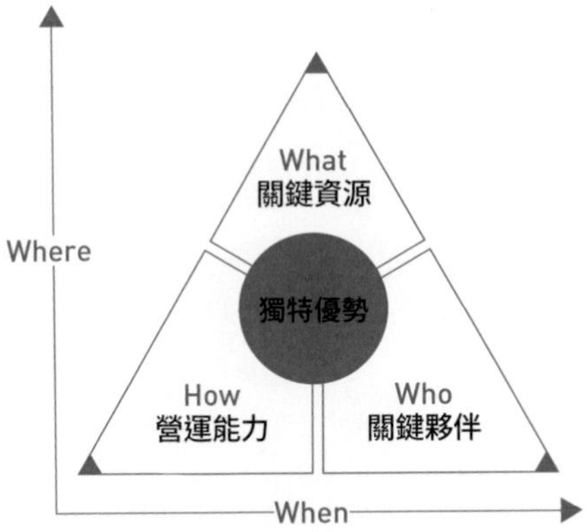

業，帶動更多年輕人來此旅遊，滿足社會型與情感型的需求。

產品、服務與體驗（What）：叄捌地方生活透過鹽埕老故事與老空間的包裝與活化，讓年輕人願意走入鹽埕，透過消費、創業各種形式的產品、服務與體驗，來凝聚彼此的認同。

溝通、交易與維繫（How）：透過社群媒體的經營，並經常舉辦各種小眾有趣的活動，持續跟年輕人溝通，帶動來此遊逛消費，也讓更多年輕人來此找尋創業機會。

獨特優勢

脈絡情境（When & Where）：與其他經營聚落的相關組織不同之處，叄捌地方生活的獨特優勢在於具有SMART風土創新能力，不僅接地氣，更有創意高度，除了重新活化老空間，並持續運用活動企劃將在地居民、外來青年連結在一起，進行更多的互動，建立彼此的信任感。這也是一般青年聚落需要學習之處。有創意不難，但是如何接地氣，給予創業青年更多跟在地生活連結的想法，幫助他們開發獨特產品，才有機會創造更大的展演舞台。

關鍵夥伴（Who）：1.鹽埕內部：在地老店家、手作職人及二、三十位青年創業者。2.外部：其他城市不同的品牌業者，以及具有個人風格的音樂人、藝文工作者，彼此合作串聯。

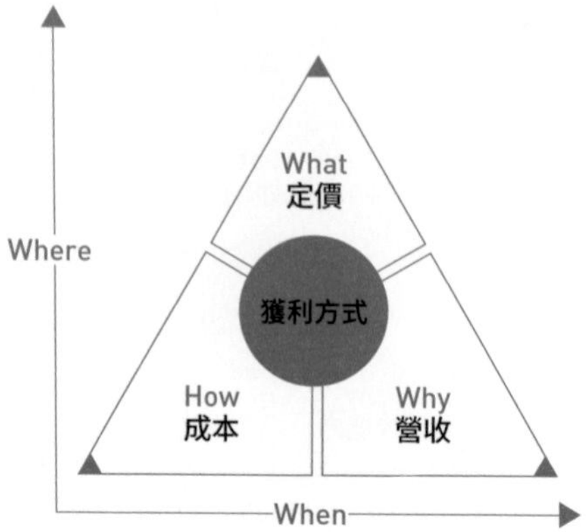

關鍵資源（What）：老空間、老鹽埕文化。

營運能力（How）：持續挖掘與轉譯鹽埕各種關鍵資源，變成活動企劃與導覽解說的素材以及咖啡館的餐點，能夠呈現鹽埕的生活、生產與生態特色。

獲利方式

脈絡情境（When & Where）：叁捌地方生活對青創聚落產品、銀座聚場、導覽解說的定價，都是符合年輕顧客期待、消費得起的中價位。但是他們未來更大的獲利方式，則來自跟政府部門、或是地方企業合作的創意企劃費用。因為他們有能力將鹽埕老空間重新活化及企劃出有趣的活動，製造話題與人潮，又累積許多一起合作的創業青年，可以透過這個創業平台，規劃出更多有趣、有意義的活動以及老空間的活化。

定價（What）：民宿、咖啡館的定價，都是走中上費用，但是因為具有獨特風格與文化論述能力，能夠維持口碑與人氣。

營收（Why）：住宿、餐飲、導覽活動與企劃費。

成本（How）：包括空間改造的前期投入與營運成本。五人的公司雖小，但同仁都具有營運與企劃力，可以擴大營收，相對就能降低人力成本。

第17課

小鎮聚落篇（二）
花蓮新城創業聚落，經過不再錯過

花蓮是台灣旅遊的人氣王。根據花蓮縣政府統計，二〇一九年這一年有一千萬人次到訪。人氣最旺的是太魯閣國家公園，一年吸引逾四百八十二萬人次入園；第二名是藉由夜市補助券加持、帶動一百六十二萬人次的東大門夜市；第三名是往年第二名的七星潭風景區，有一百一十八萬人來此。

儘管太魯閣與七星潭是知名景點，大家知道這兩個風景區的所在地、一年吸引六百萬人次來訪的是哪個鄉鎮嗎？

答案是新城鄉，六百萬人經過卻常常錯過的地方。

新城是來到花蓮的第一站。地理位置是背靠太魯閣、沿著七星潭海灣延展的狹長平原地帶，在清朝漢人開發東部、在此建立新聚落時，將原本太魯閣族所稱的「大魯宛」，或稱為「哆囉滿」（意指閃閃發亮的地方。傳聞花蓮有一條黃金河，也就是現在的立霧溪，上游有金脈），改名為新城。

新城在花蓮開發史上具有重要象徵意義。這裡曾發生許多可歌可泣的歷史戰爭事件，原住民之間（噶瑪蘭族、撒奇萊雅族、阿美族與太魯閣族之間彼此征戰與結盟）、原漢之間，以及日軍與太魯閣族的交戰。

過往的歷史，還存留在小鎮的角落。新城火車站位在新城北端的新城村，是來到花蓮第一站，只是現在大部分的人搭火車來新城，都是要到太魯閣國家公園，除了一間台灣牛肉麵生意很好，還有就是到鎮上排隊買佳興檸檬汁，不然就是直接前往新城南端的七星潭風景區。

為了棒球，高唱新城練習曲

面對沉寂的小鎮，有個瘋狂的年輕人胡文偉，選擇在新城定居與創業。但他不是因為新城而來，而是為了棒球。

在花蓮定居快二十年的胡文偉，過去一直在玉里等地教棒球，五年前路過新城，意外在海邊與一群打棒球的孩子攀談，才知道曾是棒球強隊的新城國小棒球隊已經解散，他說服校長重新成立棒球隊，也義務擔任教練訓練孩子打球。

他也在新城定居下來。因為球隊孩子很多是單親與隔代教養，放學後沒地方寫功課，他也租下一間房子重新改造，讓孩子們放學來此寫功課與吃飯，最後開了一間不賣書、鼓勵借書的二手書店──練習曲書店。

他只能靠募款、書店賣咖啡來賺錢養球隊，甚至用打工換宿方式徵求書店店長，也因而結識來自各地的年輕人。由於書店空間不敷使用，他又整理另外兩間老房子，改造成「好好吃食堂」以及野球宿舍；前者成為球員吃飯空間，也賣冰品與甜點，後者讓球員在寒暑假集訓時有地方可住。

他又發現，當年在花蓮各地培育的小球員都快要大學畢業了，他們想返鄉就業，卻沒有機會，胡文偉為了讓青年們能夠返鄉，希望帶著他們一起創業，於是陸續租下幾棟老房子，一間擺設藝術畫作叫「新城畫廊」；還有一間獨棟的台電老宿舍，和夥伴們一起改造成為「新城藝術電力空間」，一樓當居民的講座與學習空間，二樓以上規劃改造成餐廳；最近還承租一個廢棄的幼稚園。

胡文偉成立了「練習曲文創公司」，想串聯鎮上的店家，包括冰果室、老相館、黑膠唱片行與陶藝館，希望讓新城這個老空間重新活化。他也計畫開發戶外運動，讓喜歡潛水、溯溪、划獨木舟與立槳的青年們當教練，帶領遊客從事戶外活動。

以上是讓人振奮的熱血故事，卻是挑戰的開始。然而許多媒體或書籍報導胡文偉的內容，幾乎就停在這裡了，沒有再往下深入。個性爽快但衝動的他一口氣租了九棟老屋，每個月租金就要十萬元，人事費用更高達十五萬元，這都是龐大的成本，如果沒有商業模式與整合方案，很難打破目前新城的狀況，更難讓長大成人的球隊青年返鄉就業。

面臨這些挑戰，不能只用熱血的創生口號，就能為新城帶來真實且深刻的改變。胡文偉邀請我來新城走訪，希望構思可能的營運方向。

我們從練習曲書店出發，幾分鐘的路程，就來到歷史現場。眼前是一個安靜的小社區，卻有著日本神社的鳥居，穿越鳥居的神社參道，兩旁長明燈還保留著，接著是爬滿藤蔓的船型天主教堂，這是以聖經「諾亞方舟」為概念的天主堂。走進教堂，陽光射入彩繪玻璃，眼前是廣闊靜謐的空間，有個彩繪玻璃的人像還穿著清朝服裝，這是藝術家融入清朝福晉的服裝、花卉與夜明珠東方意象的作品——「聖母元后」。

這個特別的景象，原來是天主教會在一九六四年出資興建天主堂與醫院時，保留了日本神社遺址的意象，象徵多元融合的意義。

在這個安靜的角落，充滿故事與歷史，如果只是匆匆路過，就無法認識這麼豐富的新城。

我們也走訪鎮上的陶藝店，聽主人們手作陶藝的心得，他們也說這幾年不少遊客、尤其是香港客人專程來找他們學陶，一待就是三、五天。

接著去新城國小看孩子練球。兩個專職教練帶著十多個孩子練習，活潑的孩子看到外地客人，都睜大好奇的眼睛跟我們打招呼。

在鎮上邊走邊思考，對於練習曲文創的定位，我有了比較清楚的方向。

七星潭漁場轉型，突破現有困境

要活化新城小鎮，需要加入另一個瘋狂的創業青年的新城故事。故事要從七星潭說起。七星潭其實沒有潭，而是海灣，為什麼會叫七星潭？原本花蓮有幾處大大小小的低窪溼地，被稱為七星潭，一九三六年日本人興建沿海飛行場，就將七星潭填平，將原本的居民遷到現在的居住地，居民仍稱這個海灣為七星潭。

七星潭一直是個小漁村，卻有獨特的經濟產業。這個海域雖然缺乏天然港灣，但因黑潮流過，各種洄游的魚類在此匯集，變成天然漁場。日治時期引進定置漁業的技術。目前七星潭中段就有東昌、朝金、嘉豐等三處定置漁場，漁場根據地形、潮流，將漁網固定放置在魚群經過的魚道上，相對於其他流刺網的捕撈方式，定置漁場比較是永續漁法，屬於被動捕撈，等待魚群誤入其中。

其中產量占三成的鰹魚，是七星潭最著名的漁產，除了做成鮪魚罐頭（知名的海底雞就是鰹魚製成）之外，也用柴燒製成柴魚片。

漁村之外，七星潭南端被規劃成風景區，聚集賣臭豆腐、烤香腸、魷魚與各種飲料的攤販。觀光客看完海，也就離開了，七星潭只是一個人潮聚集的看海景之處，跟在地連結不深，對新城的印象自然很有限。

除了看風景之外，如何提升七星潭的風土經濟？在花蓮念書、當兵也選擇在此創業的任聿新，開了一家連鎖咖啡料理餐廳「家咖哩」，就特別關心這個課題。

在花蓮經營餐飲的任聿新，怎麼會與七星潭有關？原來他的岳父是東昌定置漁場的第二代老闆，現在已是第三代接棒經營。

七星潭周邊的幾家漁場都面臨很大的挑戰。定置漁場的漁獲都是賣給大盤商，由於漁獲減少，價格又過低，像一條三公斤重的鰹魚，盤商價才六十元（一公斤十九元）。然而漁場的經營成本高，像東昌的營收幾乎只能打平，長久下來，經營環境會越來越艱困。

身為女婿、也是創業者的任聿新，一直構思如何跳脫盤商，直接訴求消費大眾，提升漁獲的價值。他先在花蓮市區開了一家定置漁場三代目拉麵店，用東昌的漁產熬湯頭，也賣生魚片，一尾鰹魚可做成七份生魚片，一份賣兩百元，整體價值遠高於賣給盤商的六十元。

因為是漁場直送，走平價路線的定置漁場三代目拉麵店，也成為旅人、在地花蓮人的排隊名店。

舊魚寮變身創業聚落

有了這個成功經驗，任聿新開始思考東昌漁場閒置的二十六棟舊魚寮與屋舍，要如何活化轉型？此外，他還希望打造出「七星鰹品牌」，讓七星潭漁業有更好的價值。

他常坐在無人的海灘上，構思七星潭的風土經濟學藍圖。這些老房舍距離海邊只有二百五十公尺，跟南端的七星潭風景區相比，這裡幾乎沒有人跡，海灘更乾淨，漁村前的一九三縣道，保有目前花蓮較長且完整的海岸生態線，這條鄉間小路很適合悠閒自在的騎單車，只要開發有質感、有內容的產品，讓旅人在此停留，享受更安靜的海景，一定能改變東昌漁場的經營難題。

他要將這二十六棟屋舍打造成一個創業小聚落。每個小屋都是一家小店，可以邀請年輕人來此創業，為了要活化這個漁村，他在兩年內先負責經營十家店，逐步增加知名度與集客力，就能吸引年輕創業者來此聚集。

第一家店是賣雞蛋糕的「魚刺人雞蛋糕」咖啡館。他刻意讓座位減少，只有三十八個位子，比較悠閒舒適。一般認為雞蛋糕很廉價，他將雞蛋糕跟鬆餅連結，透過花蓮在地麻糬、各種食材的融合，呈現雞蛋糕不同的視覺與風味，來提升雞蛋糕的價值。

例如「魚池阿薩姆＆金牌巧克力」是以散發阿薩姆紅茶香氣的雞蛋糕，灑上屏東在地職人做的巧克力脆片，再加上鮮奶油與紅櫻桃做成；還有另一款是結合花蓮紅豆麻糬變成內餡的「紅豆麻糬雞蛋糕」，這些創意巧思，讓原本售價五十元的雞蛋糕變成一百二十元的精緻甜點。

這個在漁村內、不易發現的小店，一開幕就吸引人潮排隊，一天可以接待七百個客人，打開知名度之後，已經有穩定收益。

任事新也開了一家一周只招待兩組客人的私廚料理「Tipi House」（鐵皮屋的意涵）。這個原本已是廢棄的鐵皮倉庫，重新修整成很舒適大器的飲食空間，他邀請廚師運用花蓮在地食材，以及東昌漁場的漁產，為客人做出精緻的風土餐桌。

他的火鍋店「漁場鍋物三代目」也開幕了，刻意跟雞蛋糕店區隔，不會帶來太多人潮，但能讓旅人待更久。雞蛋糕營業時間從上午到下午，火鍋店則只賣晚餐，也稱為星空火鍋店，只有二十五個座位、兩個包廂，可以享受星空之美，以及現場欣賞廚師的魚料理表演。

另一個計畫是開海鮮超市。消費者可以直接在產地買到新鮮的魚貨，也能看到東昌漁船每日用搶灘方式運送漁獲、甚至是現場拍賣的場景。

他希望藉由漁場老空間的活化，提升跟大眾溝通的能力，增加漁獲的運用與銷售，也吸引更多青年來此創業。

但要如何為東昌漁場注入更多的風土文化？其中一個關鍵合作夥伴，就是胡文偉。很有經營點子的任事新，一直是胡文偉請益的對象，他也邀請棒球隊小球員來東昌淨灘，招待他們吃飯，但是如何與胡文偉有更多的合作，創造彼此的價值？

新城的風土經濟學商業模式

東昌創業聚落有清楚的商業模式，但是胡文偉的練習曲文創公司還在摸索中。

我對練習曲文創有初步的建議，以及利用這個商業模式將七星潭北段的新城村與中段的東昌創業聚落互相串聯，一個是老城鎮，一個是小漁村，兩邊整合成一套體驗遊程，增加彼此的風土文化厚度，才能創造更大的風土經濟。

價值主張

練習曲文創

我們發現，新城不只是太魯閣國家公園的入口，在花蓮開發史上更具有重要象徵意義，這裡有多族群的交流與戰爭背景，也保留大量的歷史文化，是兼具生態與歷史文化的重鎮。（Where & When）

但是，新城經常只是旅人去太魯閣國家公園路過之處，人文風土之美總被忽略。

因此，我們想提供閱讀、餐飲、住宿、教育學習與旅行體驗的優質空間。（What）

希望讓重視生活人文之美的外地旅人、花蓮在地居民（Who），都能來此探索學習、重新認識新城的風土之美，

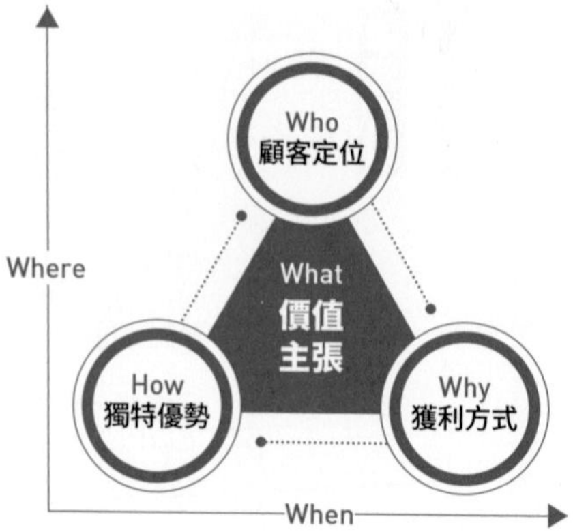

獲得難忘的體驗與感動。(Why)

我們的作法是在有歷史記憶的老空間，串聯與活絡更多在地店家，提供餐飲、閱讀、生活美學、教育學習與旅行體驗之處，並使青年返鄉就業，讓新城不再只是路過，而是成為旅遊與生活的重鎮。(How)

東昌

我們發現，因黑潮流經七星潭海域，在此匯集各種洄游的魚類，變成一個天然漁場，從日治時期就開發成為定置漁場，建立獨特的經濟產業。(Where & When)

但是，七星潭南端建立風景區之後，只是成為人潮聚集的看海景之處，跟在地連結不深。七星潭北端的漁村反而日漸沒落，留下許多閒置的魚寮空間，並擁有完整的海岸生態線，可以騎單車悠遊。

因此，我們想要活化漁場老空間，建立創業聚落，提供餐飲、花蓮在地品牌的優質空間。(What)

希望讓重視生活人文之美的外地旅人、花蓮在地青年業者(Who)，來此聚集。他們想要深度認識七星潭生活、生產與生態的風土之美，獲得難忘的體驗與感動。(Why)

我們的作法是重新活化漁場老空間，建立一個創業小聚落，能夠吸引青年來此創業，讓更多外地旅人來此悠閒體驗七星潭之美，也能買到

新鮮漁獲，讓漁場能持續運作。（How）

顧客定位

練習曲文創

脈絡情境（When & Where）：練習曲文創已有之前公益形象的基礎，在顧客定位上，就能訴求以重視品質的客人、親子客層為主。

功能、社會與情感（Why）：顧客的需求是以社會型與情感型為主，希望獲得深刻的美好體驗。

產品、服務與體驗（What）：提供老空間及新城街區的遊程體驗。包括半天、一天甚至兩天，以及親子營隊等多樣化遊程，才能讓公司有能力聘請更多返鄉青年，也能回饋給新城國小棒球隊。

例如承租的廢棄幼稚園，可改為結合甜點與烘焙的遊樂園，並邀請移居花蓮的甜點師傅與在地青年一起合作經營，發展成親子、年輕族群的甜點教學與體驗場所，但需要針對目標客層提供更加細緻的服務與內容。例如如何吸引親子客群專程前往，並與其他老屋空間串聯，延長體驗時間與品質，帶動整合效益，這些都需要仔細規劃。

至於改裝台電老宿舍的「新城藝術電力空間」，內部空間很多，建議改成平價的背包客棧，讓更多青年來此走訪，或是打工換宿，成為培訓的創業人力。

溝通、交易與維繫（How）：需要透過社群媒體呈現新城的整體在地特色與定位，以及練習曲文創的理念與故事，不能只講公益與棒球。應提供更加豐富的故事與內容，對大眾以及旅行社做深入的溝通，吸引他們前來新城，提供旅程設計方案，而非只是路過。

東昌

脈絡情境（When & Where）：東昌的顧客定位很清楚，走年輕客群，在糕點、餐飲產品上，都有平價、精緻、美感、容易拍照打卡的風格。

功能、社會與情感（Why）：滿足顧客在社會面與情感面的需求，不會去人潮擁擠的風景區，反而希望享受安靜悠閒的氛圍。

產品、服務與體驗（What）：室內以餐飲為主，並鼓勵外帶餐點，到海邊體驗靜謐悠閒的風景。

溝通、交易與維繫（How）：利用社群媒體曝光，以精緻餐點風格與海景來吸引旅客。

獨特優勢

練習曲文創

脈絡情境（When & Where）：個性直率熱情的胡文偉衝勁十足，但常常把事情攬在身上，容易分身乏術，初期可以爭取政府資源，以進行串聯、整合與輔導來打好基礎，但從長遠經營角度來看，需要培養團隊分工合作的能力，才能讓事業走得更穩健。

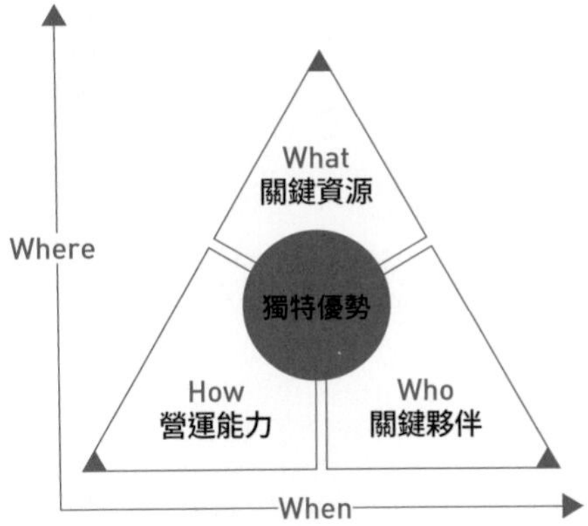

關鍵夥伴（Who）：練習曲需要增加多元特色的關鍵夥伴。除了經常舉辦各種講座、連結台灣各地的知名達人，也可以邀請他們成為親子活動營隊的講師。另外重要的關鍵夥伴就是東昌創意聚落，可以彼此整合兩地的體驗遊程。如最近成立一家賣新城花生的豆花店，取名為「豆花兒」，就是由練習曲招募兩位返鄉青年，東昌負責餐點規劃與設計。

此外，也可以透過划船、騎單車、搭沙灘車的移動方式，帶客人從新城到七星潭，到東昌創意聚落喝下午茶、看海景，晚餐吃火鍋或是 Tipi House 的私廚料理。

關鍵資源（What）：歷史文化與老空間，太魯閣國家公園與太平洋。

營運能力（How）：練習曲文創的獨特優勢就是具有導覽解說、規劃小鎮行程、整合地方達人以及舉辦親子營隊（例如棒球、獨木舟、溯溪、陶藝、美術與餐飲課程）和各種戶外活動體驗的能力。因此，需要再加強挖掘與整合風土資源的能力，以及規劃與執行力，重視細節與品質。

東昌

脈絡情境（When & Where）：由於「家咖哩」是經營有成、花蓮知名的餐廳，已經有很好的品牌經營與執行能力，能夠在東昌漁場打下基礎，但是如何吸引更多品牌業者來此創業，串聯出聚落整合的高度與知名度，將會是個挑戰。

關鍵夥伴（Who）：1.練習曲文創：具有公益與社會創新的特質，兩者分工合作，可以提升東昌漁場的社會意義。比方練習曲文創可以在東昌創意聚落開一家小書店或是商品空間，溝通產品與體驗遊程，例如銷售練習曲文創開發的野球文創商品、小鎮遊程或是水上活動，甚至招募練習曲書店換工店長。2.花蓮或外地青年創業者：透過聚落集客能力，讓創業青年可以來此聚集，實踐創業理想，也能定期策展、策劃活動來吸引人潮。

關鍵資源（What）：七星潭風景、漁場。

營運能力（How）：東昌的獨特優勢就是漁場及餐飲管理能力。但需要把七星潭漁村的生活文化與故事挖掘得更仔細，才能讓聚落更有故事性，與產品、經營內容有更多的連結。如果與練習曲文創成為關鍵夥伴，就能增加彼此體驗內容的豐富性，串聯兩端的關鍵資源（小鎮與海洋）。此外，若能吸引青年來此創業，形成創業聚落之後，就需要提升策劃活動能力，才能維持聚落的品牌能量。

獲利方式

練習曲文創

脈絡情境（When & Where）：練習曲文創具有公益形象，但是市場營運能力會是未來的挑戰。要有好的獲利能力，需要有好的定價策略。首先要重新定位既有的幾間老屋，是否有彼此區隔的特色吸引力；其次每個老屋的產品與體驗內容要再精緻化，才能提高售價，增加人手來協助，維持正常營運，滿足客人的期待。

定價（What）：書店二樓的咖啡館要重新訂價。既有價格偏低，只賣一百元，如果提高到一百五十元，加上幾樣單價較高的精緻甜點（可以請東昌聚落協助開發），讓客人透過消費來支持書店與棒球隊，也能增加球隊收入。

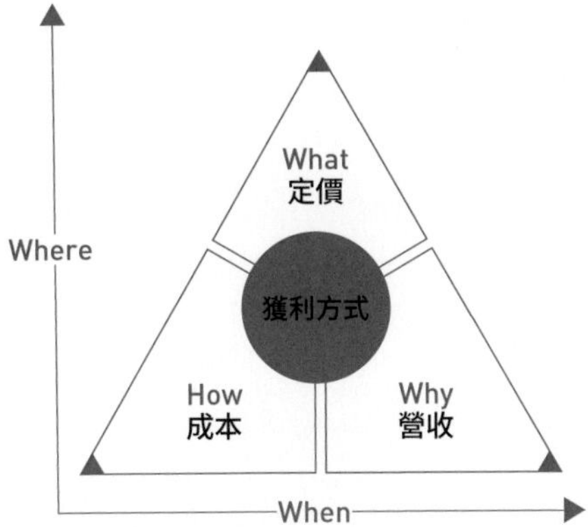

行程規劃走小眾深入的路線，戶外活動費用可以拉高，但建議要將小鎮體驗、好好吃食堂的甜點、飲料包裝起來，就會有整合的效益。

另外，「新城藝術電力空間」調整成平價的背包客棧，可以吸引年輕人入住，會有更多現金流，以彌補空間租金，降低成本。

另外，寒暑假的冬令營、夏令營，需要大量人力，因此需要好的定價，除了既有的畢業球員擔任指導員，也可運用打工換宿讓年輕人來參與，同時背包客棧可調整成營隊的住宿空間，讓資金都能留在練習曲文創公司。

營收（Why）：具有社會意義的體驗活動（孩童運動、水上戶外活動），以及相關產品，都能夠連結到新城國小棒球隊與青年返鄉創業，會打動旅人，參與有意義的消費。

成本（How）：包括空間改裝與維護成本、人力成本、開發新體驗活動與產品的相關成本。

東昌

脈絡情境（When & Where）：東昌長期需要招商，招募青年來聚落創業，初期可以運用政府資金來協助活化，但要透過好的行銷與輔導能力，協助青年創業與獲利，才能讓聚落整體有好的收入，因此需要成立一個經營平台，統合整體的定位與定價能力。

定價（What）：東昌本身在初期發展上，已有好的定價能力，但是如果要吸引創業青年來此發展，也要協助與輔導業者提升定價能力，建立共好關係。

營收（Why）：初期都以餐飲為主，會有良好的現金流，長期要有多元品牌進駐，建立聚落品牌特色，產生更多的人潮與收入。

成本（How）：包括空間整建與維護、營運成本（人力與物資）、企劃開發的創意人才費用。

第18課

餐飲民宿篇（一）
台南麻豆小果農，柚意思創造大市場

農村人口老化一直是台灣農業面臨的問題。一個是農業勞動力人口越來越老，目前農民平均年齡為六十二歲；另外是勞動人數比例越來越少，二〇一九年台灣的農業就業人口為五十六萬人，占全國總就業人口百分之四點八，對比十年前的百分之五點二，一直呈現下滑趨勢。

為了改善這個農村人口又老又少的問題，政府一直推動青年返鄉、青年從農的計畫。根據農委會的統計資料，三十九歲以下的就業人口數，十年前是七萬人，二〇一九年則提升到七點七萬人，成長率為百分之九。當農村人力又老又少之際，青農人數的增加，是令人期待的成長數字。

然而青年返鄉務農的理想，會遇到各種現實面的挑戰。一個是內部挑戰，本身農務管理的經驗與能力不足，又要增加創新能力來提升效率與品質；另一是外部挑戰，需要增加對外溝通的品牌行銷、業務銷售能力，才能突破傳統框架。

我們經常看到媒體關於青年返鄉務農的報導，或是政府大力行銷推廣的返鄉青農，內容都是感人的故事，看完之後的印象往往只有「努力」與「感動」。我們要進一步檢視，除了故事之外，有沒有獨特優勢？如果只用感動故事去吸引更多青年返鄉，或是藉由報導刺激銷售業績，往往只是短暫現象。

終須面對現實問題。有沒有自己獨特的SMART風土創新能力，有沒有長遠經營的商業模式？否則，再多的創新、故事行銷，努力舉辦各種農事體驗活動，希望創造穩定業績，都是不易達成的目標。

只靠故事行銷，不能建立商業模式

因此，青農需要建立一套農業經營的商業模式，並培養SMART創新五力累積的獨特優勢，才能提升農產品價格，並創造體驗經濟的價值，建立自己的風土經濟學。

我曾經參加台北SOGO百貨的「好時好物冬季小農展」，意外遇到一位來自台南麻豆的文旦柚小農、經營「5012柚意思」（意思是傳承五十年的老柚樹，孕育甜度十二度的文旦）品牌的李佳翰。他熱情向我介紹各種文旦產品，我突然看到幾張餐會活動的照片，不禁產生好奇，怎麼會想辦餐會？是政府補助的活動嗎？餐會有收費嗎？有賺錢嗎？

他回答都是自己想辦，可以跟各種顧客交流，一開始只是打平，後來跟一家專門在台灣各地辦餐會活動的知名公司合作一場餐會之後，他學到如何調高費用，創造品牌價值的概念，才慢慢從餐會獲利。「我學會了如何勇敢訂價。」綁著馬尾、身形高大、外表酷帥的他回答。

這句話讓我印象深刻。加上他很積極跟客人互動，我就是被他攔下來，喝一杯柚子果醋，聽他介紹產品、閒聊幾句之後，才有了深入的交流。我回家搜尋有關他的網路資料，原來雜誌與電視媒體都報導過，甚至連吳寶春也去採訪，他做了很多事、很創新、也很努力，但是這些內容幾乎僅止於故事，不夠深入。我更想知道他是如何勇於訂價，背後一定有自己的顧客定位、獨特優勢、價值主張與獲利方式，才能建立自己的商業模式。

我決定去台南麻豆拜訪他，實地了解他的經營狀況，甚至討論他的商業模式（或是引導他說出潛在的商業模式想法）。

柚意思的SMART創新

中秋節將至，李佳翰的文旦已銷售一空。果園只剩空無柚子的低矮果樹，以及一片綠地。跟周圍其他光禿禿的農園土地不同，原來附近農園用傳統的除草劑除草，李佳翰則利用冬季的雜草來涵養果樹，長到三十公分再割除，能夠提供養分與水分。

當果園豐收後，一般農夫都趕快休養生息，但他卻正構思果園的跨年活動。小農還要辦果園跨年活動？實在令人好奇。先簡要說明他的返鄉故事。

原本種稻的祖母開始種植文旦，交由李佳翰的母親承接果園經營，他從小就幫忙務農，文旦都包給盤商採收。有一年因為價格不好，盤商只付了五分之一的訂金，收走果園五分之一的文旦，剩下的文旦就棄收了。李佳翰不忍心讓心血白費，決定將採收的文旦推到菜市場，一路詢問各個水果攤販，請他們出價買下文旦，這個經驗讓他體認到農夫不能只會種水果，還要懂得銷售，否則看天吃飯，容易血本無歸。

他退伍後擔任廚師，後來進入連鎖餐飲業工作，最後調到台北當店長，家中只剩太太、兩個女兒與母親，文旦季節採收時他也抽不開身，只靠一家四個女性採收文旦。

他幾經思考，希望回家經營果園。母親卻看到同樣種文旦的親戚都是七十歲的長輩，而他才三十二歲，怎麼可以回來做這種半退休的工作？為了讓母親安心，他決定白天跟太太在菜市場賣砂鍋魚頭（因為沒有其他競爭者，產品也獨特），下午再到果園工作。

他一面開店賺錢、一面學習果園管理能力，並去上課了解種植知識與原理。三年下來，累積不少積蓄，也能維持一家生活開銷，但是他無法專心務農，砂鍋魚頭的生意雖然好，但無法擴大經營。他面臨兩難抉擇，是要專心經營文旦，還是擴大餐飲店面？

他最後選擇經營文旦。母親也看到他的努力，決定支持他。這個轉折點開啟SMART創新能力的養成階段。

不能只埋頭種植，更要抬頭找市場

雖然文旦是季節性產品，中秋節一定要吃文旦，但是競爭者很多，光是最知名的麻豆文旦，產銷班成員就有一千兩百人，他要如何脫穎而出？

他當過店長，經常跟客戶聊天，決定先從市場感受力的銷售端著手。他想起當年盤商的問題，通常盤商收購價是一斤十五元，農夫不能只會種植，還要有市場能力，如果能接觸不同通路，價格一定會超過一斤十五元行情。他經常半夜搭客運到台北，一早到果菜批發市場考察，去跟批發商聊天交流，了解行情，更重要的是交換名片。

他通常拿了六張名片回家，根據聊天的感想，選出三張，將文旦交給他們賣，再比較這三家的業績，最後再專注一家。運用這個方式，他累積不少批發商客戶，價格也拉到一斤三十元。

他開始為自己的產品分級，採用不同的定價，提供給不同的通路商。

他也觀察到日益流行的電子商務。市場嗅覺敏銳的他，透過拜訪交流找尋機會，才知道跟電商合作，需要更多內容，包括檢驗報告、照片、影片、故事與詳細資訊。他開始整理自己的故事、照片給電商，跟電商建立合作關係。

他更思考文旦產量過剩的潛在問題，必須要增加出口的管道。他沒有人脈，要如何找到合作夥伴？他曾經拜訪有外銷經驗的果農前輩，但是喝了一夜的酒，對方還是不告訴他客戶名單與聯絡方式。

他決定自己開發。他上網找到外貿協會的外銷名單，一家一家打電話詢問，找到幾家大陸客戶，建立關係、有了合作信任感，他的外銷價格一箱十斤要二百八十元（一斤等於二十八元），甚至連香港商來台灣找供應商，很多人都推薦他的文旦，現在的報價也達到四、五百元左右（十斤）。

李佳翰也跟許多小農一樣，經常跑台北的農夫市集，希望能透過零售，與消費者建立直接購買的關係，利潤也比較高。但由於文旦產季僅短短一個月，他等於只有八個周末假日可以跟消費者互動，即使努力認真銷售，算下來只能賣掉一千五百斤，但他的果園產量是十萬斤，這種銷售方式效益最低。

他開始換角度思考顧客關係。「不能帶文旦去找消費者，要讓消費者來找我，要如何吸引他們來找我，才是重點。」於是他開始請設計師設計網站，練習經營網站與故事行銷，媒體也找上他，慢慢曝光之後，消費者也會從網站與粉絲頁訂購他的文旦。透過網路直接銷售的連結，他的文旦零售價一斤七十至一百元，最高等級可以賣一百七十元，好的利潤讓他更能專心種植文旦。

果園餐會開啓新視野，讓客人變忠誠粉絲

讓他真正具有創新五力，產生風土經濟學內涵的關鍵，則是SMART的美學力、再生力與風土設計力。

每年冬天是果園休養的季節，他都會修剪樹枝，就地將樹枝燒為灰燼。但五年前他突發奇想，可以邀請親友來果園利用灰燼的熱度來烤地瓜，在家人集思廣益下，決定運用自己當過廚師與餐飲管理的經驗，舉辦一場果園餐會，邀請了七十人，每人收費兩百元，他負責採購與料理。

親友們都很開心，他也覺得好玩，開始構思明年春天柚子花季的餐會。他的弟弟問他，在果園辦餐會的意義是什麼？他直覺回答大家很歡樂啊！連母親也問，辦餐會這麼累，為什麼要辦？這些問題讓李佳翰開始思考辦餐會的真正目的：「跟我的品牌有什麼關係？如何讓更多人認識我的果園，建立更好的連結？」

他開始研究如何舉辦有意思的餐會。他上網查了「稻田裡的餐桌」，發現餐會辦得很有美感，也有很多顧客參與，具有商業價值。於是他邀請稻田裡的餐桌創辦人廖誌汶來麻豆的果園走走，只見廖誌汶一直盯著一排枝葉繁茂低垂的果樹說：「你家的樹好美。」他當下有點不解，哪裡美？果樹不都是如此嗎？他後來恍然大悟，「我們都忘記欣賞自己的美了。」

他們合作了一場餐會。他負責提供場地以及導覽解說，「稻田裡的餐桌」則主導餐飲、桌椅、擺設與顧客，那次是政府經費補助，顧客是一群大學生。李佳翰記得現場擺設很美，還有專業攝影師拍攝。但他發現自己只是一個提供場地的配角，沒有自己的主體性，這群大學生也不太理解文旦與農業。

那次的心理衝擊很大。但樂觀積極的他學到視覺呈現的美感意義，還有跟客人溝通的能力，更重要的是定價，因為之前辦的餐會是一人兩百元，這場則是一人要價一千六百八十元。

每次的問題都刺激李佳翰深思與進步。他一直構思要如何提升餐會價格、創造更高的價值？此後，他有空就去擔任「稻田裡的餐桌」在台灣各地辦餐會的義工，甚至還跟他們去雲南、香港，除了參與料理、上菜，也學習擺飾，以及觀察如何塑造餐會氛圍。

他掌握了體驗的技巧，更清楚自己的價值與定位。他發現，關鍵元素不是美學擺盤，而是「人味」以及在地的連結。

這也是許多去農村做餐桌美學擺飾、或是外來設計策展團隊的缺點、甚至是迷思。因為過於重視形式，卻少了關鍵的內涵靈魂——就是在地的人情味與故事，以及如何跟在地人有更深入的互動，而不是把在地風景當成背景與道具。

深耕在地的李佳翰，融和美學與在地特色，創造無可取代的獨特優勢。他開始融入更多在地元素與故事，先從季節角度來思考，例如春天柚子花祭的餐會，可以在柚花下，用裝柚子的塑膠籠上鋪麻布袋當椅子；以農用推車與棧板當平台，放自己的柚木作品與柚子產品；還有現場讓客人品嚐柚花蜜，甚至請蜂農將蜂巢切成一片片，讓客人品嚐。秋天豐收季之前的餐會，客人可以採柚子體驗；冬天休養季，有柚木灰燼的溫度可以烤蔬菜。

由於場地與人力的限制，每場餐會大約四十人，透過不斷的嘗試與研發，他的餐會定價，也從一人兩百元一路調升，五百、七百到一千二百元，甚至邀請台南知名歌手、金曲獎得主謝銘祐舉辦果園音樂會，接著舉辦跨年餐會，也發展每人三百五十元的果園下午茶。

也因為每年十場餐會的經驗，讓他開始開發柚子加工產品，例如柚子蜜、柚子醋、柚子果醬、柚子和風醬，甚至將樹枝製成眼鏡架、杯墊、研磨穀物茶飲的研磨棒。這些產品不只用在餐會上，更成為銷售的產品，增加他非產季的收入。

我很好奇這些客人是怎麼來的？原來都是透過臉書與網站得知訊息，由於他會請專業攝影師拍照，呈現餐會的美學感受，加上他自己撰寫文字記錄，逐漸吸引客人關注，參與的客人也會揪團參加，跨大宣傳效果，很多人都變成忠實顧客，也連帶提升他的產品業績。

讓客人變粉絲的關鍵，就是風土設計力創造的難忘體驗。客人能實地體驗與認識這個青農的品牌，看到他的果園，就能建立好感度。比方有客人參加他的餐會，又參加其他行銷企劃公司強調以美學為主的餐會，發現兩者最大差異在於「人味」，反而變成他的忠實粉絲。

李佳翰認為，客人看到他們一家人忙進忙出，品嚐他與母親煮的料理，就能感受小農的故事與在地氛圍。「我們的餐會看起來也許不夠完美，但是很真實。」他強調。

真實與真誠是關鍵。餐會帶動的創新能力，則是李佳翰逐步學習、找到自己主體性的農村美學力，而非是外來空洞的美感。另外則是連結到果園再生力，能夠發揮生產之外的功能，重新塑造氛圍與產品，同時納入風土設計力，呈現一年四季的活動，增加感受的變化性與話題性。

以這三種能力為基礎，再將原本具有的故事力與商業感受力持續提升與強化，就能建立風土創新力的正向循環，擴大自己的獨特優勢。

青年返鄉務農的兩大挑戰，對內是運用創新力來提升農業管理能力，對外要能與不同通路客戶、大眾直接建立連結，運用風土創新能力建立自己的獨特優勢，再運用商業模式的思維，一步步打造自己的風土經濟學，才能提升農業價值。

返鄉務農十年的李佳翰，他的經營方式值得不同領域的返鄉青農參考。

「5012柚意思」的風土經濟學商業模式

「5012柚意思」的發展歷程，是一步步累積與突破，在有限時間下，從一面累積專業的農事管理，一面思考如何開拓市場，接著透過體驗設計，帶著消費者參與果園活動，建立深度連結與品牌故事，分散與擴大銷售管道。

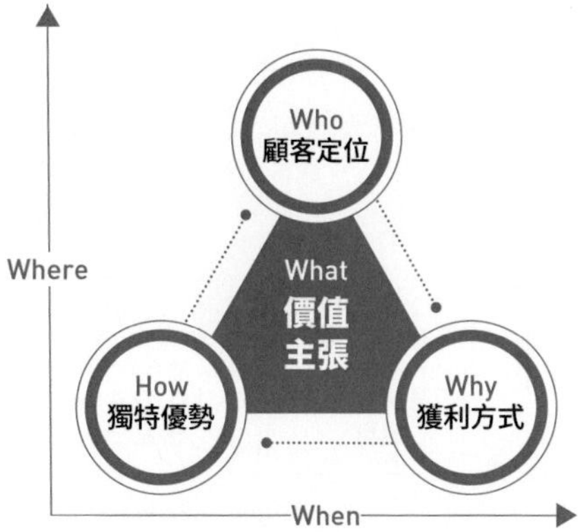

以下是我對「5012柚意思」風土經濟學商業模式的分析與建議：

價值主張

我們發現，許多青年開始返鄉務農，可以承接父母的農務工作，也能照料年邁的父母，能夠利用年輕人的創意與能力，去建立自己的農產品牌。（Where & When）

但是，返鄉務農的人力有限，一面要做好農事管理，一面要懂品牌行銷，但是專業知識與資源有限，最後還是容易陷入價格競爭，不易維持生計。

因此，我們想建立一個文旦品牌事業，讓農產品不只是農產品，還能結合生活體驗，讓更多人認識台灣的風土環境及其所孕育的獨特好物。（What）

希望讓重視食材安全、生活人文之美的消費者（Who），都能買我們種植與開發的文旦產品。他們更想要來產地體驗、親身感受農園生活的特色與美好，能夠支持台灣農業，更能認識物產的風土環境與種植理念。（Why）

我們的作法是努力生產安全的好文旦，並串聯更多志同道合的返鄉青農，一起提供好產品，並根據時令變化提供果園饗宴，讓消費者能親身了解台南麻豆的風土生態，感受文旦的多元風味，以及我們果農的生活特色。（How）

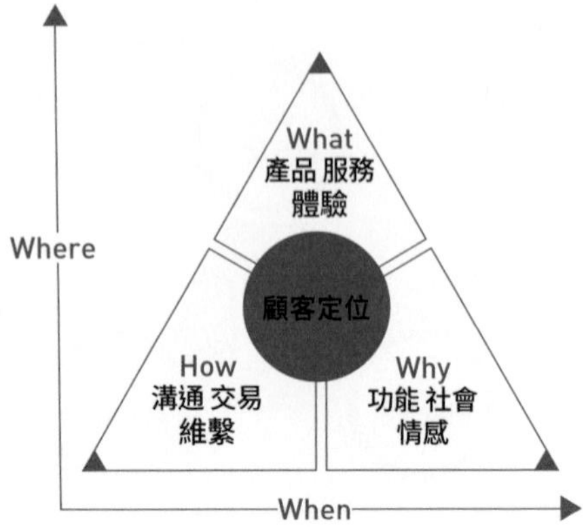

顧客定位

脈絡情境（When & Where）：「5012柚意思」的顧客需求，分為兩個層面，一個是B2B的批發商、超市、電商與外銷顧客；另一層面是大眾顧客，兩者都重視安全、資訊與故事，還有直接拜訪產地、認識果園環境的需求。

功能、社會與情感（Why）：B2B客戶在意品質、清楚的產地資訊、有特色的故事，以及穩定的供貨與價格；一般消費者則重視社會與情感面任務，可以用來送禮跟自家食用。另外也喜歡拜訪產地，會跟親友與家庭參與農業體驗活動。

產品、服務與體驗（What）：提供文旦、文旦蜜、果醋等鮮果與加工產品，還有招待B2B客戶體驗現場環境，以及舉辦感恩餐會活動；一般消費者則是可以跟著節令參與果園的體驗活動，例如餐會與下午茶體驗。

溝通、交易與維繫（How）：透過果園體驗活動，能增加對批發客戶與大眾消費者的信任感，建立長期合作關係。另外是在網站與社群

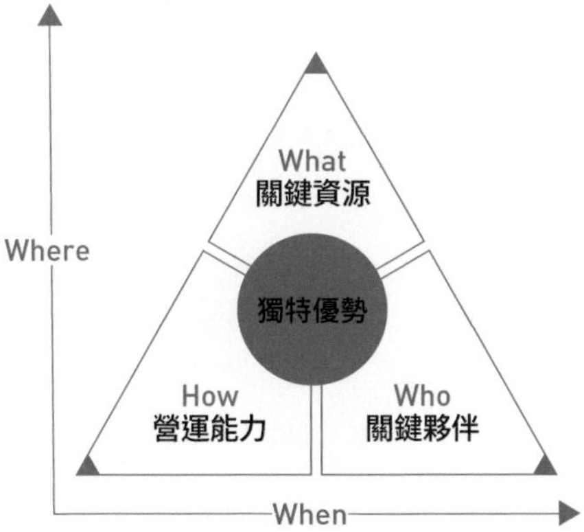

媒體說故事、產地動態與活動曝光，讓更多人認識「5012柚意思」，建立直接溝通對話的關係。此外，李佳翰還會去拜訪鳳梨農友，了解品質與價格，幫忙協調出貨，也跟客戶建立更穩定的關係。

獨特優勢

脈絡情境（When & Where）：「5012柚意思」除了有業務開發能力，能分散通路風險，逐步擴大銷售管道，更擁有自己的風土創新SMART五力，讓自己的品牌價值不易被模仿與抄襲。

關鍵夥伴（Who）：1.外部：各大實體超市通路、電商與大陸客戶。2.內部：麻豆在地的文旦青農。因為外銷出口或是超市訂單出貨量大，時間又趕，李佳翰願意分享訂單、爭取優質的報價，協助幾位志同道合的青農出貨，能一起提升產品品質與競爭力。

關鍵資源（What）：除了麻豆的風土條件與知名度，還有經營網路社群的資源，以及參與各種青農活動與技術課程。

營運能力（How）：生產、溝通之外，規劃與執行活動則是最突出的能力。由於一年要規劃十場餐會，或是承接旅行社的旅行團，他們人力有限，同時要吸引顧客回流，建議未來要更在地化，找到更多關鍵夥伴參與。他們只要主導整體內容與品質，邀請更多社區媽媽參與餐會內容，或是地方達人帶導覽與體驗活動，甚至能夠延長到兩天，

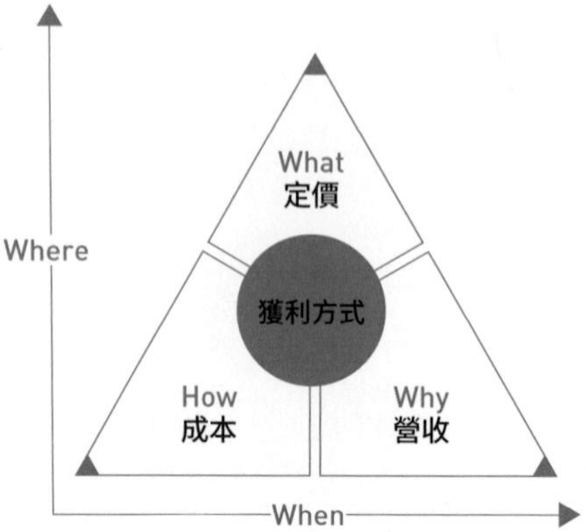

結合地方其他行程，將會延伸更多品牌價值跟影響力。

獲利方式

脈絡情境（When & Where）：因為能跟不同通路客戶溝通，又能掌握顧客需求，在定價上就能針對不同客層、提供不同定價，每一年都能賣完帶有季節感的文旦，沒有滯銷問題，也不會造成跌價損失，又能開發不同加工產品與體驗活動，增加收益管道。

定價（What）：有開發市場客戶的能力，也能整合產量與品質，加上有品牌故事，能拿到好的批發出貨價。其次，直接跟消費者深入互動，可建立銷售連結與信任感。此外，還具有設計體驗的能力，餐會活動的價格都能有好的利潤，與消費者緊密連結。

營收（Why）：鮮果、加工品與體驗活動，一整年都有穩定收入，不會只集中在產季，既能分散風險，又能開拓收益來源

成本（How）：人力成本、農事與運銷成本。

第19課

餐飲民宿篇（二）之間茶食器，創造淡水風土美學

台灣有很多老街，一點都不老，而且長得都非常類似。兩旁店家賣的東西很相像，總是千篇一律，往往就像夜市一樣，過度觀光化，失去地方特色。

就像年營收達到一百億元的士林夜市，因為開放陸客之後，湧入大量人潮，業者為了賺快錢、增加翻桌率，造成品質下降、同質性增加，不少都是賣相同的蚵仔煎與鳳梨酥，也失去國內消費者的信任。二〇二〇年因為疫情影響，沒有國際觀光客來士林夜市，人潮急速下跌，商圈竟空出一百家店鋪要招租，媒體也以「搶賺快錢，我們自食惡果」來形容士林夜市的慘狀。

士林夜市是夜市同質化的縮影，老街不轉型，也可能步入後塵。

我過去曾經擔任中央政府跟新北市政府的商圈顧問，需要走訪各個老街商圈。例如鶯歌、三峽、淡水與九份，發現共同問題都是過度商業化，失去原本老街的風土特色。細問背後的原因，主要是幾乎有八成店家都不是在地人經營，因為看到觀光人潮的商機，為了快速獲利，就

跟著推出時下流行或是復古風格，很少花時間與在地文化特色連結，生意不佳就打帶跑，造成替換率很高的問題。

相對的，在老街經營餐飲更辛苦。由於店租高，如果不經營小吃，要呈現在地風格、又能吸引觀光客的料理，更是一大難事。

以最知名的淡水老街為例。淡水的地理位置與風土條件，一直是各種生態、物產、文化與國際的交會點，包括河海生態的交會——紅樹林，以及西班牙、荷蘭、法國、美國、英國與日本文化的交會。除了多元生活風格與建築之外，也引進各種物種，像日本的吉野櫻、荷蘭人從南洋帶來的雞蛋花與阿勃勒。淡水也是稻米、茶葉的重要產地，更是將茶葉出口到世界各地的重要港口。

這些豐富的元素，塑造出淡水的特色，由於捷運開通，更吸引大量的觀光人潮。但是觀光客往往只停留在老街上，對淡水只有浮光掠影的印象，魚丸、阿給、阿婆鐵蛋與魚酥，還有海景旁的一長排攤販的烤魷魚、香腸與特大號的霜淇淋。

當疫情造成景氣反轉，仰賴大量觀光人潮的淡水老街就立刻受到衝擊。走在老街上，人潮稀落，在地朋友說老街倒了很多店，第一次看到有店面張貼出租的字條，而且還是一次近三十家。這是從未發生過的現象，因為過去淡水老街都是黃金店面，根本不用張貼出租公告，業者只要聽到風聲就馬上搶著承租。

缺少整體風土文化概念、只做過路客生意的老街，一旦沒有鮮明特色，很容易就遇到像士林夜市一樣的挑戰。

創造風土與人文之間的美學體驗

在新冠肺炎疫情期間，我來到隱身在淡水老街末端的「之間茶食器」。這裡屬於沒有海景、人潮較少、路過還容易被忽略的區域。中午時刻這家店竟坐滿了八成的客人，有位老奶奶每周搭乘捷運從士林來淡水當義工，都會先來「之間」用餐，固定坐在靠窗位置安靜享受悠閒時光。

之間雖然也受到疫情影響，但是客人都是專程前來用餐，打出自己的品牌之後，衝擊性就不像老街上的店家這麼大。

一走進之間，長形的室內空間中，紅色磚牆、灰色水泥與銅面吧台交織出不同材質的感受。在低調燈光投射下，沒有傳統狹長建築的幽暗，後方則是日式茶道的榻榻米，在燈光照耀之下，餐桌上的每道料理，都能呈現細緻的美感，感覺食物更為可口。

創辦人翁俊杰在二〇一五年回到淡水老家創辦之間，就得到知名的日本設計獎「Good Design Award」肯定，得獎評語是：「引領人們進入一個將現代生活與在地文化融合的體驗場域。」

「我們沒有淡水河風景，只好創造風景。」翁俊杰能在創業五年內，不僅損益兩平，還能獲利，維持六人餐飲團隊的營運，著實不簡單。

在踏上創業這條路之前，他已走了十多年的設計師之路。他曾是琉璃工房與法蘭瓷的設計師，曾隨著品牌進軍中國大陸、籌備歐洲分公司，參與家飾展，深入了解歐洲市場與品牌經營，最後到了「The One」擔任設計主管，從產品設計延伸到空間設計，設計「The One」在台北中山北路概念店的複合式餐飲空間，以及新竹縣閩南式建築特色的南園人文客棧，離職之後還去大陸蘇州設計飯店裡的茶空間。「核心精神就是在做生活型態的提案。」翁俊杰說。

一直在不同品牌與地方工作，他開始思考自己的人生，想要什麼樣的生活方式？以及淡水老家空間該如何呈現底蘊特色？他決定用茶、料理、空間與器具來呈現心目中淡水的美好生活樣態。

之間本身就是一個文化場域的交會點。從之間的店面往前走就是日式房舍，後面則是洋人一條街，早年就有許多藝術家在此創作，他籌組的團隊也幾乎都不是餐飲科系出身，但皆具有美學感受與熱情，一起打造這個具有人文風格的小空間。

翁俊杰跟一般專注在設計領域的設計師不同，是他會花很多時間進行田野調查，爬梳淡水百年來的茶葉文化史；也到各地訪查，拜訪淡水區域的小農、認識各種物產與藝術家，再運用設計師的創意之眼，將淡水傳統食材轉化成一道道有故事與美學的料理。

「淡水阿給醬百頁披薩」就是淡水風土的縮影。「阿給」已是淡水必吃的名產，這是從油豆腐日文「あげ」音譯過來，之間團隊研究各家「阿給」醬之後，重新調出獨門阿給醬汁（傳統是以番茄與味噌為主的酸甜辣，之間主廚加了巴薩米克醋增加酸度，也加一點豆瓣醬），再搭配百頁豆腐，並加入春天盛產、清爽脆口的箭筍、青蔥和新鮮香菇，另用文山包種茶研發製造的酵母，來製作披薩餅皮。此外，他們也研發了南瓜鐵蛋披薩，這是用金山南瓜、淡水阿婆鐵蛋切片當餡料，視覺與口感都令人驚豔。

另外，淡水最知名的傳教士馬偕，則是在一八七二年從淡水河畔上岸，他除了帶來醫術，更帶了大量蔬菜種子，包括胡蘿蔔、甘藍菜、番茄、敏豆、花椰菜等。這些作物已在台灣落地生根，變成家家戶戶餐桌上的日常美味。之間團隊就運用這些蔬菜，搭配淡水生產的稻米，以手工做成菜捲，再淋上新鮮番茄熬煮的紅醬汁，鋪上起司高溫爐烤，製成具有文化與風土意義的鐵鍋料理，命名為「馬偕博士的種籽」。

以淡水為舞台的跨界合作

之間不只在既有空間做風土餐桌的美學呈現，更與在地不同領域的達人進行跨界整合，創造不同的體驗感受。

一九二一年的中秋節，當時是日治時期，曾有超過百位的淡水官民組成「海上觀月會」，由日本商人、也是淡水街協議會員的中野金太郎主導，晚間八點搭船從淡水出港，船上有藝伎歌唱助興，一邊賞月、一邊享用美酒佳餚。百年後的二〇二〇年中秋節前夕，之間團隊舉辦「煙花輕舟茶會」，邀請知名版畫藝術家楊忠銘講解淡水河歷史，之間則負責餐點與茶席。

之間以「河上茶之路」為主題，呈現百年前藉由淡水河輸出到全世界的幾款代表性台灣茶。客人在船上喝的第一款是坪林包種茶，茶師在沖泡時，順手摘了新鮮茉莉入茶，帶出台灣早期製作香片、河岸兩旁遍植香花的歷史。第二款是香檳烏龍，這是用高腳杯來品茗冷泡的東方美人茶。第三款茶是檜香烏龍，早期淡水河也是運送台灣檜木的重要水路，之間用分子料理概念，將檜木香氣先放在密閉空間，再將香氣灌注到茶湯後、再倒入茶杯，傳出淡淡檜香。

此外，二〇二〇年一場紀念馬偕在一百四十八年前從淡水登陸的小旅行，是由專門導覽淡水文史的「旅學堂」、之間茶食器與真理大學合作的午後之旅，呈現馬偕行腳過的淡水，我也期待能發展成淡水的深度旅行。在淡水文史專家吳竣毅導覽下，我們一路穿梭馬偕走過的巷弄小徑，感受馬偕的故事，也聆聽淡水人的生活點滴。最後來到位在真理大學、呈現白色長廊的馬偕故居。我們在長廊上喝茶，桌上擺滿胡蘿蔔、敏豆、花椰菜與番茄，呈現百年前馬偕引入台灣的蔬菜，為台灣餐桌增添營養風味。

讓我最驚訝的是那杯茶。這杯坪林紅茶入口竟有一股甘甜清香，原來茶壺裡除了紅茶葉，還有胡蘿蔔皮。這是由之間團隊削下胡蘿蔔皮，模仿製茶的烘焙過程，產生焦糖化風味，與茶葉交融，經過熱水激盪之後，呈現自然的甘甜，也傳達馬偕引進胡蘿蔔的故事與精神。

還有一次是由之間發起、八間淡水店家串聯，為期一個半月的「淡水南瓜食驗生活節」。淡水農會以往每年會在六月舉辦淡水南瓜豐收競賽，由淡水、三芝的小農參加，只是活動結束後，小農南瓜產量有限，很難被盤商採購，無法創造經濟價值。二〇二〇年翁俊杰希望可以透過料理創造淡水南瓜的價值，決定聯合採購小農南瓜，並串聯店家來創作南瓜料理，朋友之間一呼應，從咖啡館、鍋物店、日式刨冰到無菜單私廚紛紛開始響應。

原本只是想簡單創作就好，但大夥彼此互相競爭下，反而激盪出更有創意的料理內容。一家咖啡館推出「南瓜泥冰拿鐵」，以及「南瓜蒜香鮮蔬油封」是用橄欖油悶煎南瓜時蔬，再淋上少許義大利香醋提味；「碳黑巧克力南瓜派」是將蒸熟的栗子南瓜磨成泥做成內餡。另一家小飯館則推出「奶油慢烤季節海鮮黃金南瓜燉飯」與「慢燉南瓜海鮮濃湯」，以南瓜與奶油帶出干貝與蝦的鮮甜風味。

之間則是推出兩款作品。一個是淡水日落美景的「金夕南瓜」創意飲品，這是將南瓜做成一顆像夕陽的小球，杯底放了象徵海岸的栗子南瓜泥，上面一層黑糖就像淡水夕照對岸的山影，店員在顧客面前緩緩注入鐵觀音冷泡茶，此時南瓜夕陽冉冉上升，在漸層色的茶湯裡浮動，非常有趣。

另一款「南瓜田茶酵母披薩」則是充滿淡水田園意象。原本的茶酵母披薩加上南瓜醬，另外混入地瓜粉，將南瓜捏製成小巧的小南瓜造型，再加上形似南瓜藤的龍鬚菜，不僅有意象、口感也爽脆，最後撒上咖啡粉，增加風味，不但有泥土象徵，也讓整塊披薩變成大地田園。

為了鼓勵消費者來淡水品嚐南瓜美食，在八間商家的攜手合作下，住在淡水、熱心地方事務的知名攝影師陳耀恩，再找五家全台各地的飯店共襄盛舉，只要消費就有機會抽住宿券，為這個活動加溫。旅學堂也以南瓜為主軸推出體驗遊程，帶領旅人走訪淡水私房景點與南瓜田，並進行南瓜手作體驗。

從老街的餐飲空間創造淡水的美學體驗，一直到走出餐廳，串聯各個店家、達人共同展演淡水風土，之間茶食器讓人與空間、人與器物、人與食物、人與人之間開始有了連結。

之間茶食器的風土經濟學商業模式

之間茶食器能在淡水建立自己的品牌特色，關鍵在於自己的價值主張、聚焦的顧客定位以及獨特優勢三者構成的商業模式，讓之間能夠產生有經營利潤的獲利方式，可以持續在淡水耕耘。

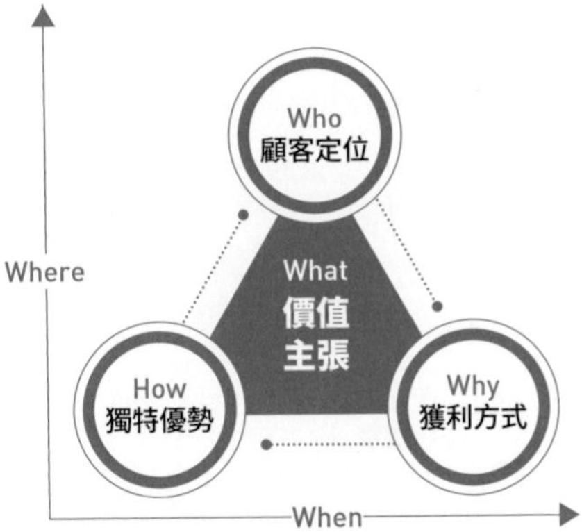

以下是我對之間風土經濟學商業模式的分析與建議：

價值主張

我們認為，淡水長期是各種生態、物產、文化與國際的交會點，更是將茶葉出口到世界各地的重要港口。這些豐富的元素，塑造出淡水的特色，也成為台灣重要的觀光景點。（Where & When）

但是，觀光客多半只停留在老街上，對淡水的印象不深，只記得海景與小吃。

因此，我們想在淡水建立一個文化體驗空間，藉由料理、茶飲、器皿、用餐氛圍與各種體驗活動，呈現淡水的生活、生產與生態風土之美。（What）

希望讓重視在地食材、想了解淡水風土人文的消費者（Who），他們與家人親友來之間，透過料理與活動體驗，增加彼此的回憶與話題，也能認識淡水的歷史人文。（Why）

我們的作法是透過農地訪查與創意料理，將淡水食材、歷史與生活文化，轉換成餐桌上的淡水風土，並與淡水的店家、工藝與生活達人合作，透過體驗活動來帶動旅人與空間、器物、食物、人際之間的深度連結。（How）

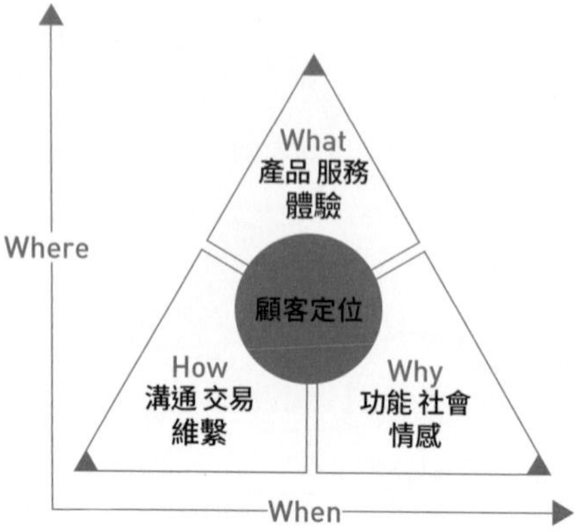

顧客定位

脈絡情境（When & Where）：由於之間的位置是在老街外圍的小道旁，相對幽靜，也與熱鬧的淡水老街有區隔，讓專程前來的客人能有一處體驗淡水風土的靜謐空間。

功能、社會與情感（Why）：之間的顧客需求，在於重視社會與情感面任務，願意跟朋友、同事與親人到淡水享受悠閒的美食時光。

產品、服務與體驗（What）：提供不同於傳統淡水的料理餐點，運用在地食材與美學，呈現淡水特色；以及在獲得設計獎的空間裡，不定期與在地達人合作舉辦文化體驗的活動。

溝通、交易與維繫（How）：之間的臉書粉絲頁會呈現每個季節的料理內容與特色，由於視覺上很搶眼，會特別吸引顧客關注，特地來之間用餐。

獨特優勢

脈絡情境（When & Where）：之間擁有自己的SMART風土創新五力。從田野調查、美學設計、餐飲內容到說故事能力，都能讓他們的產品、服務與體驗擁有獨特優勢，能夠重新定義淡水文化，設計獨特的淡水風土體驗，創造顧客的深刻感受。

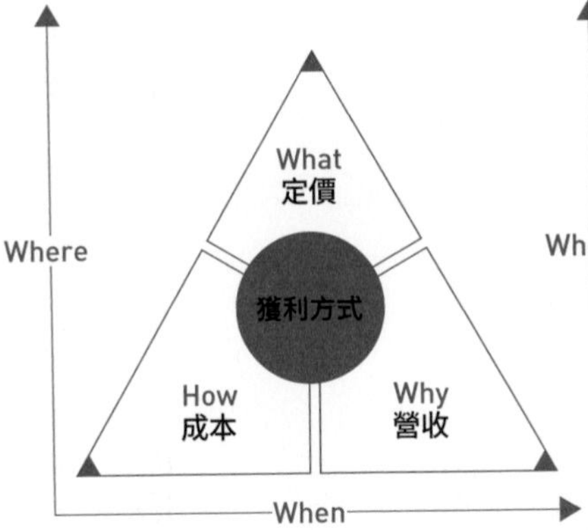

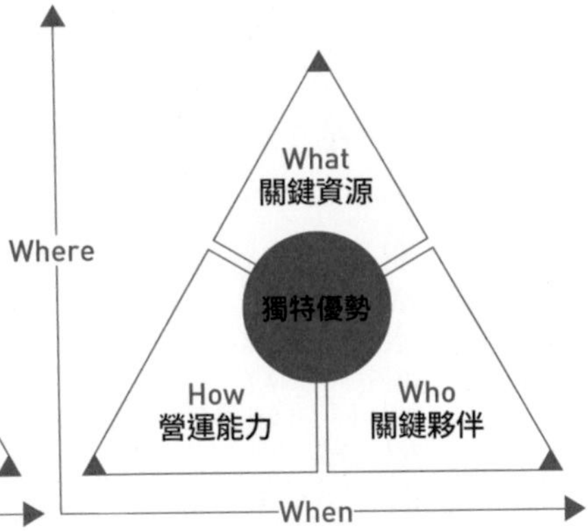

關鍵夥伴（Who）：淡水小農、淡水工藝達人、有共同理念的商家。

關鍵資源（What）：淡水歷史風土條件。

營運能力（How）：由於之間有規劃戶外體驗的能力，能帶著旅人親身感受不同角度的淡水，這是很難得的團隊能力。但因為這些體驗活動都屬小眾、顧客不多，不易從體驗活動中獲利，從長遠角度來看，建議要籌設獨立的企劃團隊，例如能夠幫政府、企業舉辦活動、策劃展覽，就能強化獨特優勢。

獲利方式

脈絡情境（When & Where）：之間的顧客定位在於重視質感美學的客人，重視與地方的連結，因此在定價上可以享有附加品牌價值、比較高的定價。但是建議之間未來要成立企劃團隊，走B2B的顧客市場，才會有好利潤，讓經營團隊更能持續深耕淡水。

定價（What）：之間的定價不走高檔路線，但在視覺與故事上都能呈現自己的美學與淡水文化，反而讓消費者有物超所值的感覺。

營收（Why）：餐飲、茶飲、外帶的精選咖啡豆與茶葉。

成本（How）：在食材、器皿、研發的營運成本都較高，才能呈現之間的整體價值。

第20課

餐飲民宿篇（三）

五個房間的梯田山民宿，如何成為全球十大絕美旅宿

台灣可能是全世界民宿密度最高的國家。根據台灣旅宿網統計，二〇一五年合法民宿有六千家、二萬六千個房間，二〇二一年二月則增加到九千九百家民宿、四萬二千個房間。五年來，民宿成長率高達六成。此外，民宿住宿的人數，二〇一〇年十二月單月人數只有十萬人，二〇一九年十二月單月就有五十九萬人，成長率將近六倍。

九千九百家民宿只是合法登記的民宿，如果加上不合法民宿，二〇二一年民宿數量應該高達快兩萬家。二〇一八年合法登記的民宿營收為四十二億元（只有六成申報），如果粗估民宿整體產值（包含合法與不合法），二〇一八年可能高達一百億元。

民宿是台灣風土經濟學的微型產業。由於台灣的風土特色，離島、山林與海岸都有獨特風景，加上民宿開業門檻不高，讓不少退休族群與年輕人投入民宿產業。根據台灣民宿網統計，二〇一五年合法民宿員工人數有七千多人，二〇二一年則增加到一萬五千人，人數成長了一點

一三倍。

這麼高密度的民宿，蘊含台灣各地的風土特色，有機會創造民宿產業的風土經濟學，成為對國際行銷的重要觀光特色。

民宿業者的隱形危機

但是台灣的民宿產業過度競爭，造成偏重空間硬體、造型、設備與用具，甚至充斥大量希臘、地中海與峇里島風格的民宿，缺少經營者的個性與價值，更忽略與地方連結的風土內涵。這也養成民宿客人追逐流行、喜新厭舊的心態，更讓業者陷入軍備競賽式的惡性循環。根據《今周刊》在二〇一三年的報導，在台灣開民宿能夠賺錢的不多，普通民宿每月管銷最少要十萬元，若是走高檔路線，每月固定支出就要二十五萬元，如果營收未超過這個數字，開越久、賠越大，年平均住房率也要保持百分之二十以上，才能支撐所有的開銷，「未來十年台灣會有大量的失業民宿老闆。」

二〇一三年的預言，也許過於聳動，因為民宿家數、住宿人數仍持續成長，而且民宿顧客九成仍以國人為主，即使二〇二〇年的新冠肺炎短暫衝擊民宿產業（住房率從二〇一九年上半年的百分之二十二點七九下降到百分之十五點六四），但不像其他經營國際觀光客的飯店、旅行社業者衝擊那麼大。下半年報復性國旅，衝高了住房率與營收（二〇二〇年營收七十三億，住房率百分之二十五點八），讓民宿產業立即回穩。

儘管民宿家數與房間數持續創新高，仍有長期隱憂。二〇二〇年百分之二十五點八的住房率，意味著許多業者只能維持開銷，難以獲利。這個數字也傳達了國人旅遊只集中在假日、寒暑假、過年等，其他時間的住房率就偏低。

民宿經營的關鍵在於如何提高平日住房率。如果能創造旅人平日住宿的需求，甚至未來國境開放後，讓更多國外優質觀光客來體驗台灣民宿的風土特色，才可能創造民宿商機，否則真的會出現民宿業者的失業潮。

要先回到民宿定位的核心問題。你是賣房間？賣整體空間氛圍？還是賣體驗時間？賣房間只能賺差價；賣空間氛圍可能創造自己的特色，並增加收入；如果能結合風土經濟學的體驗經濟，則是透過時間來賺取利潤，時間越長，利潤越高。

因此，民宿業者不能只跟隨流行，追求外觀造型，或以異國風情為訴求，更要增加內在能力，包括建立自己的風土創新能力，能夠連結在地風土特色，才能延長旅客的體驗時間，創造民宿的商業模式。

因為各種差旅行程，加上撰寫本書的過程中，我經常住在台灣各地的民宿，也能了解民宿特色與業者的問題與需求。我住過位在花蓮壽豐的中央山脈山腳下、成立四年的梯田山民宿，透過親身體驗與深度訪談，發現很有風土創新能力，也有自己的商業模式，值得民宿業者參考。

蔡昇達三十出頭，他經營的梯田山民宿，曾獲選為二〇一九年 Airbnb 全球十大絕美旅宿，也是唯一的台灣民宿。特別的是，其他九家幾乎都是時髦的豪華旅店或奢華房間，例如泰國曼谷別墅、馬來西亞沙巴的海景別墅、印尼峇里島的鄰海樹屋、法國白朗峰的木屋、芬蘭的北極之家與極光玻璃屋等。

讓人好奇的是，藏身在山林中的梯田山民宿，並沒有豪華房間，怎麼會入選 Airbnb 全球十大絕美旅宿？我更好奇，這間民宿只有五個房間，蔡昇達的時間分配也只有三分之一在梯田山，另外三分之一帶花東的深度旅行，還有三分之一是當四處採訪的特約記者。在房間少、時間少的情況下，他要如何建立梯田山民宿的特色？

梯田山，入選全球十大絕美旅宿的祕密

回答這個問題之前，首先要了解蔡昇達的脈絡。他原本是台中人，因為到花蓮念書，認識住在花蓮馬遠部落的布農族同學馬詠恩，開始慢慢喜歡上部落生活，他用了七年時間參與部落的打獵、採集、語言與生活方式，讓他學習部落的生活智慧。

另外，身為漢人的他，又帶著「旅人的思維」、「編劇的洞察」與「導演的實踐」的角度，

計畫跟部落族人一起經營小旅行。

一方面，他要能轉譯部落生活、整合部落資源成為體驗內容，也要與部落建立雙贏的商業模式。另一方面，他要站在旅人角度，思考如何行銷，如何帶團進部落？例如馬遠部落的體驗，一趟就要一個禮拜，這麼「硬」的行程，必須能夠傳達行程特色與價值，又要能引發旅人參與的動機。

因此為了吸引旅人，他需要透過寫作、攝影與經營社群媒體，持續對外發聲，與旅人溝通，慢慢地建立起知名度，也逐漸吸引外國人與本國人參與部落體驗。

累積成功經驗之後，他也把馬遠部落的模式應用到花蓮豐濱的港口部落，先蹲點五年，與族人建立信任關係，再開始推動小旅行。

也因為累積採訪與寫文章的經驗，他成為媒體特約記者，經常要到台灣各地採訪，結識各地的專業人才，例如攝影、電影、藝術、音樂與工藝的達人，不僅擴大視野，也能串聯人脈。

在經營部落深度旅行過程中，他也受到挫折。六、七年前，台灣各地開始推動地方旅行，受到政府資源補助，在花蓮推出不少低價行程，就讓他這個相對成本高、要回饋部落的商業模式受到挑戰。費用過高的情況下造成報名人數不足、無法開團，他也受到族人質疑，「你不是說有人會進來部落嗎？」

要解決這個問題，不能跟著競爭者也用低價促銷，他開始報名參加台灣各地的旅遊行程，去了解內容、旅客的感受，找出自己的差異化特色。他發現關鍵不是旅行，而是體驗；應該要創造深度的感動，而不是一直導覽解說。

他進一步思考如何運用體驗創造教育的意義。由於蔡昇達是田徑選手，保送花蓮教育大學體育系，也念了東華大學體育與運動學碩士，曾當過小學老師，經過這段受挫的低潮期，他開始思考如何用部落文化傳達教育的意義與價值。

經過這段沉潛期之後，他重建了顧客定位——訴求親子教育、企業員工與學校。他可以帶著三、四個家庭，由族人擔任教練，體驗溯溪、浮潛與攀岩，父母都不能插手幫忙，接著讓孩子一起生火、採野菜，再由孩子幫父母打菜、盛飯。透過這些部落體驗，去塑造孩子、學生與員工對自然、家庭、學校、組織的向心力與價值觀。在陸客禁令開始前，中國某家民間教育機構一年還送四百位學員來此學習，六天五夜不含交通，每人收取新台幣三萬元。

有了顧客定位、清楚的價值主張，以及跟部落分工合作的獨特優勢，讓蔡昇達可以有好的定價。這個費用背後是大量的人力參與，包括行程設計、內部溝通，以及提前兩天到現場確認體驗品質的成本。「我擅長的是把既有的變精緻。」他說。

「非」民宿經驗創造民宿特色

這些體驗設計、顧客溝通、寫作、資源整合與商業思考的「非」民宿經驗，其實就是包括SMART五元素的風土創新能力，讓蔡昇達在四年前接手梯田山民宿時，就能建立跟傳統民宿不同的商業模式。他不是賣房間，而是賣梯田山風土的體驗時間。

梯田山民宿位在深山裡，從山腳到民宿一共要轉九個髮夾彎。原本的屋主喜歡歐洲山中小屋，於是在這裡蓋了荷蘭穀倉式的屋舍，還有一座磚窯，並種植別有風情的落羽松。

蔡昇達接手後沒有改變民宿外觀與內部，而是改善周圍環境。這裡原本滿山都是梯田，但荒廢之後就被野草覆蓋，他號召六十位朋友，以包吃包住與包喝的換工，花一個半月整理、除草開路。他在屋前架設木製平台，能夠站在平台上看到花蓮壽豐的地景；也蓋了一間完全獨立的廚房，可以在此做料理與體驗。

他以梯田山為民宿的風土平台。他早年在部落就被提醒，「獵人的工作不是只有打獵，而是要照顧獵場生態。」他就以部落長老照顧獵場的理念來經營民宿與環境，環境改善了，冒出新芽的嫩草就會吸引動物前來覓食，像山羌、獼猴、飛鼠、莫氏樹蛙與蛇都曾出沒，天空經常有老鷹翱翔。

那天我入住梯田山民宿時，蔡昇達就提醒我，可以在戶外浴缸泡澡，享受山林環境的氛圍，但晚上記得要將後門鎖好，因為會有猴子來敲門。

猴子來敲門？他解釋，這裡猴子多，有時很猖狂，會跑到民宿來擾亂。他會觀察誰是猴王，用獵槍威嚇，甚至打下猴王（這是合法的），就會有段平靜時間，等到猴群又選出猴王後，牠們又會出沒民宿附近。

蔡昇達不僅是民宿主人，也是獵人。民宿開業之後，他除了拜土地公，也會按照布農族儀式祭拜山神。他懂得自然生態，也懂得生活，就能應用在民宿經營上。森林裡隨手採集到的土肉桂葉可以煮湯、熱紅酒、泡茶，還有自然的森林野蜜，都能做為料理與產品。

由於房間只有五間，要如何創造民宿收入與價值？就需要思考如何擴大體驗的空間與時間。

蔡昇達認識不同的跨領域專家，他就集合眾人的才華，在這個平台展演。木作平台變成表演舞台，他經常邀請音樂家、大廚與在地小農，讓住宿客人包場，舉辦民宿的私房晚宴，或是原住民歌手在大樹下唱歌野炊，這些體驗都能增加住宿以外的收入。

另外，他還有開發產品，可以成為旅人的伴手禮。除了自己釀的酒、森林蜜之外，還與許多私廚合作開發調理包、麵包、精選的咖啡豆與紅酒，都能傳達他的生活風格與價值觀，也創造伴手禮的收入。因此，旅人平均住宿一晚的消費金額會達到七千元，延伸房間之外的收入。

但是五個房間能容納的旅人也有限，還需要增加非住宿客人的收入。蔡昇達有了跨界合作經驗，就運用這個平台，針對非住宿的客人來此舉辦宴會與音樂會，也讓民宿的場域被體驗，增加曝光與訂房機會。

此外，蔡昇達的太太喜歡製作甜點，原本規劃非住宿客人來此享受下午茶，一人消費茶點三百元，但利潤不高。蔡昇達重新思考，最後他將午茶昇華為森林體驗，讓客人到森林採集花草果實，再將採集的食材搭配糕點製作，反而延長成為三小時的體驗時間，定價就變成一千八百元。

「我有很多想法跟理念，但不想要只用講的，要直接實踐在生活裡，讓大家看得見、摸得到、聞得到，甚至吃得到，讓人有感覺，跟它產生連結跟關係後，才能夠實際的為這片山林付出行動。」蔡昇達說。

從增加住宿客人的體驗，更延伸到非住宿客人的體驗，讓梯田山民宿不是賣房間，而是賣梯田山的空間，還有珍貴的風土時間。

最近讓蔡昇達忙碌的不是民宿經營，而是一條古道。這是他的好友、布農族馬遠部落的馬詠恩發起的探勘與整理活動，為清朝開闢的最後一條貫通中央山脈東西部的道路，途中經過關門山而稱為「關門古道」（從南投集集到花蓮瑞穗，正式名稱為集集水尾道路）。古道到處都是懸崖峭壁，較少人跡，但能呈現二百年前丹社群布農族人東遷的歷史、文化與生態樣貌。

由於關門古道沒有被劃進生態保護區，也沒被指定為文化資產，馬遠部落青年沒有申請任何經費補助，就開始深入古道整理與探勘，希望用兩年時間重新認識這條先民生活的足跡，重建與自然共存的價值觀。

對蔡昇達來說，這也是認識台灣與山林教育的重要場域。也許，這就是他經營梯田山民宿的初衷，讓自然回到生活，讓訴求落實在生活中，房間就變成時間與空間的一部分。

希望創造風土經濟價值的民宿業者，也要問問自己，想為家鄉風土、為自己的民宿事業，創造什麼價值？是房間、空間還是時間？能夠建立自己的商業模式，台灣的民宿產業才能創造台灣的風土經濟學。

梯田山的風土經濟學商業模式

梯田山民宿之所以能建立自己的品牌特色，關鍵在於獨特的價值主張、聚焦的顧客定位以及獨特優勢三者構成的商業模式，讓梯田山能夠產生有經營利潤的獲利方式。但是更大的特色在於，蔡昇達藉由特約記者的身分能不斷在台灣各地訪談、報導更多有才華的人，這些都能成為他創新的養分，回饋到民宿經營上。

以下是我對梯田山風土經濟學商業模式的分析：

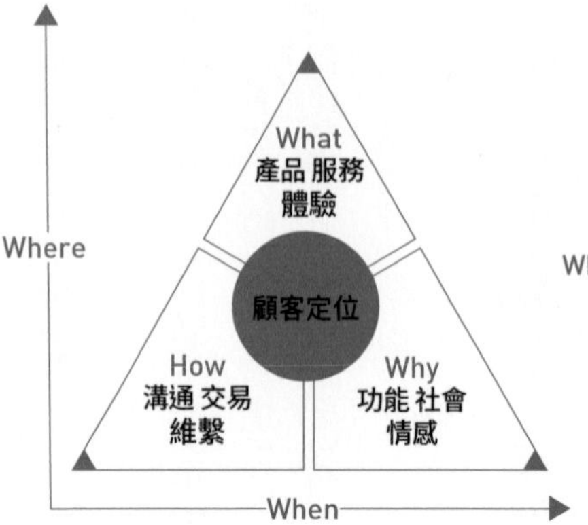

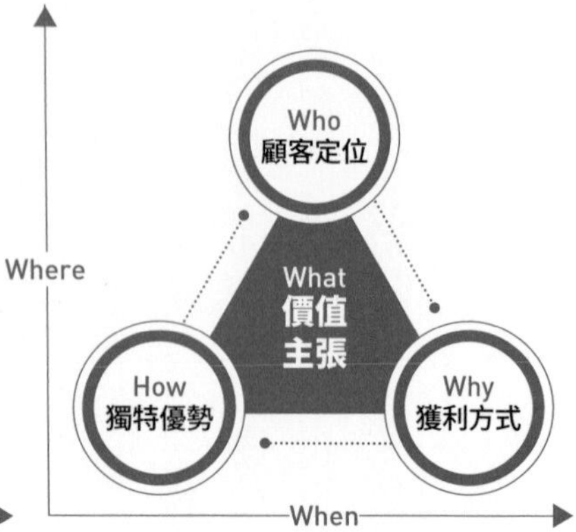

價值主張

我們認為，民宿經營是台灣非常獨特的微型創業型態，能夠呈現台灣各地風土人文特色，可以讓旅人走入台灣各個角落，發現台灣深度之美。（Where & When）

但是，多數的民宿業者過度重視硬體，跟地方的風土文化連結不多，導致於競爭過度，也很難建立自己的特色。

因此，我們想呈現不一樣的民宿方式，不只提供美好的住宿氛圍，更將風土人文融入在住宿體驗中，不是賣房間，而是賣整體的風土空間與感受時間。（What）

希望讓重視質感生活、想了解地方風土人文的旅人（Who），他們想要與家人親友相聚，透過民宿的活動體驗，更認識梯田山民宿周圍的生活、生產與生態環境。（Why）

我們的作法是透過活動體驗、故事分享、餐食、風景與住宿細節，加上量身訂做的活動企劃，提供旅人感動難忘的生活方式。（How）

顧客定位

脈絡情境（When & Where）：民宿位在深山中，進出不易，反而有種隱居的感受。雖然房間少，但是可舉辦非住宿活動，增加客源。

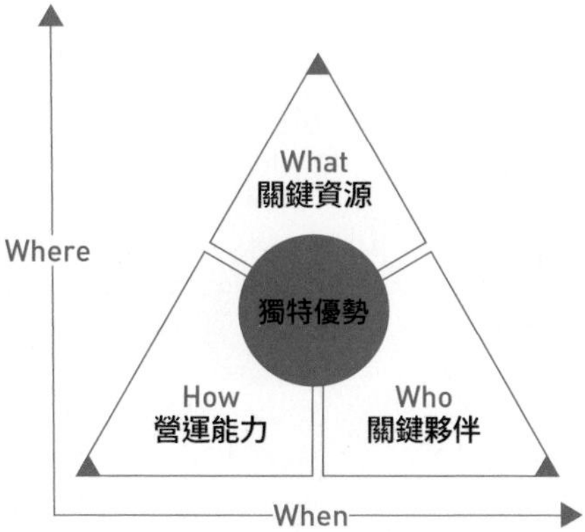

功能、社會與情感（Why）：梯田山的顧客需求，在於重視社會與情感面任務，願意跟親友、家人、情侶在深山享受自然生態的時光。

產品、服務與體驗（What）：透過木作平台欣賞花蓮風景、山林環境，還有森林下午茶、星空晚餐，甚至是量身訂做的宴會、音樂會，以及跟不同領域的藝術工作者交流，都能提供獨特的體驗，創造旅人在其他環境沒有的感受。

溝通、交易與維繫（How）：社群媒體與旅人的口碑，都能產生非住不可的吸引人誘因。

獨特優勢

脈絡情境（When & Where）：要滿足顧客的需求，蔡昇達本身擁有自己的SMART風土創新五力。說山林的故事、民宿改造的故事、餐飲與音樂會的故事，並設計不同的美學體驗，將山林文化、部落文化納入民宿活動的風土體驗，能夠創造顧客不同的感受。

關鍵夥伴（Who）：散落在全台各地、主要是花東的部落藝術人才，可以組合成不同的體驗內容，例如餐會、音樂、藝術策展、產品或是帶路人，成為梯田山的優勢。

關鍵資源（What）：花蓮風土資源、部落文化、梯田山周邊的山林環境。

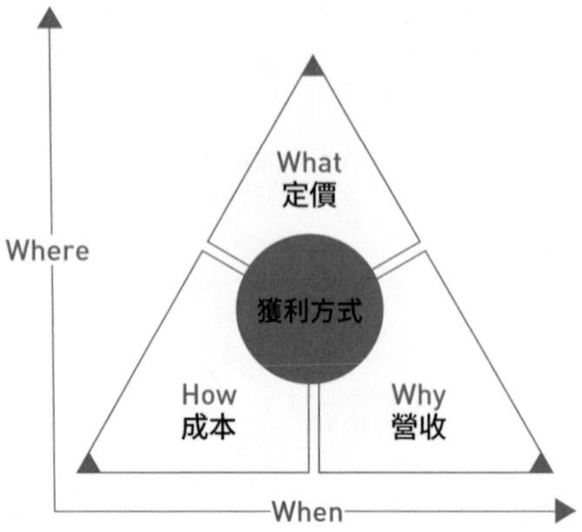

營運能力（How）：除了企劃活動的能力外，因為蔡昇達有很多時間要忙於其他工作，經營團隊必須要強化故事傳達、體驗設計甚至服務內容，落實到每個細節，才能創造即使沒有蔡昇達在現場，也有獨特體驗與服務的優勢。

獲利方式

脈絡情境（When & Where）：梯田山因為房間少，不用訴求大眾客人，只鎖定在重視品質的顧客，加上獲得 Airbnb 全球十大絕美旅宿的肯定，在定價上有自己的優勢。另外還能規劃各種活動，吸引非住宿客人參與，也能提升顧客體驗的價格。

定價（What）：由於民宿空間、食材甚至是活動的人力成本較高，但是蔡昇達懂得運用企劃能力與人脈優勢，反而能用好定價來創造顧客的體驗價值，獲得好利潤。

營收（Why）：房間少反而是優點，旅人都要提前預訂，不會造成空房率，加上住宿之外的體驗、餐食都需要另外付費，以及各種活動企劃，都能增加收入來源。

成本（How）：由於人力不多，反而人事成本不高，主要是以民宿與環境的維護成本為主。但創意實質成本不高，卻可增加顧客有各種活動企劃的需求。

第21課

產業創新篇（一）

台製茶不等於台式茶

二〇一九年十一月的午後，我來到南投魚池鄉北邊的鹿篙社區。這是一個寧靜山村，居高臨下可以眺望魚池盆地，我與日籍文史工作者須賀努前來拜訪「和菓森林紅茶」創辦人石朝幸。

由於日治時期石老先生曾在日本人持木設立的「持木茶廠」工作，須賀努想確認持木家族的資料，他除了在日本拜訪持木的後人，也多次來魚池踏查，想了解當時日本人在魚池經營紅茶的歷史細節。

六十歲的須賀努不是學者，自認只是「找歷史的旅人」。他曾在台灣與上海工作，會講一口流利的中文，十年前從日本銀行業退休之後四處旅行，為了讓旅行有明確主題，還可以發表賺點稿費，他選擇報導與茶有關的歷史。他先到中國、印度、斯里蘭卡各地找尋茶的歷史，接著走訪台灣。原本認為台灣只是個小地方，任務應該很簡單，沒想到竟發現台灣茶產業歷史跟日本的連結很深，甚至充滿國際化色彩。

他無意間發現台灣茶產業的大歷史。因此，八年前轉向以台灣為基地，一年要在台灣待上十個月，深入各地踏查，只要有茶的地方幾乎都去過，到現在甚至都還沒完成訪查工作。讓我印象最深的是，他會到高雄六龜山上，跟布農族的老茶農以日語聊天，找尋當年的山茶歷史、還原現場故事。

他又發現，台灣茶發展過程有很多事件脈絡跟其他國家的貿易有關，於是又跟著台灣茶葉出口到世界的足跡，飛到俄羅斯的海參崴、東南亞各地旅行與訪查。他也把與台灣有關的內容故事寫在日本台灣交流協會的雜誌中——專欄名稱是「台湾茶の歴史を訪ねる」。

他從各種細節爬梳大歷史，呈現茶的魅力與故事。「台灣茶的歷史很豐富，而且風土特色很多元，能夠製造出各種風味的茶，非常吸引人。」總是帶著各種剪報資料到現場比對與確認，並勤做筆記的須賀努說。

當一位日本人帶著崇敬的語言描述台灣茶的風土特色與世界歷史的關聯，就像訴說法國葡萄酒的特色一樣，茶不只是茶葉，葡萄酒不只是葡萄，都傳達出文化與經濟面的影響力與魅力。

茶產業，台灣最具特色的風土經濟

如同我在前言提到，把台灣當成住家與工作場域之外的第三地，用陌生人的客觀視角（如須賀努的角度）來思考台灣，就能發現茶葉就是台灣最具特色、最容易和世界溝通的橋梁。如果台灣要建立具有世界影響力的風土經濟學，茶產業就不能缺席，更扮演著關鍵元素。

台灣茶產業有什麼獨特優勢，能夠建立台灣特有的風土經濟學？第一個就是長期與世界接軌的產業發展歷史。一八六九年左右，台灣茶開始出口到世界各地，當時是以烏龍茶為主。到了日治時期，日本人本身製造綠茶，為了不讓台灣與日本母國競爭，開始輔導台灣茶農生產紅茶。國民政府來台之後，茶產業人力成本太高、已經不具國際競爭力，為了賺取外匯，茶農開始轉做綠茶，供應給嗜飲綠茶的伊斯蘭國家。

茶產業體質的大轉型，關鍵在一九七五年。由於綠茶也出現出口成本過高的問題，逐漸失去競爭力，一九七五年政府為了輔導茶產業轉型，開始推動內銷導向，藉由舉辦茶比賽，拉高茶價，製造新聞話題，並大量推廣喝茶，也讓茶農產銷合一，可以自種自銷。

此時，比較精緻的烏龍茶才開始在台灣各地擴大種植，甚至開始種植高山茶，茶藝館也如雨後春筍般出現，精緻茶飲才慢慢與生活結合。

台灣茶產業的第二個優勢是本身風土多樣性，能夠製造出豐富多樣、風味獨特的茶款。由於走內銷導向，為了要滿足台灣人本身的喜好，台灣從北到南、從東到西、從高山到丘陵，甚至連馬祖南竿小島都有茶園，運用工藝技術，製作各種風味的烏龍茶。九二一地震之後，南投魚池重新發展沒落已久的紅茶，逐漸讓紅茶復甦。因此，相較於其他產茶國家，台灣是少數能發展不同茶款與精緻風味的產地。

第三個優勢是茶飲料的創新能力。台灣人擅長製造各種風味的茶飲，搭配粉圓、鮮奶、糖、鮮果等食材，發展出複雜綿密的連鎖茶飲系統供應鏈，從茶葉到食材、食品設備與包裝材料，並且能將品牌與茶飲技術行銷世界各地，也讓台灣茶再度與世界連結。

茶產業的挑戰與危機

這些優勢都是創造台灣茶產業走向世界的機會，同時又充滿各種挑戰，甚至還有更多潛在危機。因為茶產業看似熱鬧，卻大多是關起門來放煙火，與世界接軌連結的基礎很薄弱。

危機一：茶產業發展朝兩極化斷層

過去一百多年來，台灣茶都是代工型態。從百年前最早的烏龍茶、紅茶到綠茶，幾乎九成都是以出口為導向，而且國人的飲茶習慣，喝茶梗茶（割稻仔茶）的占有一定比例。這跟一般人印象當中，台灣茶是百年生活文化的認知觀念很不同。

從台灣區製茶同業公會彙整的統計數據可以得到證實。一九五〇年之前，國人每人平均喝茶量只有零點二公斤，一九七六年人均喝茶量為零點二七公斤，一九八五年就提升到零點五八公斤，一九九〇年代泡沫紅茶興起，一九九五年突破到一點零八公斤，接著當珍珠奶茶興起、茶飲料連鎖店成為國人日常飲品之後，二〇一七年每人消費量增加到一點五公斤。

先從數據檢視台灣茶產業基礎。根據台灣區製茶同業公會二〇一九年的統計，台灣茶產業總產值，每年大約一千五百億。其中手搖茶飲有一千億（約百分之六十七），罐裝飲料二百五十億（約百分之十七），內銷禮品及小三通推估約有一百八十至二百五十億（百分之十二至十七），外銷則約十三億（百分之零點八）。

八成以上都是茶飲料，這個數據顯示茶產業發展進入兩極化的現象。

一端是大量的低價調味茶飲。根據經濟部統計，二〇二〇年國內每年賣出十點二億杯茶飲，平均每人每年喝四十四杯，幾乎都以進口的低價紅茶與綠茶為主。二〇一八年進口量值約為三點二萬公噸、近八千萬美元、進口每公斤約二點五美元，紅茶與綠茶就合占八成。這些進口茶都是製成手搖茶與罐裝茶飲。

調味茶飲的內容，茶不是主角，而是配角，只要有茶味就好，不需要太多茶的深度風味。

另一端是少量高價的烏龍茶。烏龍茶都以內銷為主，台灣的茶葉產量每年持續降低，但是產值卻一直提升，根據台灣區製茶同業公會統計，二〇〇二年至二〇一一年台灣茶葉產值增加百分之一百二十六，但茶葉收穫面積下降百分之二十三，茶葉產量下降百分之十五。相對的，茶葉進口量卻增加百分之六十四，進口茶幾乎都是流向罐裝與手搖茶飲。

雖然內銷價格持續提升，看似是精品茶不斷受肯定，但也有很多都是炒作、刻意哄抬、製造話題的結果。

例如媒體曾報導東方美人茶的「天價」，特等獎一斤高達一百零一萬元，相較前一年特等獎售價一斤大約三萬元。根據《今周刊》報導，東方美人茶比賽茶的價格，十五年間漲了超過十八倍，總產值增加百分之一百五十，但產量卻少了六成，主因是在物以稀為貴的情況下，以及中國買家的收藏，價格自然水漲船高。

這些報導與資訊，會讓大眾認為茶價貴、充滿神祕色彩，更不願意親近。

另外，茶界對外的形象過於高深，難以親近，也提高參與的門檻。主要是看似高深的茶藝、茶道、文化儀式與用語，讓一般人不易理解。年輕人也會認為茶很抽象，形象就是「老人茶」、不夠年輕活潑。此外，推動茶葉成長進步的農委會茶葉改良場，對外運用的語言過於專業，更讓大眾不易理解茶的知識與內涵。

因此，以冷飲調味為主的商業茶與品嚐原味的精品茶，像是兩條平行線，彼此很難有交集。年輕人逐漸成熟之後，也容易傾向追求學習品咖啡、葡萄酒等飲料的世界。長期來說，這樣的兩極化會讓茶產業發展不均衡，產業也會持續萎縮。

危機二：不易與國際接軌，無法擴大需求、增加產量

台灣仰賴進口低價茶葉，內銷的精品茶產量卻持續滑落，這個現象跟國際趨勢相反。目前日益風行的咖啡市場，不論是大眾口味的商業豆（例如超商、罐裝飲品），或是特有風味的精品豆，兩端都持續成長；同樣的，舊世界葡萄酒（歐洲）與新世界葡萄酒（美國、澳洲、紐西蘭、南非等地）也都持續成長，擴大產量，台灣的茶葉產量萎縮現象，很值得關注。

葡萄酒之所以能征服全球，成為品味的象徵，關鍵在於有一套溝通與教育學習機制，從風土、風味到風格，都有可以敘述感官風味（包括視覺、味覺、嗅覺與觸覺）的明確語言。這套品酒模式，也成為後進的咖啡產業採用的溝通行銷模式，才能不斷提升咖啡豆的價值，有系統的從知識面、技術應用與感官體驗方式，持續推動咖啡產業的進化，由重視風土的精品咖啡，一直晉升到有莊園特色的莊園咖啡，加上各種競賽製造出明星，增加參與感，降低進入障礙，也能培養長期的消費者。

咖啡成為一種流行時尚，在於能融入成為日常生活的一部分，還能交流分享知識見解。許多咖啡愛好者能談各國產地風土、莊園特色、各種風味特質，也能進階到自己烘豆、學習各種萃取方式（手沖、虹吸式、義式咖啡機），培養更多咖啡愛好者。

但是台灣對茶的品味論述，比較偏重精神層次，風味敘述上過於抽象，不僅年輕人不易理

解，外國人就更難感受，以至於台灣的調茶飲品強調的不是茶，而是茶以外的珍珠、糖等其他食材，因為容易感受與比較，不會太高深遙遠。

我們要關注的是，如何從咖啡產業持續不衰的興盛成長，萃取可以借鏡的元素，創造獨特的風土經濟學。

危機三：台灣本土茶產業被邊緣化

相對於咖啡創造的風土經濟學，如果台灣茶產業沒有清楚的風土論述，以及製茶工藝傳達的感官風味，傳達不同茶園或是品牌價值的風格特色，就不易創造台灣茶的風土經濟學。

目前流行的手搖茶飲，幾乎沒有台灣的風土特色（因為多半都是進口茶葉），更遑論有獨特風味（都是各種加料食材，除了新鮮水果之外，幾乎都是進口），品牌連鎖的風格價值，都是彼此流行模仿。當手搖茶的核心沒有台灣茶的重要元素，包括風土條件與製茶技藝，而是以管理與整合技術為主，只能不斷地追求形式上的創新，沒有厚實的生活文化底蘊當基礎，品牌競爭力就會不足。

這是連鎖茶飲商業模式的隱憂。品牌連鎖的獲利來源是靠加盟店的加盟金，以及賺取供應加盟店的原料財，因此一定要成本低、品質穩定的食材，只能透過形式上的創新，增添不同食材與味道，才能藉此吸引消費者與加盟主。

這種商業模式的缺陷，在於競爭力的門檻很低。可以發現茶飲連鎖品牌這幾年潮起潮落，才剛被媒體報導是當紅品牌，一旦碰到意外事件，例如反送中議題、食材來源有爭議的新聞，品牌立刻就大幅滑落。也可以看到新品牌、新店面一直開，也有加盟商不斷收店、轉換品牌甚至自創品牌，想成為原料供應商。

有一位連鎖茶飲加盟商，在疫情發生的二〇二〇年，就虧損了四百多萬元。他坦承根本不懂茶，總公司也沒有教他茶知識或是品牌經營能力，只能運用總公司的材料去調配茶飲。經歷挫折之後，他還是想經營茶飲，但需要重新學習茶知識，以及商業經營的能力，希望能再度創業，建立自己的品牌。

過去手搖茶飲積極布局海外拓點，也在疫情衝擊下出現關店潮。儘管有茶飲原料供應商認為，雖然海外珍珠熱潮減退，台灣珍奶熱潮會以「新面貌」延續下去，例如水果茶、奶蓋茶。但我質疑的是，再來呢？這些都容易被抄襲，但最難模仿的是台灣生產、手工藝製作風味獨特的茶，反而一直被忽略。

不少業者已經回過頭來正視這些問題。他們發現同仁缺乏對茶風土風味更深的認識，導致內部的行銷、採購與研發部門之間溝通不良，無法產生共識。包括對茶的知識、風味敘述都很不足，缺乏茶葉知識，會造成採購部門容易買到品質不佳的茶，或是採購價格過高。另外，當行銷部門反映市場需求，但是開發部門卻不理解那些感受的意涵，產品研發就容易出現問題。

整體而言，如果沒有茶知識與感官風味的深入培訓，連鎖茶飲產業就容易停留在淺薄的想法，無法發展深度內涵與創新，競爭門檻就無法提高，更容易陷入抄襲與模仿的漩渦。

此外，對大部分消費者來說，並不太重視手搖茶飲是否來自台灣茶葉。在他們的感官經驗中，或是知識脈絡認知上，台製茶（台灣生產）跟台式風味茶（泰國、越南、印尼生產的烏龍茶）並沒有太大差異，但是兩者成本卻差很多，當不明白風味差異與價值時，價格幾乎就是消費主因了。

比成本，台製茶比不過台式風味茶，但是比價值，就在於如何傳遞價值特色。如果茶飲業者能開發幾款有台灣獨特風味，有風土論述、又能傳達風味特色，就能創造自己的品牌優勢與差異化產品，才能提升競爭門檻。

除了茶飲連鎖品牌遭遇的挑戰，目前許多茶園也面臨接班與轉型。面對進口商業茶的低價競爭，茶農只能往精品茶領域前進，對於返鄉繼承家業的青年茶農來說，如何對大眾溝通，如何提升茶葉品質與風味，都是空前挑戰。

在台灣主要茶產業聚落的南投名間鄉，就有業者告訴我，曾有企業想辦員工旅遊的茶廠體驗，早上採茶、中午用餐、下午練習製茶與喝茶。六個小時的行程，她報價每人三百五十元（這個價格是她參考網路上的資訊），接著企業主辦要求她體驗免費，未來十台遊覽車的員工（大約四百人）一定會跟她大量採購茶葉，更要求她要以半價優惠。

這位茶農第二代非常生氣，但不知該如何訂價、強調自己的品質，接待了會虧損，也不知如何拒絕企業的無禮要求。這個現象其實在很多茶鄉都發生過，茶農不知道如何溝通與訂價，忙了一整天，也沒有太多收益。

如果國人（消費者與茶飲業者）都不了解茶產業，或是不知道如何品味與欣賞台灣茶，台灣本土茶產業就很容易被邊緣化，因為國內市場成長有限，國際行銷的空間也不大。

面臨關鍵轉折點，需要有意義的創新

正如第9課商業模式的價值主張提到，面對這個大變革時代，我們不能只有形式上的創新，那只是在既有框架下大同小異的創新，我們需要有意義的創新，採用新方法，更基於新的理由，對顧客提出新的意義、新的方向以及新的價值主張。「當我們反過來思考，什麼才不容易被仿冒時，就會想到『意義』這個關鍵詞。一個產品或一個品牌所擁有的獨特『意義』，是不容他人仿冒。」山口周在《成為新人類：24個明日菁英的嶄新定義》強調。

從消費者需求任務來說，喝一杯茶是要解決口渴、無聊的功能性，還是具有社交品味的價值，或是個人情感意義的連結？功能性價格最低，任何飲料都可以取代，如果晉升到社交品味、個人情感，那就是不易取代的意義。

重視感受、體驗與意義的三大飲料產業，包括葡萄酒、咖啡與茶，都不斷經歷各種挑戰、與時俱進的提升，才能建立獨特的風土經濟學。一旦缺乏意義、被視為古板、沒價值，就容易被各種流行性飲品取代。

參考葡萄酒、咖啡的發展之路，關鍵都在於如何有效溝通、培養需求，以及提升品質，創造市場定位。

需求是被創造出來的。台灣茶的特色與風味，需要被重新強化與詮釋，才能有效對大眾溝通。比方我這幾年經常去上「講茶學院」辦的台灣茶葉品評課程，包括烏龍茶、紅茶與東方美人茶。我在現場觀察，許多報名學員都是想了解台灣茶的特色與知識，否則送禮給外國人，都不知道該如何敘述與表達，也有專程從香港來上課的學員。另外是咖啡館、米其林餐廳員工，店裡也提供台灣茶品，但是他們不知道要如何對客人介紹風味特色。更有不少茶相關領域的工作者，例如茶農、茶商與連鎖茶品牌員工，他們不了解茶相關的脈絡知識，特地來取經學習。

當有大量的顧客需求出現了，代表目前既有的茶領域業者無法滿足這些需求，就是機會，也是挑戰。

目前台灣的茶產業得加快腳步，包括茶農、茶品牌經營者甚至茶飲品牌連鎖業者，都需要建立新的商業模式，進行意義的創新。對內深耕，開發新消費者；對外國際化，創造出口需求，才能進一步提升產值與產量，建立台灣的特有品牌形象，還能開發國人與外國人來台灣的旅遊主題路線，增加茶產業與旅行業的新價值。

茶產業的危機，也是策略轉折點。安迪．葛洛夫在《十倍速時代》指出，策略轉折點是企業的基本構成要素即將發生變化的時候，可能是往一個新高點爬升的機會，也可能即將走向末路。「策略轉折點即是舊的結構、經營手法及競爭方式，轉變為新的結構、手法和方式。」他寫著：「在轉折點來臨之前，你所從事的其實是老舊的行業。在轉折點之後，它便像是全新的行業了。」

這個轉折點已經出現，只是要往上還是往下？

我們可以從SMART風土創新力來培養茶產業轉型的基礎能力，再去思考如何建立茶產業的商業模式。先以葡萄酒莊的SMART風土創新為參考：

故事力：酒莊的創立、經營歷程的重大事件，整理成一個個讓人感動難忘的故事。

市場感受力：跟不同的顧客定位與需求，建立產品的不同價位與分級。

美學力：如何精確傳達每一款酒的獨特風味，如何品評感受，如何佐餐，提升對不同款酒的體驗。

再生力：每一代莊園主人如何重新活化這個老空間、老品種、老技藝或是老品牌的過程，代表持續的創新與轉變。

風土設計力：描述這個地方的風土條件特色，如何對酒的風味產生影響，如何讓旅人可以感受這個莊園的風土特色。

把葡萄酒換成茶，依然符合SMART元素。茶農、茶商、茶飲料品牌業者，要針對每一個創新能力指標，仔細思考與整理，不足之處要補強，不清楚之處要找到細節，還要到現場踏查，了解季節變化與風土特色，更重要的是，找出不同茶款的風味，能夠敘述味覺、嗅覺與觸覺的感受。

透過翻譯與詮釋，提升茶產業的創新能力

南投有一群年輕的茶農，正努力開拓自己的風土創新SMART五力，希望在這個轉折點，持續往上提升自己的創新能力。

六月的夜晚，七、八位第二、第三代的年輕茶農正圍著一張大桌子討論品茶心得。品評的主題是烏龍茶與紅茶。烏龍茶是來自日本、紐西蘭以及台灣本地的南投杉林溪、台中梨山與高雄那瑪夏的茶款；紅茶則來自日本靜岡、鹿兒島與台灣那瑪夏、台東鹿野、花蓮瑞穗、宜蘭。他們各自分享品茶的感受。有苦藥味、西瓜白的味道、熱帶水果味，甚至還有塑膠味與椿象

味，也討論這些茶款背後的茶園管理、施肥狀況與烘焙程度。這是他們每個月固定的聚會，除了交流種茶、製茶、品牌經營，還有品茶體驗的感官溝通，一起討論如何提升各自的經營能力。

其中一位三十一歲的陳柏成，來自南投名間如發茶廠的第三代茶農。過去名間鄉松柏嶺是產茶重鎮，有三、四百間茶廠，但現在只剩五、六十間，原本陳柏成在台北從事五星級飯店的餐飲工作，返鄉接班之後，開始認真學製茶。過去跟著父親、製茶師傅做茶，雖了解步驟，但不懂原理與細節，現在接班之後開始鑽研茶背後的科學原理，藉此注重製茶的風味特色，也要對消費者溝通說明，才能建立茶廠的品牌特色。

另一位成員是埔里東邦紅茶的郭瀚元。他們茶廠歷史很悠久，日治時期就成立紅茶廠，也是唯一的台籍茶廠，曾是南投最大的公司，埔里三分之一的就業人口都曾在東邦工作過。紅茶產業沒落後，茶廠也沉寂二十多年。郭瀚元一百歲的祖母太思念紅茶味道，還特地請人去荒蕪的茶園採茶回來，她親手揉茶製茶，家族長輩不忍心茶廠事業沒落，第三代的郭瀚元就離開原本在日月潭的船務工作，返鄉學種茶與製茶。

郭瀚元將原本大量生產的商用茶，轉型為手採少量的精品茶。他特地去印度大吉嶺半個月，考察茶園與學習製茶，了解高價的莊園茶的製作與行銷方式，發現自己的茶沒有差異性、缺少個人風格。他回鄉之後，開始深入研究與實驗，調整每項製程的變數，例如揉茶要多重、多輕？茶葉氧化時間要多長？溫度要多高？透過不斷嘗試錯誤的過程，去微調出不同的結果，找出最適合的風味。

郭瀚元與我穿梭在九十年的老茶廠，介紹每樣設備與歷史，這是一個充滿故事的老空間。在這個空間聆聽他祖父郭少三去緬甸叢林找尋特有茶樹，冒著九死一生的風險、帶回獨有茶種（Shan）返台種植的歷程。

負責整合、引導大家品評、互相學習成長的是「講茶學院」執行長湯家鴻。他也是茶農第二代，但發現茶產業的挑戰不是種茶與製茶，而是如何與消費者溝通茶的知識脈絡、風味體驗的敘述能力。於是，他與姊姊湯尹珊先去修習品評葡萄酒與咖啡的課程，學習國外如何有步驟與系統的培養感官辨識風味能力與風土知識，接著培養教學引導與品評的能力，再構思如何將這套經驗轉換成為品評與敘述茶風味的課程。

同時他也深入台灣各地走訪，追尋台灣茶歷史。須賀努先生也是透過別人介紹，與湯家鴻合作，一起進行田野調查。湯家鴻再將歷史故事、知識消化與轉化，成為課程內容的一部分。

像如發茶廠陳柏成曾是上課學員。他對課堂上的啟發表示：「講茶，把我們的茶葉語言有系統的翻譯給大眾理解，有了整體脈絡，我再講細節，消費者更容易明白。」

「講茶學院」一面開發課程，一面了解大眾需求，適時調整內容。課堂上陸續遇到許多年輕茶農來上課，湯家鴻也實地訪查茶園，了解狀況與需求，逐漸整合各地茶農，並教導大家品評的能力，以及如何對大眾溝通，也培養十多位茶農成為講茶的講師，透過演講方式，傳達自己的經驗與能力。

像講茶課程邀請從事茶葉炭焙的呂明賢與蔡杰廷，他們被稱為與火同行的「行火者」，是利用龍眼木、相思木製成的木炭，透過烘焙加熱方式，讓茶葉可以產生水蜜桃、鳳梨、蜜香、焦糖、核果與巧克力的新風味，或是修飾原本較差的味道。他們在室溫超過五十度的場域工作，繁重艱苦，每十五分鐘要翻動茶葉，防止燒焦，讓茶葉烘焙面積均勻。

湯家鴻希望讓更多人認識行火者的工藝技術。透過講座的宣傳，他們的努力被很多業者注意與肯定，每個月代工烘焙的業績，就提高了八、九倍，還能幫客戶量身訂做烘焙的風味。

坪林茶鄉，建立包種茶的品牌形象

另外一個值得討論的好案例是新北市坪林。坪林包種茶有獨特的香氣特色，離台北很近，是最值得發展風土體驗的茶鄉。但坪林茶農過去都是供應給批發商，沒有自己的茶莊品牌，外地人來坪林，也只是在老街上逛逛，不會停留太久，對茶鄉沒有太多認識與感受。

其中有位茶農第五代、返鄉接班的白俊育，努力學習種茶與製茶的技術，他希望建立自己的品牌，能夠直接跟消費者溝通。因此，他去台北各大茶行了解價格行情，看到一斤包種茶價格可以從三千到六千元，但他們產地批發價則是一千二百元左右，讓他非常震撼。為了徹底建立品牌思維，他買茶葉回來研究風味，還被父親責怪，「家裡有茶，還花錢去外面買。」

白俊育思考的是如何建立有品質、有自己風味的品牌。他以父親白青長之名，建立「白青長」品牌，這也是坪林包種茶第一個打出的品牌，他自己架網站，希望直接跟大眾溝通，每斤價位從一千六百到二千四百元，還四處跑展售，希望累積知名度。

他的努力打動坪林不少青年茶農，結合眾人成立互助合作、學習品牌行銷與製作技術的「青年茶農協會」，希望一起打出坪林包種茶的品牌形象。但是整體而言，除了白俊育有的品牌故事、市場感受力、美學力、再生力之外，其他茶農沒有明確的SMART創新特色。甚至連白俊育帶外國人或台灣人的茶園體驗，價格都太低，有時茶葉技術用語過多，也不易讓人理解。

為了提升溝通能力，白俊育邀請講茶的湯家鴻，協助大家建立自己的品評與溝通能力。湯家鴻經過實地聆聽每位茶農的表達能力，了解問題之後，先帶大家建立坪林是包種茶之鄉的定位論述，接著根據每個人的特質，建立不同的特色定位，有人走文青風、有人是陽光男孩、有人是老實茶農。

先有定位與整體脈絡，但不談太多製作技術，而是直接進入品評細節。茶農先讓消費者透過喝茶體驗，去比較自家包種茶與其他地區烏龍茶的感受差異，藉此突顯包種茶的香氣風味；之後再請客人品嚐自家製作的紅茶與東方美人茶，敘述各種茶款的風味與感受，逐一呈現自家茶園的產品特色。

色。

茶農有了溝通的基本能力，讓消費者建立對坪林包種茶的感官印象，才能逐步建立品牌特色。

再來是如何設計深度體驗，讓旅人能體驗坪林茶鄉的特色。已在坪林蹲點八年、本身是設計背景的蔡威德，經營一家老空間活化改建的「坪感覺」餐飲與物產小店，他與白俊育合作推廣坪林茶品牌，也努力開發坪林一日小旅行，但是價格一直無法提升，旅費跟成本也只能打平，有時需要靠政府經費補助。

這幾位坪林年輕人很努力找尋發展空間，目前的瓶頸就在於需要加強風土創新力，以及商業模式的思考。包括透過茶園體驗、親手製茶與品茶，認識坪林風土、包種茶風味，更能體會茶農的品牌故事，只要設計得很有質感，也能有好的定價，加上發展類似講茶的品評課程，才能讓旅人來此不是走馬看花，可以學習更多知識、開發感官能力。

其實茶的風土經濟產業鏈正隱然成形。透過開課過程，湯家鴻認識更多不同需求的客人，也擴大自己的商業機會。例如茶飲料連鎖業者請他去進行內部培訓，讓不同部門的同仁能夠學習茶葉知識與感官敘述能力，彼此溝通協調上有共同認識的語言，不再只是好喝、不好喝，而是好喝的具體指標，前味、中味與後味是什麼風味？味覺、嗅覺與觸覺是什麼感受？

也有不少在酒吧工作的調酒師前來上課學習品評茶味，希望培養調酒的多元能力，找到適合的茶款當基底，可以增加調酒的風味，提升自己的知名度。

有位知名調酒師就來坪林拜訪白俊育，想了解茶的風味如何跟調酒混搭，最後應用白俊育的包種茶來調酒；也開發可以保存販售的瓶裝調酒，一年就跟白俊育採購六十斤的茶葉。

也有越來越多五星級飯店侍酒師找講茶學院開課。因為酒駕問題，不能一直向客人推薦酒，希望改推茶飲，但是缺乏系統化的知識與溝通方式，侍酒師們就需要重新學習茶飲知識。

講茶團隊也找我參與設計坪林包種茶的課程。我們針對侍酒師、餐飲工作者，以及想學習茶葉風味知識的學員，規劃出結合旅程與課程的「茶山風土，包種學旅」。團隊在二〇二一年四月，與白俊育等幾位青農、還有蔡威德合作，從茶園體驗、茶廠製程的實地解說、不同風味的包種茶品評學習、坪林老街的導覽，以及下午茶與佐餐點心的搭配，甚至與坪林茶業博物館交流學習，了解他們如何在有限資源與人力下，策劃充滿美學與創意巧思的展覽。

從包種茶系統化的歷史與知識，一直到坪林風土、包種風味與茶葉美學風格，一整天的課程非常緊湊，但深入有趣。回程的車上，許多在五星級飯店、米其林餐廳工作的學員，分享自己的心得：「本來坪林只是地圖上的一個名字，經過這次以後，有了溫度與情感。」「看再多的圖片和書籍，在我直接進入茶廠的一瞬間，香氣已經告訴我答案了。」「來到產區之後，以後不再是轉述茶的資訊，而是在分享自己的故事。」

在這個大轉折時代，有許多茶產業的青年開始努力合作，也有更多消費者希望更深入認識台灣茶，這都是台灣茶的機會。

茶產業的風土經濟學商業模式

茶葉，是一種具體而微的風土力量。

當茶不只是好喝，而是一種容易入門的具體體驗，能透過茶園體驗、泡茶、喝茶過程品評，與餐點搭配，放大自己的感官，讓感受更細膩。接著再傳達關於茶的風土特色、製作過程的風味，以及認識不同茶農、茶商建立的風格。如此一來，對於台灣茶的知識脈絡與歷史深度，有了更多見解，也能進一步帶動整體茶產業的價值。

茶的風土與風味特色，還能成為風土經濟學各個產業的風格基底元素。包括旅行社、民宿、餐飲、可可與各個村落旅行中，都能搭配在地風土的茶款，增加體驗內容，不只熱沖、冷泡、冰鎮、手搖、加料，皆能呈現不同的風味，藉此建立自己體驗的獨特風格，創造風土經濟價值。

例如二〇二〇年世界巧克力大賽的亞太區競賽，台灣業者拿下耀眼成績，就大量加入茶葉（例如紅茶、鐵觀音），創造出巧克力的不同風味。「若論調味主流，則毫無疑問屬於台灣茶，各式綠茶、烏龍茶、紅茶大放異彩。」這屆評審、也是飲食作家高琹雯在部落格分析。

以下是我站在致力於推廣茶產業知性知識與感性風味品評的從業者角度，對茶產業風土經濟學商業模式的建議：

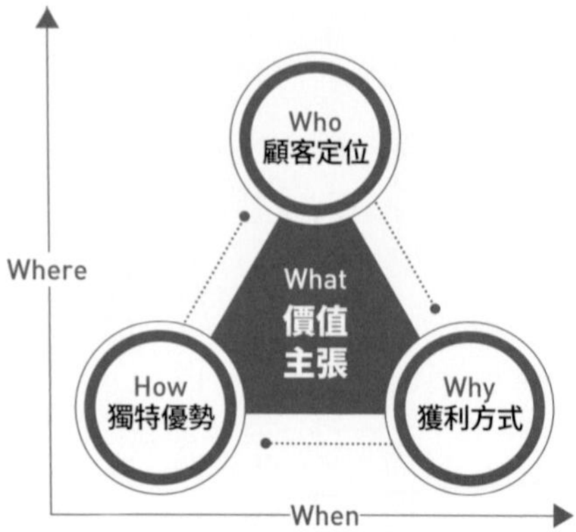

價值主張

我們認為，就像葡萄酒、咖啡能夠傳遞各地風土文化與生活風格，茶葉就是台灣最具特色、最容易和世界溝通的橋梁，能夠具體而微呈現台灣小而美的多元風土特色與職人技藝。（Where & When）

但是，台灣茶產業的溝通方式過於抽象，不僅年輕人不易理解，外國人就更難感受，造成台灣的調茶飲品強調的不是茶，而是茶以外的珍珠、糖等其他食材。許多國人（消費者與茶飲業者）都不了解如何品味與欣賞台灣茶，台灣本土茶產業就很容易被邊緣化，反而可能被東南亞進口茶取代。

因此，我們想重新強化與詮釋台灣茶的特色與風味，透過淺顯易懂、循序漸進的體驗課程練習品評茶風味，實地認識台灣茶葉風土，感受茶帶來的風味樂趣，培養基礎的市場需求，才能增加產量與產值，擴大台製茶葉的產量，創造整個產業鏈的價值。（What）

希望讓想了解茶知識、風味特色與茶園風土人文的消費者（Who），能獲得感性與知性的知識。他們想要建立自己的生活品味與茶知識，更能對親友、同事與客戶溝通，讓更多人喜愛台灣茶。（Why）

我們的作法是透過課程教學、茶葉品評，帶旅人走訪茶園現場，感受風土與故事，提供旅人茶葉知識與品味能力。同時與更多青年茶農合作，讓他們能直接與消費者溝通，建立個人品牌與影響力。（How）

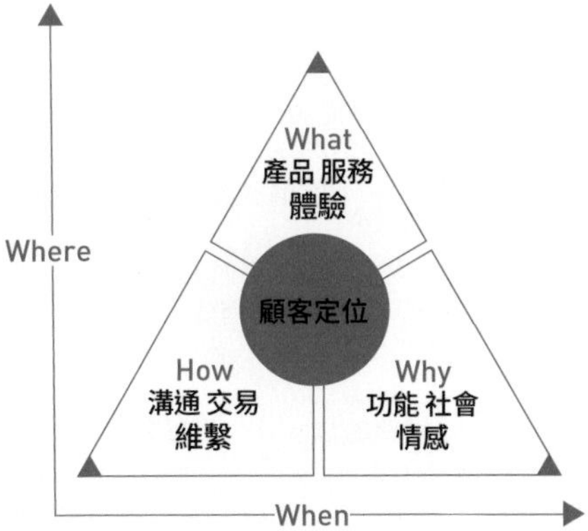

顧客定位

脈絡情境（When & Where）：顧客分三種。第一種是既有的喝茶顧客，如何透過溝通與學習，培養顧客深入品評感受茶風味的能力，才能讓他們對外分享，吸引更多人認識台灣茶的特色。第二種顧客是喝咖啡、喜歡葡萄酒的顧客，他們已有感官品評的經驗，但可能不了解茶，如何運用茶與咖啡、紅酒的連結，吸引他們參與茶的世界。第三種顧客是習慣喝手搖茶飲的客人，如何讓他們再進階，去辨識、感受台製茶的風味，藉由冷泡、調茶方式，傳達不同的差異，也能培養喝茶的感官趣味。

功能、社會與情感（Why）：重新定位顧客與需求，才能突破功能型的解渴與休閒的需求任務，提升到社會型交流學習與情感型需求，更對台灣茶風土有更深的認識與認同。

產品、服務與體驗（What）：透過室內品評課程與室外茶園體驗，協助茶農對學員銷售產品。

溝通、交易與維繫（How）：透過社群媒體的交流、課程現場的互動，並開發各種主題與進階課程，持續與顧客建立深度關係。

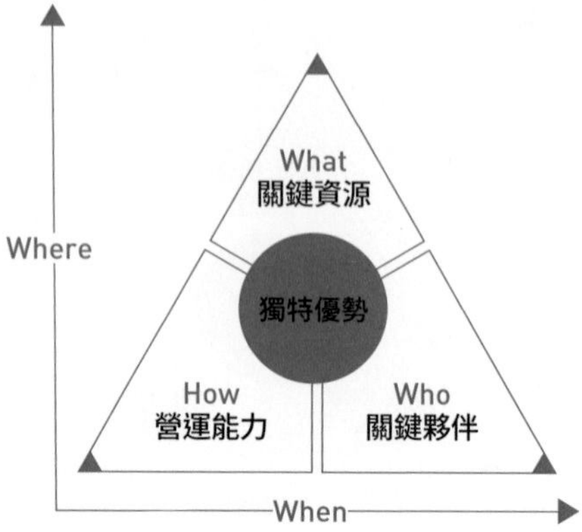

獨特優勢

脈絡情境（When & Where）：百年前坪林就是包種茶的生產地、大稻埕則是負責精製加工的貿易重鎮，最後沿著淡水河出口到世界各地，從產地到港口，每個點都有故事，值得重新包裝成為深度體驗的亮點。因此不論是茶農、茶品牌業者、連鎖茶飲，或是賣不同茶款的咖啡館、甚至有佐茶服務的餐飲業，以及想經營茶園體驗、品茶課程的業者，都要思考自己的SMART風土創新五力，想想有哪些關鍵的合作夥伴，能彼此整合與串聯。例如茶農、茶品牌業者可以跟咖啡館、餐飲民宿或旅行社合作，找出整合的內容，提出能滿足消費者的產品或體驗內容。

關鍵夥伴（Who）：1.內部：各地的茶農與培訓的講師。2.外部：各個茶園周圍、具有風土特色的餐飲生活店家，能整合成不同茶園風土的旅行內容，以及想開發茶葉體驗的旅行社，或是主辦企業員工旅遊的福委會。

關鍵資源（What）：台灣各地的茶園風土。

營運能力（How）：必須結合課程設計、田野調查、溝通整合的能力，針對台灣不同產區、風味、品種、品項，規劃出不同的主題課程，有效對外推廣，同時也能輔導、培訓青年茶農成為講師，建立自己的品牌特色。

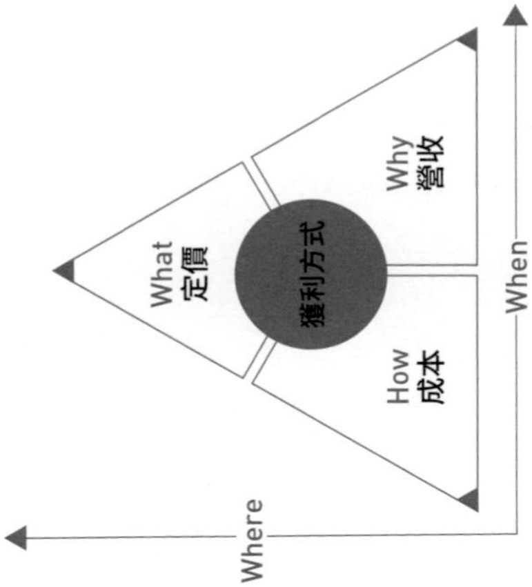

獲利方式

脈絡情境（When & Where）：茶產業的定價能力來自價值主張、顧客定位，以及溝通詮釋、傳達感官風味敘述，有效與顧客溝通的能力。最重要的是，茶業不是農業，而是生活產業。需要從顧客感受、生活與體驗角度來思考自己的定位，找到自己希望溝通的客人，以及合理明確的價位，才能建立穩定長期的關係。

定價（What）：走馬看花或是消暑解渴，只能滿足功能型的需求。想滿足顧客社會型與情感型的需求，必須是有知識性與學習價值的內容，能品評出茶的細節、風味，才能提升定價能力。

營收（Why）：包括一般課程與體驗活動的收入、為旅行社及企業組織的企劃整合費用、輔導茶農轉型與品牌經營的顧問收入。

成本（How）：人力成本與學習充電的成本。

第 22 課

產業創新篇（三）

可可產業的甜美生機

南台灣的屏東可可產業，是二十一世紀可可產業的最大亮點，也是創造台灣風土經濟的潛力新星。

二〇一九年在屏東舉辦、素有「巧克力界奧斯卡獎」之稱的「世界巧克力大賽」（International Chocolate Awards，簡稱ＩＣＡ）亞太區競賽中，在來自日本、菲律賓、泰國、馬來西亞、澳洲等十四個國家、總報名件數高達九百多件的競賽中，台灣得到包括十三面金牌在內的一百零六個獎項，是獲獎數最多的國家，日本則以七十幾項名列第二。

二〇二〇年更大放異彩。在這年亞太區競賽的八百八十三件參賽作品中，台灣業者奪得二十二面金牌，拿下超過半數的獎牌。這屆台灣業者特色在於運用屏東本身的風土條件，並融合台灣各地的風土食材，例如加入茶葉（紅茶及鐵觀音）、馬告與高粱酒，創造出巧克力的不同風味。

一個趨勢與兩個優勢，可可產業的獨特亮點

發展不到二十年的屏東可可產業，是全球最北端的可可產地，能夠快速崛起、躋身國際巧克力舞台，主要來自因應一個巧克力精品化趨勢，以及兩個獨特模式的優勢。

首先是搭上巧克力精品化趨勢潮流。在長久分工發展的歷史中，巧克力原料的可可豆，產地都是赤道附近、南北緯二十度之間的熱帶國家，例如非洲、中南美洲與東南亞。歐洲、美國與日本的各個知名巧克力品牌，過去都是採購大宗可可豆、進行大量生產風味單一的平價巧克力。

在精品咖啡風潮帶動下，巧克力也走向精品化的潮流。新一波的精品化在於嚴選可可豆、小量生產與手工製作，類似茶、咖啡與葡萄酒重視產地、莊園、風土與風味的趨勢，傳達工藝技術與味蕾體驗的品味知識。

這種屬於「From Bean to Bar」的模式，透過運用可可豆原料（Bean）、以及加工製作的技術，製成不同風味的巧克力塊（Bar）。巧克力的生產流程非常繁複，從採收可可豆，接著發酵、去殼、曬乾與烘焙之後，才進入製作階段。透過研磨與加熱，成為融化的可可漿，接著榨出可可脂，一般大量生產、走平價路線的廠商，會將珍貴的可可脂賣給化妝品業者，再加入其它油脂，製成飲用或烘焙用的巧克力。

精品巧克力需要更細膩的製作方式。可可漿還需要進一步研磨精煉，再加入先前榨出的可可脂，讓質地更光滑。最後，要經過最重要的調溫手續，讓巧克力的質地更滑潤光澤。

像飲食達人葉怡蘭就深為巧克力著迷。她曾撰文寫著：「不僅僅只是甜或苦，還有香、甘、苦、酸、滑、潤，有各種各樣豐富的口感面向和層次。前所未有的嶄新味蕾體驗，讓我從此一腳踏上，巧克力的追逐旅程。」

少數從產地與製造都在同一產區的國家

在巧克力精品化帶動的趨勢下，台灣的可可產業創造出兩個獨特優勢。第一個優勢，台灣是世界上極少數從產地到巧克力成品是同一產區的國家。

雖然目前開始流行巧克力精品化，但關鍵價值仍以巧克力製作工藝為主，風土的意義並不高。使得大部分的巧克力消費者對風土差異認知很有限，甚至連巧克力工藝師傅，幾乎都沒看過可可豆，也沒走訪過遙遠的產地。

台灣則顛覆了精品巧克力的「From Bean to Bar」分工狀態，採用「From Tree to Bar」模式。這是從栽植、採收、發酵、烘焙到製作巧克力塊，都在同一產區，而且食物里程最短，強調風土與風味的結合。

在日本統治時代，日本人曾嘗試發展可可產業，但沒成功。直到近二十年前，檳榔業者開始在屏東內埔試種，嘗試開創新農業商機，才逐漸建立可可產業。由於屏東全年溫差小，年均溫幾乎都在二十度以上，加上充足的雨水，以及檳榔樹、香蕉樹的陽光遮蔽效果，滿足可可樹生長的基本需求，整年都可以生產。

屏東與赤道區域的熱帶國家相比，氣候更為複雜。例如夏天常午後雷陣雨，冬天也有寒流，氣候變化帶來的溫度與濕度，都不易掌握。

風土多變，增加可可農的挑戰，反而進一步提升他們的能力。在一年四季都能採收的情況下，農人順應這種風土條件，分季節、批次來處理可可豆，透過發酵技術，增加巧克力風味的先驅物，再經過曬乾、烘焙、脫殼、打碎，以及細膩的製作技術之後，轉換出更豐富的巧克力風味。

同時，台灣有許多巧克力烘培師，開始運用本土可可豆製作成各種風味的巧克力，除了在市場銷售，也參加各種比賽來爭取榮譽。

台灣結合風土與巧藝的可可產業，還具有支持發展產地價值鏈的社會意義，讓巧克力變得更有價值。

小農也是職人品牌業者

第二個優勢是創造小農結合職人手作經濟的特色。

屏東有三十多個巧克力品牌，幾乎都是結合農作與手藝製作。在目前「From Bean to Bar」模式下，巧克力製作者幾乎無法控制、管理農作品質，但是在台灣的「From Tree to Bar」模式，身兼可可農與巧克力成品製作者，反而能透過流程管理（發酵、烘焙與製作）來掌握風味，創造獨特的風土、風味與風格結合的品牌特色。

這個特色來自於農作的實驗性精神。像第一位將可可苗帶到屏東內埔種植的邱銘松，他原本種檳榔，發現檳榔利潤開始走下坡，就持續尋找下一個獲利的農作。他先嘗試種咖啡，也研究烘焙咖啡豆，以及練習如何萃取咖啡風味的沖泡方式，還因此開了咖啡館。後來他試種可可，有了心得之後，開始推廣給其他農友，並練習發酵、烘焙技術，也與兒子、女兒研究如何製作巧克力。

邱銘松開了屏東第一家巧克力餐飲「邱氏咖啡巧克力」，成為屏東從種可可到製成巧克力的完整流程先驅。他的模式也影響朋友、原本種香蕉的賴錫賢，他們一同種可可、自行實驗摸索，經常交流心得。賴錫賢也成為手工巧克力製作者，成立「牛角灣」巧克力品牌，也開了店面，除了巧克力產品之外，還開發可可麵的相關產品。

賴錫賢累積種植與製作心得，開始四處推廣宣傳。有了這幾位充滿實驗與創業精神的農夫企業家當示範，屏東就陸續出現大大小小、三十多個巧克力品牌，半數以上都是農夫兼巧克力製作的職人模式。

這個模式也讓許多青年返鄉，或是開拓新的經營模式；他們不再只是農夫，而是與大眾溝通的巧克力職人。

像「TC巧舖」的邱家兄弟邱濬宇與邱濬文，原本跟父親一起經營辦桌生意。後來嘗試種可可，產生興趣，也開始研究可可豆的發酵技術，以及巧克力製作手藝。走到TC巧舖潔白乾淨的巧克力工作室，外面空地擺著正在發酵的可可豆，空氣瀰漫著果香發酵的氣息。

邱濬宇忙著製作巧克力，邱濬文則在外頭曬發酵的可可豆。邱濬文用手去翻動、低頭嗅聞可可豆的氣味。他指著一旁的發酵桶說，要根據天氣變化、溫度與發酵狀態，透過觀察與聞氣味，來掌握可可豆的風味變化。「發酵沒有SOP（標準作業流程），要根據實際變化來調整，這是最有趣的地方。」邱濬文說。

創業十年來，他們努力開拓市場、四處擺攤與顧客溝通，逐漸建立品牌知名度。他們的巧克力已經供應給知名餐廳、五星級飯店，還有知名麵包達人的連鎖麵包店。

TC巧舖是屏東可可產業眾多品牌之中讓人期待的縮影。儘管這些巧克力品牌規模仍有限，但如果沒有可可產業的興起，許多屏東青年就得北漂到各地工作，或是只能留在屏東家鄉務農，無法開拓新的發展機會。

三個挑戰，壯大可可產業鏈

儘管台灣可可產業具有這兩個優勢，未來仍有三個需要克服的挑戰，否則發展空間會受限。

缺乏整體定位，不易建立品牌認知

第一個挑戰是台灣可可產業缺乏整體定位，不易建立品牌認知。即使這幾年巧克力業者拿下不少大獎，但很多國人不知道原來屏東有生產可可，甚至還有不少本土巧克力品牌。比方二〇一九年屏東舉辦的台灣燈會，即使現場設有很多巧克力攤位，但是依然乏人問津。幾位巧克力業者告訴我，客人很少來詢問，甚至認為價格很貴，看一眼就走了。即使屏東縣政府已經爭取連續兩年在屏東舉辦ＩＣＡ亞太區競賽，看似具有國際、全國知名度，但是許多屏東在地人也不知道屏東有可可產業，更何況是住在其他縣市的國人。

這個問題在於，本土巧克力產業跟台灣本身有什麼關聯？從政府到品牌業者，沒有一個明確清晰的品牌定位、整體產業論述與主張，而且能有效深入人心，讓國人感受屏東可可產業的長遠價值，更別說願意參與消費。

最諷刺的是，二〇二〇年發生知名品牌業者福灣的新聞事件，許多人才知道原來台灣有本土巧克力品牌，甚至屏東有種可可，也才知道可可跟巧克力是同一個產業。但福灣已經投入十年的推廣，甚至在ＩＣＡ亞太區競賽拿到最多項金牌榮耀，一家品牌業者帶來的影響力，反而比整體產業的推廣效益還大。

顯示屏東對巧克力整體的品牌經營、提升市場認知，還有很大的努力空間。

品牌過多，缺乏亮點

第二個挑戰在於業者規模有限、品牌過多，卻缺乏品牌亮點。由於台灣的可可產業屬於小農經濟，可可生產成本高，是一般熱帶國家的五到十倍。成本高就無法以低價創造價值，需要提升品牌內容，但是光在屏東就有三十多個品牌，彼此區隔不大，無法讓消費者產生記憶點。

這個狀況會遇到兩難困境。第一個困境在於，可可農的規模太小，即使收購單價高，小農收益還是很有限。雖然成本是熱帶國家的五到十倍，但是收購價仍被形容就像高麗菜價，每斤收購價通常在二十元左右。有位可可農打趣說：「一整台車的可可豆，賣完之後還是買不起一支 iPhone。」

問題在於熱帶國家從土地到人工的成本很低，台灣無法用大規模種植來壓低成本。這就連帶產生第二個困境，小農要增加獲利，不能將可可當農產品一斤一斤的販售，因而從小農升級成小品牌，也連帶產生三十多個品牌業者。但是不少業者欠缺品牌經營的專業，導致於無法擴大品牌知名度，也無法提升銷售量。

一些屏東巧克力品牌業者為了維持生計，都是假日種可可，兼職經營品牌，還要靠其他工作來維持生計。只有少數業者、比方福灣只專門製作巧克力，藉由優質價格（每斤三十元，是屏東採購量最大、採購價最好）來大量採購可可，這幾年打開市場知名度，擴大銷售量之後，也帶動更多可可豆採購量。

雖然像邱氏巧克力也會收購可可豆，但是畢竟還是很有限，為了要解決品牌業者的問題，曾有業者成立合作社，希望整合品牌與小農，建立共同發酵、採購與行銷的平台，但運作一段時間之後，合作社的提案也就無疾而終。

詢問屏東巧克力品牌業者，屏東巧克力的特色是什麼？多半回答就是本土生產，具有獨特的「From Tree to Bar」模式，再來很難談到更深入的細節與差異。

如果沒有進行有效的資源整合與分工、清晰的品牌定位與區隔，屏東這麼多家的品牌業者，長期來說只能維持現狀，很難擴大影響力，甚至部分品牌可能會萎縮與消失。

精品巧克力市場尚待發展

第三個需要克服的挑戰，在於如何創造消費者需求、建立新市場。精品巧克力價格高，多數國人仍以購買傳統平價巧克力為主，還沒培養品嚐精品巧克力的消費習慣。

若以人均消費量來說，全球最愛吃巧克力的國家是瑞士。根據《食力 foodNEXT》這本飲食刊物報導，瑞士能成為巧克力消費大國，在於是全球最早發展巧克力工藝的國家之一，已經將近一百五十年，二〇一九年瑞士的巧克力人均消費量為八點四公斤，台灣在二〇一九年僅零點五公斤，巧克力市場才算剛起步，仍有發展潛力。

雖然台灣在ＩＣＡ亞太區競賽屢獲佳績，這些比賽也是推廣行銷主辦單位的影響力，甚至是主辦單位的商業模式。像ＩＣＡ是由在英國成立的國際巧克力品鑑機構ＩＩＣＣＴ、從二〇一二年開始推動，這三位創辦人來自英國、義大利與美國，會員都是擁有不同職業、但都熱愛巧克力的專業人士，這個協會核心在於推廣精品巧克力、從事巧克力教學、評鑑與科學研究。

為了建立影響力，能夠與眾多巧克力品牌大廠分庭抗禮，並實踐自己的理念主張，他們必須跟不同國家、巧克力品牌業者合作，舉辦各種比賽與活動，藉此推動精品巧克力的理念，也讓協會組織具有產業影響力、能建立長期運作的商業模式。

比方說比賽項目切分得很細、超過四十類，金牌獎、銀牌獎與銅牌獎不是只有單一得主，而是達到標準就能入選，好處是鼓勵與推廣，讓更多業者可以參與，擴大比賽與協會的影響力。但缺點就是類別非常繁複多樣，不了解門道的大眾，看似熱鬧，無法深入了解差異，容易形成菁英同溫層的話題，卻與大眾無關。

換個角度來看，我們有這麼多得獎品牌，但如果精品巧克力沒有落實到消費習慣上，就只是表面熱鬧的台灣之光，不會有太多人在乎。

除了有面子，更需要裡子的實質影響，才能轉換成為實際收益。就如同本書一再強調「繁榮不是事件，而是一個流程」。如果藉由比賽獲得的知名度擴大市場需求，進一步壯大產業鏈，才是有意義的流程。

如果只把可可產業當成農業，是拚不過熱帶國家的規模與成本，要轉化成為生活美學產業，才能建立屬於台灣獨有的風土經濟學。但如何提升品牌業者的SMART風土創新能力，進而建立自己的商業模式，就是除了比賽拿獎牌之外，政府部門與品牌業者需要強化之處。

可可職人新經濟，創造更多產業價值

美國各大城市現在興起手作工藝的新趨勢，稱為職人新經濟。這些職人包括啤酒精釀師、咖啡烘焙師、酒吧調酒師、理髮師甚至是切肉師，他們結合過去小規模生產的「工匠經濟」與文化展演能力，包括要求真材實料的品質、「在地」重要性，對工藝與火候掌握的技術能力，以及具有社交溝通、展演技術的能力，能對顧客傳遞這個行業的文化知識，也讓自己的工作更酷、更有意義。

這是一種展現工作者SMART風土創新的職人美學。「每一種職業都需要勞動者具備經過充分歷練的五官覺受。視覺、聽覺、嗅覺、味覺與觸覺。」《職人新經濟》這本書強調，「每一個工作場所及其勞動者，都透過其特定的工作習慣、運用的文化知識和哲學立論點，將自家產品與服務拉抬到超越尋常、已進入精深高雅的文化領域。」

巧克力業者的工藝展現，深具職人美學的意義。但如何將精品巧克力重新包裝詮釋、運用展演能力創造深度體驗，增加消費者的興趣及培養新的消費習慣，才能創造這個精品巧克力的內需市場。

「以可可農的角度來看，劣勢就是美感度不足，不只要展現味覺，也要有視覺，因為巧克力是美的東西。專門製作巧克力的烘焙師，他們美學素養的專業訓練就比農民高。」位在屏東內埔、牛角灣巧克力咖啡農園負責人賴錫賢強調，「對農民來講，我們的專業在如何控制品質，能回饋到種植與發酵，但美學不是我們的專長。」

其實美學沒這麼高深，而是如何引發消費者的感受與想像。我們有一個最獨特的「From Tree to Bar」優勢，屏東可可農園也不像茶園需要海拔高度的地理位置，很容易抵達，客人看到懸掛在可可樹上五顏六色的可可果實，容易引發好奇與親近感。

如果能結合SMART風土創新力，設計難忘的風土體驗，進而透過基礎、進階課程，引導消費者品味不同風味的巧克力，就能逐步建立巧克力莊園的職人美學。就如同上一課提到茶產業如何展現SMART能力一樣，關鍵在於建立與消費者的溝通能力，降低入門障礙，培養他們對精品巧克力的品味感受能力，提升興趣，才能擴大消費行為。

比方在屏東市近郊創辦「JL Chocolate」的李靜宜，就是一個風土體驗好典範。她連續在二〇一八與二〇一九年得到ＩＣＡ亞太區競賽多項獎牌，在家裡附近可可果園旁開設一個巧克力館，假日吸引很多人前往消費體驗。她除了種植可可樹、研究巧克力，對室內設計也充滿美學概念，大面落地窗外就是綠樹成蔭的可可園，透過簡單有質感的家具擺設，呈現小巧精緻的風格。

她的廚房就在館中。李靜宜在這裡研發出多種風味的巧克力，例如從百分之百到百分之六十八的濃度，以及百分之七十五巧克力加上巧克力碎粒。她經常旅行國外，帶回各國的巧克力；她開設的巧克力課程，包含自己手作巧克力，還有認識不同產區風土的巧克力，讓消費者充分了解巧克力的背景和製作過程。

另外，消費者特地來屏東認識可可產業，需要整合更多資源，才能一面滿足消費者旅行的需求，一面提升地方產業鏈，創造更多價值。

另外，屏東潮州有個「林后可可園」，他們的產品不是吃的巧克力，而是運用萃取出的可可脂製成保養品，保留可可的香氣與可可脂的營養，希望擴大可可產業鏈，帶動更多商機。林后可可品牌也得到二〇二〇年ＩＣＡ亞太區可可脂類的銀牌。

他們也推動果園觀光的行程。走入林后可可園，先品嚐可可茶，跟著可可農瑞哥穿梭在整理乾淨的農園中，練習剪下可可果，也了解可可果園的種植與管理特色。

林后可可園嘗試推動更多莊園與可可手作的體驗，但體驗內容略微單薄，必須呈現可可的知識面與感官面，才能引發消費者更多興趣，同時也跟潮州在地風土文化連結有限，這也是屏東可可產業需要強化之處。

但要如何連結果園體驗、巧克力的風味體驗，以及結合在地旅行？除了農園與巧克力風味課程之外，在地的故事、風土特色、餐食、午茶點心、帶路人引導，都是需要進一步構思與整合。

長期而言，政府需要結合企業投資來帶動屏東可可產業的提升。在屏東長期推廣咖啡與可可產業、教導咖啡與可可製作流程的李松源牧師，提出很好的建議。他認為要有一個大型莊園當示範亮點，周圍是大面積的可可園，以及發酵、烘焙、去殼與日曬的處理廠，另外是巧克力製作室與門市，這個莊園可以帶動巧克力品味教育與體驗，同時也是比賽場所，甚至可提供觀光住宿。

這個莊園對內是可可農的製作與學習平台，小品牌業者可以在此學習品牌經營的能力，直接面對消費大眾培養職人美學，也成為其他可可莊園的參考示範點。對外則是與大眾溝通的場所，讓旅人在此學習、體驗不同階段的精品巧克力課程，甚至認識與巧克力結合的不同風土食材，也能以此莊園為據點，規劃連結各地小莊園的深度旅行。

透過強化可可莊園示範點，以及培養品牌業者的技術與溝通能力，同時發展屏東各個可可莊園的旅行，未來才能針對國際觀光客，提供更好的亮點，讓台灣「From Tree to Bar」的可可產業優勢，成為真正的獨一無二的國際亮點。

可可產業的風土經濟學商業模式

屏東可可產業要突顯獨一無二的風土特色。因此，我建議有三個方向要加強：第一是整體定位與價值主張。透過社群媒體、大眾媒體突顯可可產業的故事，強化風土條件、風味獨特與各種風格品牌，讓大眾清楚明瞭屏東可可產業的獨特性。

第二是文化與美學詮釋的能力。透過培訓與輔導，建立品牌業者職人美學能力，幫助他們在展演、社交溝通上，能傳遞自己的品牌特色，以及品質細節。

第三是整合資源，突顯不同可可莊園特色差異，甚至邀請企業投資具有社會、商業與創造力（SBC）價值的示範莊園，建立體驗與創新平台。

以下是我對屏東可可產業風土經濟學商業模式的建議：

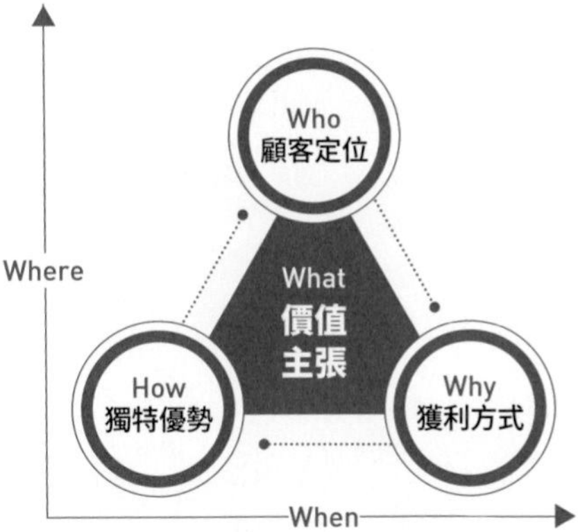

價值主張

我們認為，新興的可可產業與精品巧克力，能夠傳達屏東與台灣食材的風土特色，以及職人技藝。台灣也是世界上少數從栽植到製作巧克力塊，都在同一產區的國家，而且食物里程最短，在風土與風味的結合下，可可產業有機會轉型為生活品味與旅行產業。（Where & When）

但是，即使這幾年巧克力業者拿下不少大獎，台灣可可產業仍缺乏整體定位，品牌過多且太小，不易建立品牌亮點，國人也還沒培養品嚐精品巧克力的消費習慣，導致可可市場規模有限，不易擴大產業鏈。

因此，我們要將精品巧克力重新包裝詮釋、運用展演能力創造深度體驗，增加消費者的興趣及培養新的消費習慣，才能創造精品巧克力的內需市場，進而活化地方，更能創造經濟產業鏈，成為真正的台灣之光。（What）

希望讓想了解本土巧克力風味、屏東風土人文的消費者（Who），能獲得感性品味與知性知識。他們想要讓自己的生活與知識層面更廣博，也能帶著親友深入認識屏東產地，走訪各個鄉鎮社區，創造難忘的回憶。（Why）

我們的作法是建立可可莊園，這是一個可可產業的體驗與創新平台。對內提供可可農的製作技術與知識學習，讓業者學習品牌經營，同時

也整合地方旅遊資源。對外則是與大眾溝通的課程與體驗地點，也能以此莊園為據點，規劃連結各地小莊園的深度旅行。（How）

顧客定位

脈絡情境（When & Where）：由於巧克力是一種引發情緒感受的產品，受到熱帶國家的低價競爭，台灣可可產業必須訴求社會型與情感型的顧客需求，才能集合屏東產地風土特色，創造實地體驗的價值。未來可以吸引更多國外觀光客，來台灣一定要品嚐台灣的精品巧克力，並到屏東實地走訪莊園，進一步建立與台灣、屏東的連結。

功能、社會與情感（Why）：以社會型與情感型為主，除了親子客人、學校之外，還有喜愛不同風味感受的客人。

產品、服務與體驗（What）：賣產品不如賣體驗，要透過「服務式教育」的引導，藉由交流、課程與莊園體驗，引導與培養顧客興趣，以及品味精品巧克力風味的能力，並認識台灣風土特色，逐步擴大台灣的精品巧克力市場。

溝通、交易與維繫（How）：小品牌業者要能經營社群媒體，說自己的特色與故事，還能結合在地其他店家、小農，整合成一個產區的體驗旅行，讓旅人認識屏東風土，建立對可可產業的好感度。

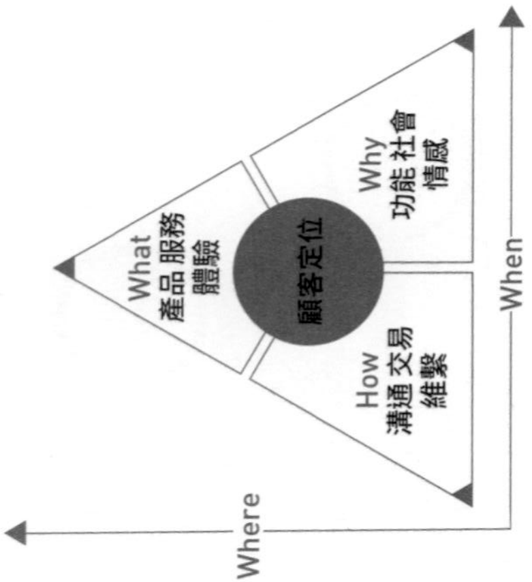

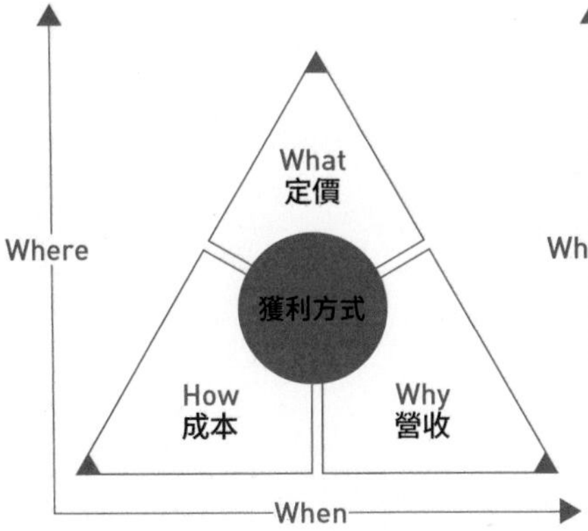

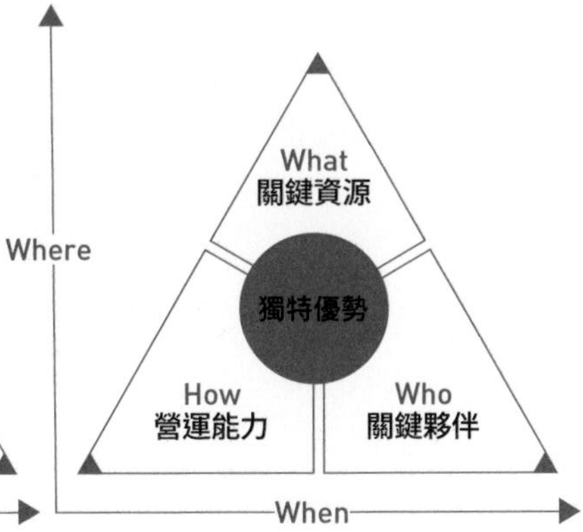

獨特優勢

脈絡情境（When & Where）：由於品牌業者過多，業者要思考自己的ＳＭＡＲＴ風土創新五力特色，哪裡不足需要補強，並進一步強化溝通社交能力，以及設計深入淺出的體驗內容，建立顧客的信任感，以及品牌知名度。

關鍵夥伴（Who）：要思考有哪些重要的合作夥伴，能彼此整合與串聯。例如合作的莊園、在地的帶路人，延長體驗時間，甚至可以跟旅行社合作，提供更不一樣的體驗行程。

關鍵資源（What）：屏東獨特的風土資源、客家文化。

營運能力（How）：培養ＳＭＡＲＴ風土創新五力，才能將農產品昇華為生活品味產品。

獲利方式

脈絡情境（When & Where）：精品巧克力在於建立消費者的品牌好感度，以及懂得品味巧克力的特色風味，才能建立好的定價能力。品牌業者要明確有自己的價值主張、顧客定位以及溝通詮釋能力，讓產品的風味能被明確感受、且能敘述風味細節。

定價（What）：因為國內可可產業成本高，再加上有大量的進口低價競爭，必須要有好的定價策略。正如同茶業不是農業，而是生活產業，在台灣的可可產業則是更年輕的產業，沒有太多傳統限制，更需要具備創新與詮釋能力，才可與顧客建立穩定長期的關係，擁有好的定價能力。

營收（Why）：可可原料、職人工藝巧克力、旅行體驗、知識品味學費。

成本（How）：農業管理、人力與行銷成本。

第23課

產業創新篇（三）

台灣豬的風土經濟學

台灣曾是養豬產業大國。一九九七年口蹄疫發生之前，一九九六年養豬量就有一千零七十萬頭，產值達到八百八十九億元，占農業生產總值的百分之二十。另外，養豬業也有很好的冷藏技術與地緣優勢，成為日本第一大豬肉進口國，銷售量達到近六百億新台幣。

口蹄疫之後，台灣養豬業歷經一場長達二十多年的惡夢。根據農委會統計，二〇一九年養豬量只有五百五十一萬頭，比二十三年前大幅減少百分之四十八點五，產值則少了百分之二十，只有七百零九億元，只占農業生產總值的百分之十三點九。另外，當年台灣是日本第一大豬肉進口國的地位也被丹麥取代，台灣甚至成為豬肉進口國，一年進口十二萬噸豬肉。

不論世界怎麼變化，豬肉一直是台灣人的驕傲。台灣人愛吃豬，每人一年平均要吃下三十六點五公斤的豬肉，占整體肉類的四成。而且，台灣人近九成吃下的豬肉都是國產豬，其中七成來自傳統市場每日現宰、沒有腥味的新鮮溫體豬。

現在台灣豬有機會翻身了。二〇一九年台灣被世界動物衛生組織（OIE）列為「不打疫苗非疫區」，豬肉產業終於可以重返國際舞台。

然而開放美豬進口的爭議，再度重啟戰火。開放美豬，可能衝擊的是低價肉品市場，但這場開放爭議，卻打開一個潘朵拉的盒子，讓我們發現，走過失落的二十年，滿心期待重返國際舞台的養豬產業，正面臨重大的挑戰。

台灣豬三大轉型挑戰

就像本書一再強調，台灣品牌面對世界要回答的問題，在於我們是誰？我們要對世界傳達什麼特色與主張？這同樣是台灣養豬產業要深思的問題。

台灣豬有什麼特色？除了無腥味與新鮮溫體之外，還具有什麼風味與口感？在管理上是否符合國際標準？有沒有完整的產銷履歷與品牌理念？跟台灣風土有什麼連結？

如果我們有自己的特色，並能夠定義與詮釋台灣的豬肉飲食文化與風格，以及管理技術與特色，不僅能夠在國內與眾多進口豬一較高下，建立國產豬的品牌價值，還能出口提升產值，讓台灣養豬業不斷茁壯，甚至成為外國觀光客來台灣必吃、能深入各地品嚐不同豬肉料理風味的誘因，就有機會創造台灣養豬業的風土經濟學。

在創造台灣豬的風土經濟學之前，有三大挑戰要克服，最大的挑戰就是溫體豬的爭議。台灣是活體拍賣制度，這是根據身形、體態的外觀經驗值來競標，拍賣完再送去屠宰。國際採用的是「屠體評級」，這是屠宰之後、根據科學儀器與專業判斷的方式，依照肉澤、脂肪分布來評定等級與價格，這個好處是將標準規格化，也降低了人為判斷的問題。

台灣豬只重視體型、卻忽略肉質的活體拍賣方式，就產生無法與國際接軌的問題。因為我們沒有一套豬肉評價體系，無法針對不同部位有清楚的評價與分析，豬農就不能根據等級調整飼養方式，當然就更不易提升品質，也無法對外行銷。

另外，現行多數溫體豬的問題在於運送與市場販售的過程，容易滋生細菌，也不夠衛生；即使溫體口感好吃，卻是抽象的語言表述，沒有明確的說明指標，加上衛生的爭議，很難成為台灣豬的特色。

第二個挑戰是毛豬的成本過高，是歐美各國養豬的一點二到一點七倍，價格競爭力不足。成本過高的第一個原因，在於台灣以中小型豬農為主，沒有規模經濟。根據農委會統計，由於台灣的養豬戶數從一九九六年的二萬五千戶，減少為二〇一九年的六千七百戶，每戶飼養規模平均只有八百二十二頭，都屬於中小型豬農，造成經營規模有限，成本效益也不高。

其次是飼料仰賴進口，加上土地成本高，需要靠高密度飼養。由於台灣環境偏向潮濕炎熱，中小豬農用傳統方式飼養，容易造成環境衛生問題，也讓母豬無法在舒適環境中成長，使得生育量不高、效率過低。要克服這個挑戰，就得提高飼養規模、改善環境與設備，才能提升豬肉品質與降低經營成本。

第三個挑戰則是缺乏風味口感的論述。台灣豬的風味，目前幾乎僅停留在溫體豬的口感，也許我們太把豬肉視為日常生活的一部分，缺乏新角度，導致沒有太多更細緻的論述說明，就不易對外溝通。

台灣豬的風味，需要有科學化的指標與論述。包括從育種、養殖過程、飼料內容、屠宰過程與部位分切，一直到最後的料理烹調方式，每個過程都有清楚的說明，才能呈現台灣豬肉的特色與價值。「我們要努力為台灣豬創造不同的定義，讓豬肉『牛排化』，就有分級概念與料理方式，也能增加對台灣豬肉更細膩的感受。」推動台灣豬品牌化的祥圃實業營運長吳季衡說。

台灣豬的SMART創新力

這三個挑戰，需要我們深思與努力，才能創造台灣豬的品牌價值。從SMART創新五力著手，並能延伸強化成為商業模式，是一個思考轉型的角度與方法。

故事力（Story）：整體台灣豬產業的故事，遭遇挑戰與突破的故事，以及豬農本身經營管理與創新的故事。

市場感受力（Market Sense）：你想對什麼顧客溝通，了解他們的定位、需求與感受。
美學力（Aesthetics）：呈現什麼獨特的豬肉飲食體驗，才能創造顧客的感動與想像。
再生力（Re-）：如何再創造、再活化養豬場域與環境，賦予豬肉什麼新定義，才能建立新的價值。
風土設計力（Terroir Design）：如何將自己的風土資源轉換成飼養管理的內容，或是讓顧客來現場體驗飼養的風土條件特色。

台灣豬的轉型雖然是新挑戰，仍有不少養豬業者早已努力突破現狀，希望創造台灣豬的品牌價值。我認識三個在不同地點的養豬業者，他們都是先強化內部經營管理能力，努力運用垂直整合的方法，從育種到環境管理都能有效控管；第二是延伸到外部的行銷與銷售能力，能夠從產地延伸到餐桌，建立不同的通路管道。

他們各自發展不同的商業模式。從價值主張、顧客定位、獨特優勢與獲利方式都有自己的特色，也努力創造台灣豬的新價值。這三個案例的SMART五力與商業模式值得讀者參考。

吃胡蘿蔔的「花田囍彘」

在彰化田尾、飼養六千頭豬的永隆牧場，第三代經營者張勝哲本身是學科學的工程師，返鄉接棒之後，開始逐步調整傳統的飼養方式。他有三個獨特的創新方式：

首先，他改善豬舍環境，並花三年整理數據檔案，建立系統化管理能力。包括小豬的父母履歷、母豬發情時間、天數、懷孕情況與生產數量，有系統的掌握狀況，才能找到品質最好的品種，進行育種調整。

第二是調整飼料來源，建立風味特色。張勝哲就讀台大農企業菁英班時，認識了從事販售胡蘿蔔汁的同學，得知有一批原本出口到日本、但因為外型不好被剔除的胡蘿蔔，讓他燃起嘗試將胡蘿蔔加入豬飼料的想法。他將胡蘿蔔削成絲，再加入飼料中，並將屠宰後的豬送至中興大學進行肉質檢驗，意外發現肉質的抗氧化性提高，還含有β-胡蘿蔔素；他也嘗試餵食地瓜與橄欖，甚至加入金針菇，試著去建立自己的風味特色，也意外讓胡蘿蔔豬變成經營特色。

第三是建立品牌與論述。張勝哲想突破傳統活體拍賣的限制，建立「花田囍彘」品牌，除了調整飼養內容、建立豬肉獨特風味，還嘗試建立部位分級的定價方式，希望直接跟消費者溝通。

為了要讓消費大眾了解不同部位的料理方式與風味特色，他透過募資平台賣一張三千元的餐券，邀請中菜名廚「三分俗氣」的老闆曹一、加上義式名廚「小蝸牛」主廚王嘉平，聯手用他的豬肉進行中西豬肉料理比賽，餐券賣出了一百張，也引起飲食界的轟動。

張勝哲也經常邀請廚師示範與解說，如何進行分切與料理，藉此教育消費者認識豬肉的相關知識，也能提升豬肉價值。「我希望有系統的建立豬肉基本知識。」張勝哲是運用科學精神去建立自己的品牌價值。

發展循環經濟的「家香豬」

另一家是位在屏東麟洛鄉的中央畜牧場。中央畜牧場場長蘇鵬是第二代豬農，他從父親手上承接八頭豬，到現在已經發展成三萬頭的規模。但是這條路歷經多次曲折，口蹄疫之前，中央畜牧場的豬肉都是外銷到日本，口蹄疫的衝擊讓他的豬場陷入困境。

他能夠重新站起來，在於兼具企業家宏觀視野、科學家實驗精神，融合這兩種角色產生的創新能力。

第一個創新是原料管理。蘇鵬認為，養豬最大的成本在於飼料，飼料中成本比重最高的就是玉米，玉米占養豬總成本的七成。然而原物料價格都掌握在大宗物資貿易商的手裡，像永隆牧場張勝哲就說他二〇〇八年接班時，玉米價格就成長了兩倍，對經營成本產生很大的壓力。由於養豬利潤不高，如果成本波動大，就會產生經營風險，蘇鵬不希望原物料價格受制於人，他先研究大宗物資的期貨交易制度，決定跟美國芝加哥供應商聯繫，直接從美國進口原物料。

但是進口原物料需要足夠規模，又挑戰國內貿易商的遊戲規則，連美國供應商也很好奇，怎麼會有一家遠在台灣的豬農提出採購需求？蘇鵬找了數十家小型豬農進行聯合採購，藉此提高採購數量，經過溝通協商，美國供應商每個月都會進口十個貨櫃（一個貨櫃大約二十二至二十五公噸）的玉米，他再重新烘焙成飼料，轉售給其他豬農（自用兩成）。有了穩定的原料來源與價格，加上突破傳統貿易商的限制，讓蘇鵬勇於進行更大的創新。

第二個創新是豬隻管理。在中央畜牧場會議室的白板上，欄位上寫著配種頭數、測孕、分娩目標、哺乳期、離乳，記滿各種密密麻麻、不同顏色的數字。

蘇鵬不只從飼料源頭進行管理，也從育種、配種來進行品質管控。他本身學畜牧、也有獸醫執照，每天都會用顯微鏡研究種豬的精液品質、豬隻受孕情況，並進行基因檢測，也固定進行母豬的超音波檢查，並觀察小豬的活動狀況，是否有受挫與不安全感，這些都會影響小豬的生長，也影響未來的豬肉品質，必須要從日常細節中去控管。

第三個創新是循環經濟。二十多年前，政府曾積極推廣畜牧場沼氣發電設施的補助，希望將豬糞變黃金，也能減少豬糞臭味。但因為豬糞含水量太高，沼氣中的硫化氫容易腐蝕引擎零件，機器用不到一年就壞掉，推廣計畫也無疾而終。當時蘇鵬興致勃勃的參與這個計畫，結果是失敗收場。

失敗之後的學習，才打開創新的契機。他發現豬糞產生的氣體竟然能夠發電，充滿好奇心與研究態度的他，一直構思要如何解決這個問題。「失敗也是很重要的。」蘇鵬說他不斷與專家討論研究，解決方案就是找到脫硫設備，同時要降低豬糞水分。九年前他投資五千萬，建立全台唯一一個、也是規模最大的沼氣發電示範區，並增加脫硫設備，可以脫去大部分的硫化物，同時設置「豬廁所」、採高床式飼養（讓豬培養在乾的地方睡覺、濕的地方大便的乾濕分離習慣），降低豬糞中的含水量。

這個創新方案成為全台唯一取得環保署「節能減碳行動標章」的養豬場，蘇鵬也獲得農委會的「神農獎」榮譽。這套設備的好處是不僅供應畜牧場的電力，還可以賣電力給台電，一年雖只有七百萬元營收，很難靠沼氣發電賺錢，但是投資十年後就能回本，同時兼具環保功能，更重要的是創造品牌形象。

循環經濟的品牌價值也連結到第四個創新特色——通路多元化的經營。他都會帶客戶到養豬場參觀，實地了解沼氣設備與經營理念，容易得到各種通路的客戶認同，在價格上也能取得較好的利潤，並開拓中央畜牧場的多元銷售管道。除了供應大餐廳、有機環保連鎖商店、電商以及重視安全食材的連鎖早餐店，他也在屏東市經營「家香豬」品牌的門市。

這個門市成為台灣唯一吹冷氣的豬肉商店。他採用每天現宰的溫體豬，為了保持衛生狀況、控制溫度，店裡都是採用冷氣控溫，新鮮豬肉放在冰箱冷藏，既可保持溫體口感，又維持衛生條件。

一個養豬農做了很多突破的唯一，都在於重視養豬場的每個細部品質。「每個基礎細節都做好，豬自然就好吃。」蘇鵬說。

良食「究好」的上下游整合

第三家不同於永隆牧場、中央畜牧場的傳統養豬業，他們是透過企業經營的系統化方式切入，希望創造不同的商業模式。這是知名旅美設計師吳季剛的父親吳昆民，以及吳季剛的哥哥吳季衡所成立的豬肉品牌「究好豬」。

吳昆民經營的祥圃實業，主要是生產與銷售動物營養品，他希望讓農產品更優質安全，但發現台灣沒有養豬業者投入開發符合歐盟標準的品牌肉品，於是決定投入種豬培育、豬場經營、飼料營養劑、肉品分切與加工、觀光工廠、物流通路與餐廳的上下游完整產業鏈，可以建立新的商業模式，也能建立豬肉產業的經營示範。

「究好豬」這個品牌讓我印象最深刻之處，是在雲林大埤成立觀光工廠的「良作工場」。因為跨足養豬產業之後，如果沒有自家的屠宰場與分切場，就只能送到活體拍賣市場，無法實現品牌的理想，於是他們決定在雲林買下五千坪的土地，興建分切場與觀光工廠。

分切場可以運用分切技術達到客製化的需求，但要全程控制在十五度低溫內，還要維持豬肉的新鮮，再用冷藏車送到餐廳與各個通路。因為有了分切場，就可以成立觀光工廠，來現場觀看分切生產線，以及整個豬肉產業鏈、相關部位知識的視覺呈現，最後再到地下樓的餐廳，直接享用各種精緻的豬肉料理。

在導覽人員解說下，我透過透明玻璃俯視底下的分切場，現場明亮乾淨，工作人員專注有效率的分工，一排是切大塊肉，另一排則是切割細部，還有一排處理豬皮。

在餐廳吃飯時，吳季衡介紹不同豬肉的料理方式。例如類似台南牛肉湯的作法，用裝在茶壺中的高湯、直接清燙粉紅色的薄豬肉，品嚐原味的口感。帶皮的五花肉有三種作法，一種是清燙、沾雲林蒜桐蒜頭的醬油；一種是將豬皮烤得酥脆；還有一種是用噴槍炙燒的豬五花壽司。

吳季衡跟我們這群食客分享豬肉的顏色、氣味、油花比例與口感的保水性，讓我們對於豬肉有了深一層的體會與認識。吳季衡說：「我們去日本吃了很多不同品牌的豬肉，但沒有台灣豬肉好吃。我們要如何對別人介紹台灣豬好吃的特色？這是我們要持續努力的方向。」

台灣豬的風土經濟學商業模式

這三個故事案例，都是將養豬業當企業來經營。有清楚的價值主張、顧客定位、獨特優勢以及有足夠利潤的獲利方式。當然，支持他們商業模式的有效運作，來自SMART創新能力：

故事力（Story）：讓人容易記住的突破性特色，例如吃胡蘿蔔的豬、全台規模最大的沼氣發電養豬場、可以了解豬產業與分切技術的觀光工廠。

市場感受力（Market Sense）：他們各自切入不同的顧客定位，努力跟顧客溝通。

美學力（Aesthetics）：花田囍㷛跟不同廚師合作，創造豬肉的美學力；中央畜牧場吹冷氣的溫體豬肉店面；究好豬觀光工廠的空間呈現。

再生力（Re-）：花田囍㷛讓地瓜、胡蘿蔔成為飼料的特色；中央畜牧場沼氣發電帶動的循環經濟；究好豬努力提升豬肉等級，打入高級牛排館，重新定義豬肉價值。

風土設計力（Terroir Design）：花田囍㷛運用地方食材加入飼料來源，也在老家三合院開設料理體驗空間，讓客人品嚐豬肉風味；中央畜牧場讓客人體驗鄉下養豬場的創新環境；良作工場的餐廳運用雲林地方食材，結合究好豬料理，傳達雲林的特色。

以下是我對三家台灣豬品牌風土經濟學商業模式的分析：

價值主張

花田囍㷛

我們認為，台灣豬產業從養殖、管理到料理風格，都有獨特特色，能夠重新擦亮過去養豬大國的品牌。（Where & When）

但是，目前台灣豬從養殖到管理都缺乏與國際標準接軌的規範，也欠缺關於豬肉飲食文化的定義與詮釋，導致無

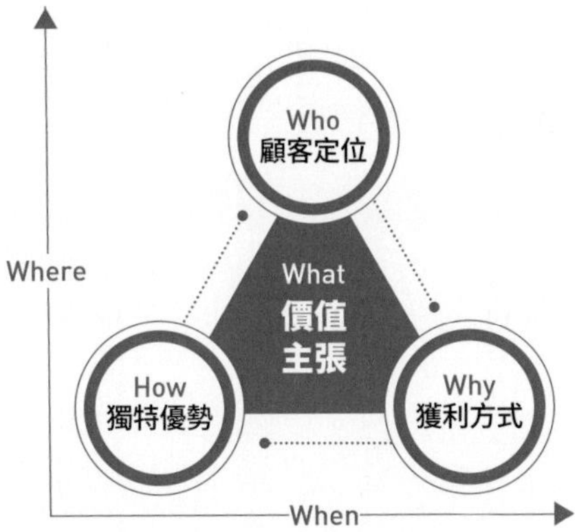

法有效對外溝通說明，沒有建立明確的品牌形象。

因此，我們要為台灣豬建立科學化的指標與風味論述。包括從育種、養殖過程、飼料內容、屠宰過程與部位分切，一直到最後的料理烹調方式，才能呈現台灣豬肉的特色與價值。（What）

希望讓喜歡吃台灣豬的國內消費者（Who），能夠重新認識豬肉風味，建立不同的料理風格，以及獲得更多豬肉的知識。同時能跟世界喜好吃豬肉的消費者溝通（Who），突顯台灣豬的品牌價值，來台灣旅行一定要品嚐台灣豬，國外也能將台灣豬視為精品料理的食材。（Why）

我們的作法是有系統的建立豬肉基本知識。先透過養殖與管理方式，提升豬肉等級、安全、風味與知識，並與知名主廚合作，傳達豬肉料理的方式，希望提升台灣豬在餐飲料理的價值。（How）

中央畜牧場

我們認為，台灣豬產業從養殖、管理到料理風格，都獨具特色，能夠重新擦亮過去養豬大國的品牌。（Where & When）

但是，目前台灣豬從養殖、管理都缺乏與國際標準接軌的規範，也沒有培養好的管理示範，以及與環境共好的循環經濟，導致養豬產業長期具有環境汙染的負面印象。

因此，我們要運用創新與管理能力，發展一套從飼料、養殖、管理與沼氣發電的循環經濟，除了提供安心、安全的豬肉，也能讓豬產業具有永續環保的價值。（What）

希望讓喜歡吃台灣豬的國內消費者（Who），能夠安心品嚐與料理各種豬肉產品，他們想要了解台灣豬的品牌特色，更期待自己採買的豬肉食材，能與環境共好。（Why）

我們的作法是有系統的提升管理與創新能力。首先做好原料品質與降低價格變動風險，再透過養殖與管理，提升豬肉品質，並運用脫硫設備讓豬糞轉換為沼氣發電，創造循環經濟的價值，不只能獲得各個通路客戶的認同，也讓更多人能安心享用台灣豬肉料理。（How）

究好豬

我們認為，台灣豬產業從養殖、管理到料理風格，都獨具特色，能夠重新擦亮過去養豬大國的品牌。（Where & When）

但是，目前台灣豬從養殖、管理都缺乏與國際標準接軌的規範，也欠缺關於豬肉飲食文化的定義與詮釋，整個產業鏈沒有有效整合，更沒有建立明確的品牌形象。

因此，我們要為台灣豬產業建立一個完整的垂直產業鏈，做為提升豬肉產業價值的示範，呈現與提升台灣豬肉的特色與價值。（What）

希望讓喜歡吃台灣豬的國內消費者（Who），能夠重新認識豬肉風味。他們想要了解豬的相關知識，以及如何品味豬肉各部位的風味。同時能跟世界各地豬肉消費者溝通（Who），突顯台灣豬的品牌價值，也能讓外國人來台灣旅行想品嚐台灣豬肉、參觀產地。（Why）

我們的作法是有系統的建立完整的產業鏈。包括從育種、豬場經營、飼料、分切、加工、觀光工廠、物流與餐

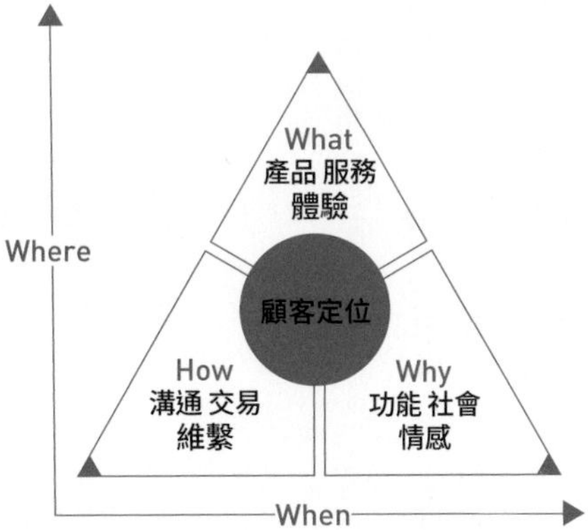

廳，希望在每個環節共同提升台灣豬在餐飲料理的價值，也能讓更多人實地品嚐、認識台灣豬肉的特色。**（How）**

顧客定位

花田囍彘

脈絡情境（When & Where）：母公司永隆牧場產量是屬於中型的養豬場，走傳統功能型需求的顧客，「花田囍彘」品牌則調整顧客定位，希望直接跟消費者溝通。

功能、社會與情感（Why）：顧客重視社會與情感面的需求，例如重視地方食材與產地來源的餐廳，以及喜歡料理、重視品質與地方特色的家庭。

產品、服務與體驗（What）：能為顧客量身訂做想要的風味與部位。例如能為顧客需求與價格找出特色品種，根據不同的豬種提供不同的飼養方式，包括餵食的飼料與飼養天數，都依品種而不同。也會舉辦創意料理的教學示範，提升體驗感受。

溝通、交易與維繫（How）：透過社群媒體傳遞豬肉知識、養殖過程的特色，以及與重視肉品來源的餐廳合作，讓消費者認識。

中央畜牧場

脈絡情境（When & Where）**：**第二代豬農個性非常樸實，並不太花力氣去經營品牌，反而比較重視豬隻管理與循環經濟。

功能、社會與情感（Why）**：**以社會型與情感型的顧客為主，主要重視食品安全、有經營理念的連鎖通路，以及屏東在地、重視生鮮安全的家庭客人。

產品、服務與體驗（What）**：**各種生鮮豬肉產品，以及沼氣發電設備的參觀導覽。

溝通、交易與維繫（How）**：**他們較不擅長說故事與社群媒體溝通，但會參加各種小農市集活動，直接跟消費者面對面。

究好豬

脈絡情境（When & Where）**：**是台灣少數具有完整垂直產業鏈的養豬品牌，更重視行銷推廣。

功能、社會與情感（Why）**：**以社會型與情感型的顧客為主，重視食品安全、風味、肉品分級與品牌特色的餐廳，以及直接在究好豬品牌餐廳用餐的大眾。

產品、服務與體驗（What）**：**各種生鮮豬肉產品，還有一個參觀豬肉部位分切與餐飲的觀光工廠。

溝通、交易與維繫（How）**：**擅長與社群媒體溝通，讓大眾認識品牌與創業故事。

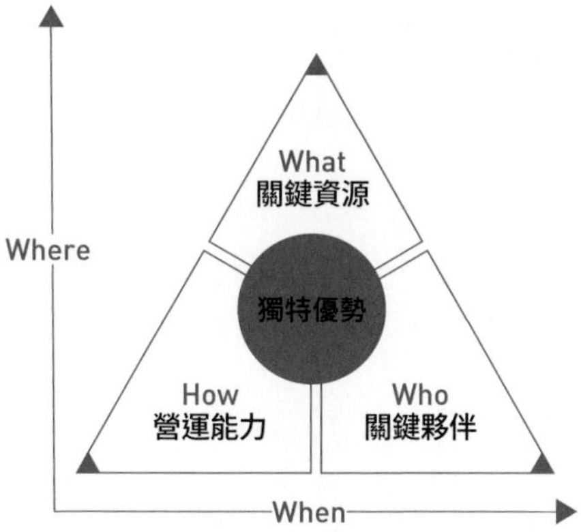

獨特優勢

花田囍彘

脈絡情境（When & Where）：科學管理的農場主人，也懂得跨界整合，運用創意建立品牌論述與話題。

關鍵夥伴（Who）：飲食界懂論述、有創意概念、重視在地食材的美食家與廚師，透過餐會、各種活動來創造話題，結合關鍵資源（做飼料的在地食材）的特色，能夠影響更多消費者。

關鍵資源（What）：彰化、雲林的各地小農食材。

營運能力（How）：因為是工程師出身，重視數據管理與研發，對於現場管理、外界溝通、行銷，都有紮實的基礎。

在研發創新上，引進了少量品種，增加話題性，也會讓顧客關注，例如引進捷克的綿羊豬、鹿兒島黑豬同源的六白豬。接著找出最適合的飼養方式以及料理方式，最後才能為顧客需求開發量身訂做的飼養能力。這種有如研發新產品的獨特優勢，也能讓花田囍彘走出少量多樣的獨特之路，在市場上有品牌價值的區隔。

中央畜牧場

脈絡情境（When & Where）：專業的豬場經營者，重視育種、管理與創新，不太擅長品牌經營。

關鍵夥伴（Who）：1.外部：各大餐廳與通路。2.內部：各個小豬場。

關鍵資源（What）：沼氣發電廠，以及豬糞尿廢水用於培養藻類，藻類再轉化成豬飼料；另外，經過藻類淨化的水成為清洗豬舍的用水，創造環保與經濟兼具的正向循環。

營運能力（How）：從原料採購、烘焙飼料與現場管理都有運作效能，節省成本，另外在育種、豬隻品質、衛生安全也有完整的研究與照護。沼氣發電的循環經濟，對營運與品牌形象有加值效果。除了進行飼料聯合採購，本身也能提供飼料加工，甚至透過契作與品質管理，結合更多小型豬農，擴大未來的營運規模。

究好豬

脈絡情境（When & Where）：從品牌與整體產業鏈來切入豬場經營，嘗試建立一套經營模式與標準，能夠帶動整個產業、提升品質。

關鍵夥伴（Who）：從上游到下游產業鏈的各個合作協力夥伴。

關鍵資源（What）：良作工場與雲林地方連結需要再更深入，成為雲林食材與文化的整合平台，讓北部客人、甚至未來外國旅人專程來雲林一遊，同時以良作工場為最重要的體驗點。

營運能力（How）：整合上下游的產業鏈，發展為大型餐廳量身訂做、以及對消費大眾互動溝通的方式，掌握更多顧客需求與想法，轉化成為品牌內部創新與服務的能力。

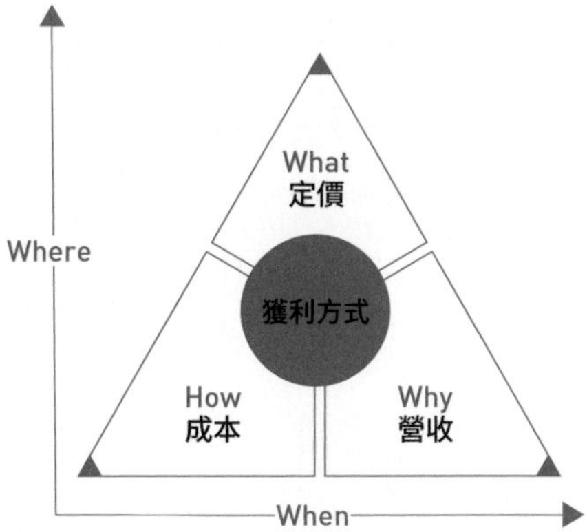

獲利方式

花田囍㷫

脈絡情境（When & Where）：品牌本身因為規模不大，經營成本較高，價位以中高價位為主，希望訴求重視風味與安心食材的客人。另一部分母公司永隆牧場，仍以傳統拍賣市場為主，維持營運。但因為開發多品種，擁有少量多樣的量身訂做能力與說故事能力，長期來說具有獨特的市場定價，能夠建立穩定的獲利方式。

定價（What）：「花田囍㷫」品牌有高定價，但是母公司永隆牧場仍以傳統拍賣為主。

營收（Why）：品牌肉品銷售、豬隻拍賣。

成本（How）：經營成本與品牌成本。

中央畜牧場

脈絡情境（When & Where）：本身具有規模經濟，加上擁有飼料成本的優勢，具有很強的價格優勢，能夠開發不同連鎖通路的客戶，讓自家豬肉成為家庭日常料理的一部分，也能供應給重視食品安全的大餐廳。

定價（What）：因為能有效控管豬場成本，可採取有獲利的中價位定價。

營收（Why）：生鮮肉品、沼氣發電的電力銷售。

成本（How）：管理成本、沼氣發電設備成本。

究好豬

脈絡情境（When & Where）：具有品牌優勢，價格上屬於高定價，合作的餐廳，都是具有知名度的品牌餐廳以及連鎖餐飲，也包括自家經營的餐廳，透過品牌之間的合作，傳遞有故事且安心的價值，讓消費者願意支付較高的費用。

另外正努力嘗試推動自家電商，與消費大眾建立更多連結關係，長期來說，打下零售基礎，未來獲利才會更高。

定價（What）：高定價。

營收（Why）：生鮮肉品、餐飲收入。

成本（How）：豬場管理、觀光工廠、餐飲。

第 24 課

產業創新篇（四）
具備旅人思維的旅行社

二〇二〇年十一月的週一上午，我為十多位旅行社業者開設「旅行社轉型商業模式2.0工作坊」。其中一個討論主題是：《風土經濟學》這本書對旅行業者的學習與應用。

大家的共同心得讓我非常意外。他們認為，收穫最大的是「旅人的思維」。我實在很好奇，從事旅遊業的旅行社，應該最具有旅人的思維，為什麼會說缺少旅人的思維？

業者解釋，旅行社規劃行程的方式，都是去各地踩線、看景點，了解行程好不好操作？最後談價格，問能不能算便宜一點、有沒有退佣？很少會深入找尋更不同的內容。「我們在這行浸淫太久了，都忘了站在旅人角度思考行程的內容，只用我們很主觀的意見，把行程當產品。」

當旅行社沒有旅人的思維，那旅行社剩下什麼？

這場工作坊是意外產生的。我與大腳旅行社總經理曹淑玲碰面，他們原本從事國外高價行程的河輪旅遊（搭河輪深入各國內陸的旅行），因為疫情衝擊全球，整個國際旅遊業都停擺了，很多人歇業、放無薪假。但有更多原本從事國外旅遊的旅行社業者，希望轉型投入國內行程，也期待未來開放邊境後，可以帶外國觀光客深度體驗台灣。

但他們不熟悉國內旅行，也不想走傳統大眾路線，希望能深入地方，開發不同的行程。這群業者跟著觀光局的安排去各地踩線，卻發現都是一窩蜂、沒有太多特色的行程，甚至同一家餐廳吃了好幾遍（推測可能是主辦單位開的餐廳），也沒有太多深刻的感受與學習。

他們想突破，但是找不到方法。曹淑玲總經理讀了我好幾本著作，找我深談面臨的困局，以及需要找到改變的方法，她找了十家旅行社業者參與工作坊，希望我能帶大家共同找到改變的方向。

國旅市場競爭多，旅行社面臨三大挑戰

這也是目前旅行社產業面臨的困局與挑戰。國內旅行社的經營方式跟國外旅遊很不同。根據觀光局二〇一九年的統計，國旅市場只有百分之十四參加旅行團，其中百分之十是傳統的里長帶里民出遊或是學生畢業旅行的低價團，只有百分之四的市場是比較有利潤的旅行團。

低價的國旅行程，流行「車購」。就是每到一個加油站、休息站，就有土產業者上車賣東西，通常一趟行程大概會有六、七位業者上車兜售，旅行社才能藉由消費抽成，否則低價團費

是無法維持營運的。

這塊市場已經盤根錯節，對於新加入國旅市場的業者來說，是無法觸碰、也不是他們想參與的。

然而想投入正常團費的中高價位市場，業者卻遇到三個大挑戰。

第一個挑戰是接地氣的核心問題，就是不熟悉國內的行程。過去走國外行程，由於市場大，選擇的行程也多，但是回到國內的旅遊，景點都很熟悉，卻不知道要如何找到差異內容。

第二個挑戰是價位不易被消費者接受。通常國外旅行可以支付比較高的旅費，例如一天二到三萬元的旅費，國內如果一天要價一萬元，消費者就不太會接受，甚至認為自己都可以去，也能訂飯店，旅行社憑什麼要收這麼高的價錢？

這卻是經營國外旅遊的旅行社商業模式。由於國外旅遊資訊不對稱，旅人必須透過旅行社來安排餐飲、住宿與行程，旅行社可以跟國外旅館、餐廳收佣金；另外，對於國外旅遊的期待，國人也願意支付較高的旅費。

業者說，國外行程可以從飯店拿佣金，但是國內知名飯店不會給佣金，造成他們推出的高檔行程，住宿成本非常高，利潤就很有限。

第三個挑戰是國旅市場的競爭者太多。首先是民宿業者，他們很接地氣，可以帶客人去玩私房景點，民宿主人也能跟旅人交流，甚至民宿本身的風格與故事，就是旅行的目的。

其次的競爭者是地方組織。現在各地都在推小旅行，包括農村、部落、產地，這些行程內容更能傳達在地生活與特色，旅人可以不透過旅行社規劃，就能直接聯繫。

業者也說，去一些有特色的地方，找當地組織談合作，談沒多久一提到退佣，對方馬上就變臉，連合作的機會也沒有，這跟過去他們談行程的採購模式很不同。

第三個競爭者是旅遊達人。當旅人成為美食達人、旅遊達人之後，可以透過社群媒體號召粉絲組團出遊，不用透過旅行社中介。

最後則是同業的模仿。因為國旅市場行程透明，交通方便，很難有太多私房行程，即使努力規劃，同業可以報名參加一趟，回程就用更便宜的價格來競爭，客人選擇多，很難有忠誠度。比方有業者精心跟飯店合作開發的行程，就遇到高鐵公司再轉包給合作的大型旅行社，推出價位只有一半的行程，逼得中小型業者很難有價格上的競爭力。

旅行社「去中介化」的結構性問題

這三個挑戰讓旅行社業者必須重新轉型。然而這些問題都是隱藏的結構性問題，新冠肺炎的衝擊，只是提早把冰山底下的問題浮上檯面。

在全球化與網路化的趨勢下，旅遊業的「去中介化」趨勢越來越大。例如 Airbnb 帶動的趨勢，不只對旅館飯店業帶來衝擊，更影響旅遊業的生態。

這是一種價值觀的轉移，也創造出不同的客層族群。「目前的旅行是把旅客當成外人，旅客接觸公共場所的機會很有限。我們的服務是把旅客當成自己人，讓他親身融入在社群中，這是很大的轉變。」《Airbnb 創業生存法則》強調，「他們偏好真實的體驗，對企業與權勢集團缺乏好感，渴望體驗有目的或使命感的東西，亟欲尋找屬於他們的社群。Airbnb 提供了與彼此連結的機會、冒險精神、新奇古怪的產品、平實的價位，這些特質正好都是千禧世代想要的。」

Airbnb 民宿業的經營者，不只提供房間與接待，也成為在地生活的帶路人，透過 Airbnb 的平台，旅人還可以訂購在地達人的體驗活動。

旅遊業真正的價值來源不再是走馬看花，而是如何讓旅人去貼近在地生活，這正是傳統旅行社面臨的重大挑戰與機會。

我們再回到國內旅遊市場的現況。政府為了解決旅行社轉型的問題，也用人事經費補貼、補助業者參加各種課程、帶業者踩線開發行程，甚至用經費補助旅行團，嘗試刺激國旅市場。

正如同本書一再強調，地方創生的計畫是要建立地方的流程能力，風土經濟的創造，更需要流程能力來落實。旅行社如果要成為風土經濟的一環，政府與旅行社本身，不能只用補助、辦活動的煙火行為來解決問題，這只是消極被動的作為，延緩核心問題的發生時間罷了，此時反而要面對現實，趕緊強化旅行社轉型的流程能力。

現在是旅行社再創業的關鍵時刻。業者需要深思，除了訂房、包車、餐飲甚至購物抽成，這些賺取價差的傳統獲利模式之外，業者還能靠什麼獲利？甚至是長期經營的挑戰？否則年輕族群養成線上訂房、訂行程與自助旅遊的習慣，根本不會參與旅行團，旅行社的客層只會越來越老化。

提升流程能力，讓旅行社脫胎換骨

關鍵還是回到提升旅行社本身的流程能力、建立獨特優勢，同時重新調整商業模式與經營方向。

面對國內旅遊市場的新挑戰，不少業者都開始轉型。像不少大型旅行業者，就開始投資飯店、賣農產品甚至賣面膜，走向非旅行社的多角化業務。

但是旅行業的核心事業是什麼？只是賣行程，還是透過移動創造感動？缺乏旅人思維的換位思考，最後就容易失去旅人的心。即使未來國境開放了，因整體大環境、旅遊行為都有可能產生質變，旅行社如果不轉型、重建商業模式，是很難重返過去的榮景。

目前有許多中小型旅行社嘗試轉型，開發優質的國旅行程。我觀察有三種類型。第一類是運用優美文案重新包裝既有行程，或者將民宿當成品味場所，透過高檔的餐飲、樂團來提升感官品質。這兩種方式往往只在表面包裝打轉，沒有切入核心，因為幾乎沒有跟在地有太多連結。偏向打帶跑的特別企劃，可能推幾次行程之後，就會轉換陣地，也突顯業者只想快速攫取消費者的需求，卻不願花時間與心力去耕耘地方。

第二種類型是努力開發新主題行程，建立新定位。像知名旅遊達人工頭堅，推出「酒鬼巴士」，帶著喜歡品酒的旅人，去台灣各地酒莊品酒、順便去產地旅行。「如果只想喝酒，就待在家裡喝；如果想認識產地的風味，就會跟著我到處跑。」工頭堅目前推出宜蘭、馬祖、台中、南投等酒莊的行程，結合品酒、餐飲與旅行。

第三種類型是積極到台灣各地踩線，嘗試開發新行程，提升品質，讓步調比較悠緩。但業者發現行程仍少了人味，以及缺乏貼近地方的生活感。我仔細研究行程內容，幾乎都是已知的景點，雖有導覽人員解說，仍然比較靜態，缺乏與在地人互動交流的連結。

總而言之，大家對於國旅市場、顧客定位與顧客需求，仍十分模糊，沒有明確切入點。長期做國外旅行的業者說，旅客願意付高價的心態，在於一種「遠方距離感」，有種時空差異的異國情調感，他很難從台灣在地找到這種異國氛圍。

當他講完問題後，我馬上聯想到許多充滿「遠方距離感」的地方，只要加以設計規劃，就能建立獨特的體驗行程。像是高雄甲仙的關山社區，可以去採收龍鬚菜，跟平埔族阿嬤做刺殼粿、吃平埔族米食；到五里埔與小農一起榨甘蔗汁、熬煮黑糖。或是往山裡走，去那瑪夏鄉跟布農族青年採梅子、醃梅子，還能學習製作卡那卡那富族的年糕「昂布樂格」（內餡是豬肉、魚蝦，用山蘇葉包裹，口感黏稠像客家菜包）。另外去台南麻豆的柚子園採柚子、在柚花季節喝下午茶；也可以去新北市雙溪山上採比臉還大的香菇；甚至去坪林茶園採茶、製茶與品茶……。

這些都具有時間、空間與人間的獨特性，只是業者需要細心踏查訪談，親自實地體驗與溝通，重新轉化，才能找到自己行程的獨特性。

旅行社的風土經濟學商業模式

因此，如果要深入建立自己的在地行程優勢，心態與能力就要大幅調整。我建議有三個方向要加強：第一是整合能力。去找出還未成熟、需要串聯整合的區域，透過行程的整合與溝通，建立自己的獨特優勢，也與地方建立長期合作關係，才不容易被業者抄襲。

第二是文化詮釋的能力。需要對整體行程、每個體驗點，不論是景點、達人帶路或是手作體驗，甚至是餐點，都要有自己的詮釋與主張，找到吸引人的原因與特色，才能建立自己行程的高度與價值。

第三是培養帶路人的能力。帶路人不只是導遊，而是能串聯行程、對旅人建立整體脈絡感，也能讓在地行程串接得順暢，能夠適時彈性調整，引導各點的在地人把事情做得更完善，才能讓地方組織的參與者與旅行社建立信任感，相對而言，更難讓其他旅行社抄襲與模仿。

這三個方向都是針對一般自由行、走馬看花的客人，比較不能自己直接參與，需要有人來整合規劃，也就是旅行社可以深耕發揮的地方。

這個建議也許有難度，卻是旅行社未來的競爭力。因此，旅行社要培養自己的風土創新SMART五力，以及調整商業模式，才能建立國旅市場的獨特性。未來國境開放之後，能夠帶外國人來台灣玩，甚至可將這些能力，應用在國外市場的開發，創造更不同的旅行體驗。

以下是我對旅行社產業未來商業模式的整體建議：

價值主張

我們認為，台灣開始進入深度旅行的階段，能夠深入體驗台灣各地生活、生產與生態之美的風土旅行。（Where & When）

但是，旅行社卻遇到轉型的挑戰。因為傳統旅行業都以走馬看花的風景為主，忽略或欠缺規劃深度體驗的能力，未來要如何讓旅人去貼近在地生活，這正是傳統旅行業面臨的重大挑戰與機會。

因此，我們要重建台灣旅行社產業的競爭優勢。首先要破除過去賺取差價、退佣的獲利方式，改為以企劃能力為核心所建立的品牌特色，能夠為旅人創造獨特的體驗價值，也能與在地組織合作，建立雙贏互利的合作關係。（What）

希望讓重視品質的旅人、員工旅遊、參與小團體的旅行團（Who），能夠參與旅行社規劃與帶路的行程。他們想

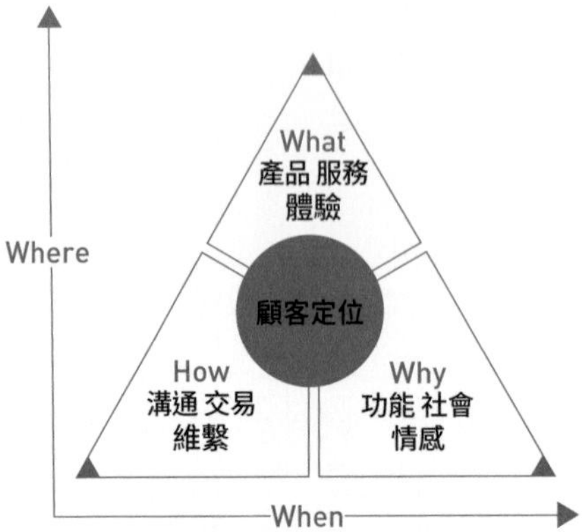

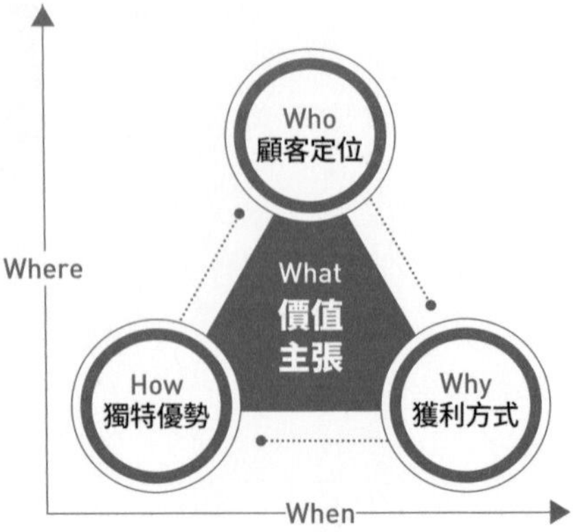

要透過專業的導覽解說，以及細膩的安排，深度感受台灣的美好，重新認識台灣。（Why）

我們的作法是培養三種不同於傳統旅行社的專業能力。第一是整合力，透過跨區域、社區行程的整合與溝通，建立自己的獨特優勢，也與地方建立長期合作關係。第二是文化詮釋力，對整體行程、每個體驗點，甚至是餐點，都要有自己的詮釋與主張，才能建立品牌高度與價值。第三是培養帶路人的故事力，帶路人不只是導遊，而是能串聯行程、對旅人建立整體脈絡感，引導各點在地人分工合作，建立地方與旅行社雙贏的信任感。藉由這三個專業能力，才能提升旅行業整體的轉型競爭力。（How）

顧客定位

脈絡情境（When & Where）：旅行社業者的顧客定位大多鎖定在銀髮族，因為他們比較有錢有閒。但當大家都切入這塊市場時，一個是過度競爭，另一是忽略了年輕族群。長期來說，年輕族群即使年老了，因為早已養成自己旅行的習慣，也很難再成為旅行社的客人。

重點不是顧客的年齡，而是顧客的需求任務。只要是自己無法參與，行程又很獨特，就必須參與旅行社規劃的行程，在這個前提下，才能建立旅行社的價值。關鍵就是獨特的內容與清楚的訴求，以及為顧客

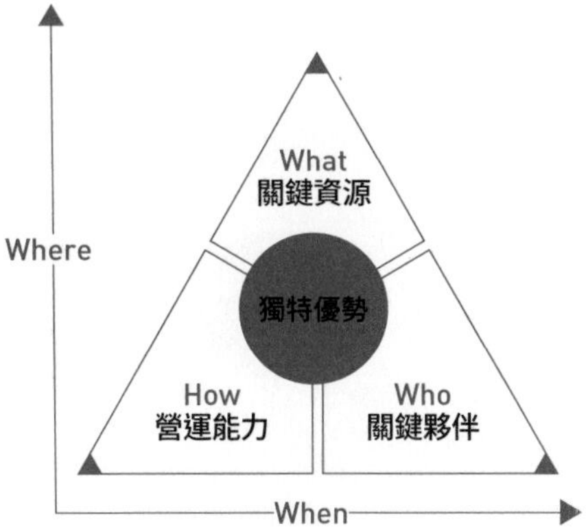

需求量身訂做的彈性能力。

功能、社會與情感（Why）：傳統走馬看花、功能型需求的客人，旅行社很難維持利潤，想要維持好品牌與優質利潤，必須訴求重視社會型與情感型的顧客。

產品、服務與體驗（What）：針對小團體、員工旅遊，根據他們的組成特色與需求，來量身訂做深度體驗的行程。

溝通、交易與維繫（How）：旅行社需要經營社群媒體，提供故事與內容，對大眾行銷與溝通，每個季節提出好的行程企劃案。

獨特優勢

脈絡情境（When & Where）：旅行社的獨特優勢在於找出在地組織、社區成為關鍵夥伴，結合各地的風土資源、各種巧藝達人，才能建立互惠互利的信任感。

關鍵夥伴（Who）：各地方組織、社區組織、小商家、工藝或農業達人。

關鍵資源（What）：各地風土資源、歷史建築、族群文化脈絡。

營運能力（How）：公司內部要具有SMART風土創新五力為營運能力，不斷運用企劃能力去開發新行程、持續優化內容與品質，運用文化詮釋的能力，建立自己的品牌價值，讓其他同業難以模仿。

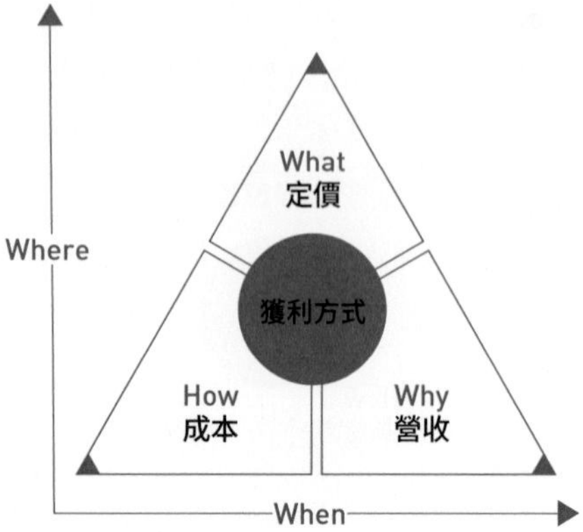

獲利方式

脈絡情境（When & Where）：旅行社的定價能力來自旅客的定位，以及為旅人量身訂做、開發行程的能力。要在一個區域（縣市、主題）建立長期的口碑，才能建立與地方組織的信任感；有了長期合作關係，才能夠降低先期開發的成本，也不易讓同業介入與模仿，才能有持續穩定的利潤。

定價（What）：有好的企劃力，以及量身訂做能力，才能有好的定價，否則只能賺取微薄差價，很難有長期利潤。

營收（Why）：企劃費、整體旅費。

成本（How）：開發行程的田野調查、溝通整合費用、人力成本，支付各地方合作單位的費用、教育訓練費（需要不斷培養同仁企劃、田野調查、說故事、溝通表達）。

第25課

結語——智慧型風土創業家，永遠的第一天

創立超過七十五年的高雄旗山常美冰店，一直是在地人與遊客造訪的知名老店。第三代接班人郭人豪與姊姊一起改造店面空間，走懷舊復古風，加上老電話筒與郵筒的擺設，側邊轉角是開放式空間，配上八張老板凳，玻璃碗盛著義式冰淇淋搭配古早香蕉冰的「常美招牌冰」。

二〇〇九年南部八八風災之後返鄉接棒的郭人豪，原本是紀錄片導演，充滿理想個性的他，不只是駐守老店，也與朋友李東佑夫妻一起創業，在旗山鎮上開設結合獨立書店與義式冰淇淋「小露吃 gelato」的小店，他們運用旗山周邊五十公里的在地小農食材，轉化成精緻的義式冰淇淋，希望創造不一樣的事業。

他與夥伴經常四處做田野調查，找到適合的小農與物產，再回來研發新產品。包括屏東枋寮的芒果、高樹芋頭與九如檸檬；高雄那瑪夏的茶、六龜的紅肉李、內門鳳梨與甲仙黑糖、大樹荔枝與旗山香蕉；也有台南東山的柳丁、麻豆文旦。每次農友來送貨跟拜訪，吃到自己的農

產品做成的冰淇淋，都非常驚訝開心。

為了更了解義式冰淇淋的作法，他們去義大利旅行與學習，還做了台灣茶的義式口味跟義大利人交流。他們也到世界第一大香草產區——馬達加斯加，實地認識冰淇淋主要原料香草。

只是義式冰淇淋成本高，價格也不便宜，在南部不容易打開市場，創業以來一直無法損益兩平。但是關心公共議題的郭人豪，經常跑各種理念相近的社造與小農市集，意外發現銷售業績比固守旗山生意還好，常常三天市集就是小店半個月的業績。

另外，外送冰品到咖啡館與餐廳，也是重要營收來源。重視環保的他，因為常美冰店外送冰品都用保麗龍包裝，他反而堅持小露吃不能用保麗龍，都是自己送貨，所以只以南部店家為主。

為了重新調整營運方向，他們決定關掉店面，改以工作室型態，透過參加市集或是類似限定策展活動（例如高雄鹽埕銀座聚場開幕的兩日快閃活動）與外送業務為主。因為調整了顧客定位，不再被動等顧客上門，這個轉變反而打開市場，也達到損益兩平的目標。

他們不忘創業初衷，持續向下扎根。將冰淇淋導入飲食教育，與國小、幼兒園合作，用液態氮教小朋友製作冰淇淋，運用學校周圍的在地物產，透過冰淇淋創造不同風味及變化，讓孩子重新認識食材特色。

「小露吃」用冰淇淋進行風土創業，遠在嘉義阿里山上的「卓武山咖啡農場」，則是父子一起以咖啡完成創業夢想。

原本在阿里山種茶的許峻榮，兒子許定燁剛退伍，就在阿里山風景區賣自家茶葉與農產品，由於做過餐飲工作，許定燁研發烤杏仁肉片，產品有了獨特性，帶動攤位生意，但是同業開始模仿之後，業績就逐漸滑落。

他一直思考，有什麼是不容易被模仿的產品。當時一九九八年台灣開始出現本土咖啡，父親許峻榮不想種茶，找兒子商量，決定試種咖啡豆。他們一起幾乎鏟掉了全部的茶樹，改種咖啡，不斷嘗試與學習之後，父子摸索出種植與烘焙技術，許定燁還考上杯測師，可以用客觀標準來了解自家豆子的風味，再調整種植方式。

卓武山咖啡因此得到好幾項競賽頭等獎，也打出知名度。有了好的起步，父子創業分工，兒子在嘉義市開咖啡館負責推廣、銷售、烘焙與技術研發，父親在山上專心種咖啡，經歷八年的虧損，也讓卓武山咖啡品牌逐漸打開市場，連日本人都來訂購咖啡豆。許定燁也到日本以咖啡農身分幫客戶推廣台灣咖啡豆，日本人很驚訝來自台灣的咖啡農竟懂得烘焙、杯測與沖煮技術。「台灣咖啡豆產量不多，但是從產地、風味製作到手工技術，都有世界級的品質。」許定燁說。

因為市場需求量高，許峻榮開始整合六十多位咖啡農友，成立咖啡合作社，許峻榮負責管理品質，許定燁負責推廣，還會帶領對咖啡有興趣的業者、旅人到阿里山的卓武山咖啡莊園參訪學習，認識風土、了解種植與製作的過程。

那天我來到海拔一千二百公尺的卓武山咖啡農場，細雨薄霧中，眼前是朦朧壯闊的山景，空氣清新濕潤。看著滿山的咖啡樹，許峻榮邊走邊介紹這裡的風土氣候，因為太太喜歡喝茶，仍保留一部分茶園。我們喝完咖啡，又喝了他們種植製作的紅茶，另外還喝到咖啡葉製成的紅茶，有咖啡淡香，也有紅茶香氣，這大概只有會種咖啡與茶葉的農夫才有的技術。

不論是郭人豪或阿里山的許家父子，還有本書提到、甚至更多散落台灣各地的風土創業家，都致力扎根在地的風土資源，建構他們的風土創新SMART五力，同時找到持續前進的商業模式。

風土創業家跟一般商業創業者的差異，在於不是只聚焦在顧客導向、取悅顧客或滿足顧客需求，而是回到自己的價值理想——我能為家鄉、環境、文化、社區做什麼?在這個立場上向顧客提案，提出具有社會、商業與創造力（SBC）的產品、服務或體驗，努力提升台灣的生活品質，以及創造人們對美好生活的想像力（雖然他們大多數的人不會說這麼精準的話語）。

他們共同為台灣創造新的生活經濟型態。台灣先天就具有豐富的風土資源，我們不能只靠製造與代工，更需要透過創意與實踐能力，強化風土經濟，不僅縮短城鄉落差，更能深化生活品質，帶動經濟轉型。

風土創業者正逐漸興起，也許人數不多，卻扮演著關鍵少數的力量。他們具有智慧SMART創新能力、並以商業模式四元素（價值主張、顧客定位、獨特優勢與獲利方式）務實的聚焦經營，如果彼此能串聯整合，可以帶動更大的正向改變，讓地方不只創生，更能帶動風土經濟產業鏈，創造台灣獨特的風土經濟學。

關鍵轉折點，選擇向上或向下

此刻，台灣也站在一個關鍵轉折點。新冠肺炎的疫情造成全球經濟大變革，在各國疆域封閉之下，台灣在地市場變成重心，在地生活與旅遊成為趨勢。因此，這是一個大好機會，讓台灣本身成為國人重新認同與喜愛的生活場域，具有獨特創新技藝的職人也能發揮長才，將台灣豐富的風土資源轉化成獨特風味，建立個人事業的品牌風格。

這個轉折的機會點也可能曇花一現。第一個問題就是國內市場的假性需求。因為不能出國了，國人才會在國內旅遊，如果品質不提升，業者也不利用這個階段努力轉型，等到疫情告一段落，世界各國再度開放，就很難留住國內挑剔的消費者之心，這些繁榮假象也會隨之消失。前車之鑑就是不少觀光旅遊業者大量依賴陸客，等到陸客不來，局勢改變，榮景就迅速消失。

第二，問題在於政府的政策方向。不論是地方創生，還是政府各部門，對鄉鎮組織、青年創業仍是以從上而下指導的方式，大量重複給錢、舉辦各種看起來熱鬧的放煙火式的活動。很少從下而上、由內而外建立地方的流程能力，包括培養風土創新SMART五力、強化商業模式的思考能力，很容易讓創業淪為口號，變成倚靠政府資源餬口飯吃的工作。

要活絡地方，需要創造就業機會，前提是建立更有活力、更持久的經濟發展方式。這需要藉由風土創新能力與穩健的商業模式，帶動更多人事物與相關資源捲入這個創新流程，才能創造更多價值，吸引更多顧客，達到滾雪球般越來越大的正面效益。

第三，企業如何參與地方創生，也是這幾年的重要課題。目前少部分企業參與地方創生，只視為企業社會責任（CSR）的一環，光是出錢，還沒有太積極主動的參與。如果只是出錢，有時辦個活動，讓員工下鄉認養農田、旅行，其實對地方的效益很有限，也沒有企業的策略高度。

政府與企業可以怎麼參與風土經濟、地方創生，成為正向力量的推手呢？

基層公務人員，也需要建立創新力

地方創生可視為地方再創業的計畫。地方再創業的主角，不是只有地方組織與業者，更包括基層公務人員。政府公務人員本身的思維與能力需要強化，風土創新五力與商業模式是務實、有架構與流程思維的思考地圖，不只適合地方業者，也適合協助公務人員提升創新企劃力與思考力。

這幾年我在台灣各地從事地方組織、青年創業者的培訓，也參與不少政府部門公務人員的培訓，都嘗試建立屬於風土創新的流程能力。比方我在台東縣政府培訓科長級的中階主管，他們是承上啟下、負責規劃與執行的關鍵中堅人員，透過課程安排，讓他們跨部門分組合作，運用 5W1H 方法論，以商業模式架構來引導聚焦，練習創新企劃能力。

我出的題目有：如何規劃台東十道菜的風土餐桌、如何推出三天兩夜的台東行程，如何規劃吸引銀髮族移居台東的友善環境。他們要找到價值主張、顧客定位、獨特優勢（獲利方式暫時不在課程討論中），我再一組一組點評與提問，大家也圍在一起討論與提供建議。

想像一下，當衛生局、教育處、社會處、文化處、消防局與觀光處的科長坐在一起熱烈討論如何設計台東的風土餐桌，仔細思考顧客定位，找出十道菜的風土故事以及上菜順序，這是很有意義的突破。這套方法帶回各自的工作崗位，就是協助他們站在顧客需求角度聚焦思考，找尋創新方案的輔助工具，還能引導部屬思考與提案。

因為有初步成效，一年之後，台東縣長饒慶鈴邀請我再深入第一線，培訓台東市區、縱谷、海岸線與南迴的鄉鎮公所中階主管，引導他們換角度思考地方特色，找出可以規劃執行的方向。在每場工作坊，只要給予鼓勵、邏輯思考的架構與適度引導，基層公務人員都能互助合作，找出地方發展的痛點與亮點，並構思可執行的解決方案。

第一線的公務人員具有創新能力，才能協助地方創業者有效活用資源。地方創生不能是由外而內的推力，必須建立由內而外的拉力動機與流程能力，基層公務人員也是協助地方業者成長的重要角色，至少不能成為阻礙成長的官僚。當業者與公務人員有共同語言討論價值主張、顧客定位、獨特優勢與獲利方式，才可能產生共識，開展後續的創新能力。

新北市政府觀光旅遊局的科長章世政，則是一個正面積極的好例子。他邀請我對科員培訓風土創新能力，改變大家的視野與規劃能力，自己又進一步參與我的寫作力、故事力課程，自我先提升溝通表達能力，才知道如何提升科員的能力，以及如何有效跟地方業者、標案廠商溝通。

他甚至參加我與馬祖青年協會規劃的三天兩夜馬祖之旅。他告訴我，原本以為去馬祖只是看戰場、各種風景，沒想到跟想像不同，反而進入馬祖的生活領域。「原來這才是深度旅行，對我們做規劃的人來說，深度旅行其實只是個抽象名詞，當我變成旅人實際體驗之後，才感受什麼是深度，更知道如何推動深度旅行，如何要求業者提升品質。」他說。

雖然政府本質上就是一個保守的官僚體系，很難有創新與創業精神，然而我們不能就此放棄，只要運用好的培訓方法與系統化架構，不斷強化提升，還是能發揮一定成效。

企業參與地方創生的三個方向

另外，企業不是為了趕流行而參與地方創生，需要與企業發展策略相連。地方創生的議題太廣泛，不如聚焦到風土經濟，因為地方創生是結果，風土經濟具有社會、商業與創造力（SBC）的效益，更具有長期投資與參與的價值。

企業若是捐錢、認養土地、辦員工活動，都是無法持久的單一事件，也沒有真正落實參與。管理學者克里斯汀生在《繁榮的悖論》強調，任何持久性的創新，不能只靠外來者的指導，希望透過單一事件的活動或善意來創造地方的繁榮，而是要提高在地人的參與能力。

如何讓善意變成更有價值、甚至長期投資的生意，企業需要從流程角度來思考地方創生與風土經濟的課題。

主要有三個方向。第一個是讓員工有更深入的參與，包括員工旅遊、團購，提升員工生活品質，也能提升地方經濟。現在由於疫情的影響，很難有機會出國舉辦員工旅遊，不如將這筆經費應用在地方上。透過持續穩定的員工旅遊，參與地方經濟，採購地方物產，讓員工跟地方有直接的連結。

舉辦旅遊，必須與地方有持續的溝通討論，藉此製造彼此的流程能力。包括員工需求、地方體驗行程的規劃，哪些故事及人物需要探訪交流，哪些伴手禮與物產值得採購。藉由提出需求，共同討論，就能把事件變成雙方共同參與的運作流程，地方組織就需要懂得溝通協調、資源整合，提升體驗品質，把地方文化與風土特色逐一呈現。

我曾參與一家高科技公司的CSR企劃創新工作坊，他們的廠區運用循環經濟，讓廢水不斷活化循環再利用，不會耗費地方的水資源。原本只是在廠區內成立可供參觀導覽的空間，在我們共同討論下，應該擴大範圍，將地方人事物拉進這個流程中，也能與廠區串聯，建立員工與地方的關係。比方舉辦各種活動，讓外地人、在地人與廠區員工更認識地方的風土環境與水資源的關聯，例如參觀茶園、認識周邊的生活環境，也能讓在地業者有更多參與，這個滾雪球效應也會帶動更多人事物的連結。

第二個方向是長期投資。風土經濟也許不是一個賺大錢的產業，卻能促進青年返鄉創業，帶動更多人參與，成為對社會、經濟有雙贏的長期穩定力量。企業可以投資的是人，包括提供軟硬體，讓返鄉青年有能力經營事業。接著再讓企業員工成為基礎消費者，透過旅遊體驗、風土物產的採購，成為穩定支持的力量，員工也因此對企業、地方有更好的認同。

第三是建立好的示範模式。當地方事業能逐步擴大，進行更多資源整合，也能引進更多企業投資，帶動正向循環。這個示範效果也能擴散到其他地方鄉鎮，創造台灣各地的風土經濟。

當企業透過這三個方向參與地方創生，甚至創造風土經濟，就不只是實現企業社會責任，更是風土經濟產業的帶動者與創新者。

遙遠小島的召喚

這本書即將接近尾聲，結束前分享一個小故事。

二〇二〇年十二月寒冬，我受邀去馬祖莒光鄉的西莒島講課。主要是協助西莒敬恆國中提升十位老師的教學能力，以及全校二十位學生的寫作力。為什麼要花三天時間去那麼遙遠的小島？當時我正忙著寫這本書，這趟遠行會延遲寫作進度。

這個邀約的緣分很奇特。暑假我帶團去馬祖旅行三天，第一晚與家人住在津沙村的55據點，這是碉堡哨所改建的背包客民宿。下午入住時巧遇一大群西莒來的國中生，原來是來參訪民宿，並聆聽民宿主人阿亞分享創業過程。後來，帶隊的國中老師寫信給我，提到當時相遇的情形，希望我能來西莒教老師們提問力，但因為老師們白天教學忙碌，只能連續兩晚各上兩小時。

因為會影響寫作進度，授課時數又侷限在晚上，我頗為猶豫。但想到二〇二〇年去馬祖這麼多趟，卻從未去過西莒，其實有個遺憾。老師信上又提到，西莒是馬祖觀光人數最少的地方，很希望我來島上看看，能否提振西莒觀光。

我查了資料，發現敬恆國中經常缺老師，因為除了搭飛機到南竿，還要再搭一小時的船班才能到西莒，這裡是偏鄉中的偏鄉，難怪會發生缺老師的問題。

這些原因都觸動我，決定前往西莒教課，反正白天可以寫作，四處走走。那陣子東北季風特別寒冷，風浪很大，船班不一定會開，老師還提醒，有可能得從南竿搭直升機到西莒。「搭直升機？」我有些忐忑，有這麼嚴重嗎？

還好，第一天搭船中午就順利抵達西莒，下午馬上進行對國中生的寫作課，晚上則是教老師提問力。

第二天的民宿早餐是老酒蛋麵線。這是馬祖傳統早餐，加了馬祖紅麴釀的老酒與荷包蛋，味道非常香醇滋補，與我在南竿吃的老酒蛋麵線不同之處，則多了口感清脆的紫菜。這是在寒冬的十二月，以及農曆過年左右的二、三月，西莒居民在菜浦澳礁石上用竹片刮下或是用剪刀剪下的紫菜。

既然提到紫菜，民宿主人也是在地導覽達人陳善澔帶我去菜浦澳走走。這裡原本有個駐軍部隊，後來只剩一個班駐守。碉堡後有大菜浦與小菜浦礁石，上頭布滿紫菜，因為產量有限，而且風大浪大非常危險，就由廟宇統籌，四村村民輪流上礁石採紫菜。

我爬上岩石，俯瞰不遠處的小菜浦礁石。因為風浪非常大，礁石忽隱忽現，間歇浪雨隨風襲來，環顧四周，花崗岩構成的島嶼，在地質變動與海水侵蝕的大自然雕鑿下，格外壯闊，隆隆浪濤聲有如天然交響樂，不斷撞擊我的聽覺。

白天寫稿寫累了，外出散步時，偶然看到幾位阿伯阿嬸挑菜走過。跟著他們走，意外發現島上處處是為了防風侵擾、隱匿在各個角落的小菜園，需要深入走進，才會看到，這是島民安身立命的生活智慧。

晚上我到敬恆國中餐廳用餐，吃的是野生烏魚湯、軟嫩的煎比目魚與口感爽脆的小白菜，都是島上的新鮮食材。飯後，老師安排兩位學生帶我探訪學校旁的青帆村，我們穿梭在各個階梯與巷道上，邊走邊聊，孩子們對答如流，說起家鄉生活趣事，每戶人家的狀態，如數家珍。

善澔大哥也告訴我一段大歷史。韓戰爆發後，美軍曾駐守西莒，島上有不少接受美軍訓練的情報員，再潛入大陸從事諜報工作，只是很少人回來。另外，沒有在國軍編制內、從江浙一帶撤退的游擊隊，改編為反共救國軍，也以西莒為基地，試圖封鎖監視閩北沿海一帶，甚至會攔截過往商船，將查扣貨品帶回西莒青帆港口拍賣，使得當時青帆村非常熱鬧富裕，有「小香港」之稱。

這是一座充滿生命力與故事的島嶼，只是暫時沉睡了，需要被喚醒。當駐軍撤退後，人口逐漸散去，陳善澔仍堅守家鄉，盼望榮景重返。我也與善澔大哥討論，該如何讓西莒找到自己的新生命。

關鍵是返鄉青年帶來的風土創業的力量，需要思考如何讓青年願意返鄉深耕。我提到對面、船程十分鐘的東莒，島上一群年輕人重建大浦村的故事；南竿馬青協會活化珠螺國小，努力串聯社區資源的投入；以及年輕設計師蔡沛原返回東引，與在地青年將原本廢棄魚露店改成

「鹹味島合作社」，在家鄉創業的故事。西莒一定有很多老空間值得活化，再來是如何號召青年們重新認識家鄉。

由於風浪過大，船班停航，善澔大哥說我回程得搭直升機了。我既期待又有些緊張，因為沒搭過直升機，又怕過於顛簸。當我們八人頂著寒風衝上直升機（空間只能搭載八人），機身緩緩攀升，越過無際大海時，我往下望，在東北季風吹拂下，浪濤宛如一群群排列整齊、爭相向上招手的白色音符。

才八分鐘，我就安然抵達南竿。這趟行程太特別了，我很慶幸做出到西莒的決定，雖然氣候帶來很多變數，這就是風土的特色，也帶來許多難忘的體驗。

永遠的第一天，保有初衷

亞馬遜創辦人傑夫·貝佐斯（Jeff Bezos）在每年致股東信的報告書，都會提到一九九七年致股東信的一句話「我們仍然處於第一天（Day 1）」。他的「第一天」精神，就是創業者必須永保初衷，不停探索、學習與創新的創業精神。

既然有第一天，第二天會是什麼情形呢？貝佐斯說：「第二天（Day 2）意味著停滯，繼而變得無足輕重，繼而極痛苦的衰退，最終就是死亡。」

如果用第二天的思維來看，西莒是一個無生機的小島，但是從第一天的創業精神來看，卻充滿待挖掘與轉化的未來性。

不只是西莒，台灣各地都充滿風土經濟的商機與生機。即使我們面臨的局勢是第二天的環境，仍要用第一天的精神去突破與挑戰，因為在創業者眼中，處處是大有可為的機會，否則再好的環境、再多的資源，只要陷入第二天的心態，一切都將沉寂死去。

這本書是我的第一天，更期許自己不斷用第一天的眼光走訪台灣，相信許多風土創業家與讀者，也是用這個角度看待我們的家鄉。

一九三一年，還在念大二的鹿野忠雄，在台灣的屋脊——玉山山脈與中央山脈，連續登山七十天。他在《山、雲與蕃人》寫下當時的心情：「東方的天空已經有黑壓壓的黑雲，滿溢地流向東郡大山方面，那一波波乘著疾風的流雲，似乎在向忐忑不安的登山者示威，高聲喊著：『來啊，我讓你吃盡苦頭！』」

風土創業者有如登山者，面對各種無法預期的挑戰，吃盡各種苦頭，卻仍勇往直前，因為一路上的風景告訴我們，一切都是值得的。

因為台灣，所以值得，為自己創業，也就是為台灣創業。

每一天，都是第一天。

Taiwan Style 69

風土創業學：地方創生的 25 堂商業模式課

作者 / 洪震宇

編輯製作 / 台灣館
總編輯 / 黃靜宜
特約文稿主編 / 張尊禎
編務執行統籌 / 蔡昀臻
美術編輯 / 丘銳致
封面設計 / 日央設計
圖表繪製 / 莊淳安
行銷企劃 / 叢昌瑜

發行人 / 王榮文
出版發行 / 遠流出版事業股份有限公司
地址：104005 台北市中山北路一段 11 號 13 樓
電話：（02）2571-0297
傳真：（02）2571-0197
郵政劃撥：0189456-1
著作權顧問 / 蕭雄淋律師
輸出印刷 / 中原造像股份有限公司
2021 年 6 月 1 日 初版一刷
定價 450 元

Printed in Taiwan
ISBN 978-957-32-9141-1
YL 遠流博識網 http://www.ylib.com E-mail: ylib@ylib.com

國家圖書館出版品預行編目 (CIP) 資料

風土創業學：地方創生的 25 堂商業模式課 / 洪震宇著. -- 初版. -- 臺北市：遠流出版事業股份有限公司, 2021.06
面； 公分. -- (Taiwan style ; 69)
ISBN 978-957-32-9141-1(平裝)

1. 產業發展 2. 區域開發 3. 創意 4. 臺灣

552.33 110007456